국법은 지엄한 것이다

아들에게 쓴 퇴계의 편지 2

국법은 지엄한 것이다

이 황 편지 · 김운기 국역

책에 들어가며

　퇴계 선생의 문집과 저서 등에는 대부분 서문이나 발문이 없다. 다른 사람이 선생님 글에 서문을 쓰는 것은 감히 '부처님 이마에 새똥 깔기는 짓'쯤으로, 매우 불경하게 여겼기 때문이라고 한다. 그러나 선생 사후 450년이 넘게 지나는 동안 많은 후학이 배출되었고 이에 상응하는 연구 성과들이 쏟아져 나왔다. 현재에도 1년에 수십 편의 퇴계 관련 학술 논문들이 발표되고 있다. 이러한 추세는 앞으로도 계속될 것이니, 오히려 후학들은 퇴계 선생의 말씀을 앞다투어 전하려는 기세다. 그런 점에서 역자도 퇴계 선생의 말씀 한 구절을 세상에 내놓을 수 있는 용기를 내게 되었다.

　이 편지들은 역자가 『퇴계 가서에 나타난 교학양상연구』라는 박사학위 논문을 쓴 자료들로, 퇴계 선생께서 아들에게 쓴 편지들이다. 선생께서는 평생 3,000통에 이르는 많은 편지를 남기셨는데, 그 편지 중에는 아들에게 쓴 편지 530여 통을 포함하여 손자와 조카 등 친·인척에게 쓴 가족 편지가 모두 900여 통이 넘는다. 이 가운데 손자에게 쓴 편지와 아들에게 쓴 편지 일부가 번역본으로 나온 바 있다.

　그러나 아들에게 쓴 편지가 530통이 넘는 많은 수량인 점을 감안하면, 아직 독자들에게 번역되어 선보이지 못한 편지가 대다수인 상황이다. 이러한 점을 매우 아쉽게 여겨오던 역자가 이번에 '아들에게 쓴 퇴계 선생의 편지' 531통을 처음으로 완역하여 독자들 앞에 내놓게 되었다. 선생 종택과 도산서원 광명실 등에 수백 년간 보관해 오던 편지들이 한국국학진흥원에 위탁 보관되면서, 퇴계학연구원에서 2018년 교감한 원본이 『정본퇴계전서』로 공개되었다. 이것을 저본(底本)으로 역자가 논문 자료로 활용하면서 모두 번역하는 기회가 되었다. 지금까지 퇴계 선생에 관한 많은 연구가 있었고, 퇴계서(退溪書)에 관한 한문 주석서나 일부 한글 번역본이 나왔으나 이번에 '아들에게 보낸 편지' 전편을 완역해서 내보이는 것은 역자의 이 책이 처음이다.

450년이 넘도록 선생의 편지가 소실되지 않고 남아 있는 것이 경이롭고 다행스러운 일이지만, 이 편지들은 그동안 선생의 문집과 전서 등에 극히 일부 외에는 채록되지 못하고 대부분의 자료집에서 누락 돼 있었던 점은 필자가 궁금해하던 차였다. 그러나 세상에 드러나지 않았던 선생의 편지를 읽고 번역하는 동안 그 의아했던 점은 조금씩 풀리고 이해하는 계기가 되었다.

후일『이자수어』의 발문을 쓴 안정복(安鼎福, 1712~1791)은 그 발문에서, '가정(家政)의 실제 생활보다 강의(講義)한 주자학과 퇴계의 저술에 기준을 두었다'라는 취지를 담고 있다. 이에 대하여 권오봉(權五鳳, 1930~1999)은, "퇴계문집 속편 편찬까지는 퇴계의 도학(道學) 이외의 것이 세상에 출현하는 것을 꺼렸다."라고 설명하고 있다. 실제로 '가서(家書)'라고 일컫는 퇴계 선생의 가족 간에 오간 편지는 선생의 다른 학문적 성과에 비해서 크게 주목받지 못했다. 훌륭한 성리학자이자 정치가이며 교육자셨던 퇴계 선생의 위인적 평가에 비추어 가정(家政)의 일상은 매우 소소하다고 여겨져서 이에 따라 자손들과 오간 편지까지 간과되어 온 것이 사실이다. 특히 퇴계 선생께서 부자간(父子間)에 오간 家書는 가정사에 민감한 사실과 선생의 솔직한 속내가 담겨 있는 내용이 많다. 이러한 이유로, 학문적가치로서 가서가 경시되고 비하되었으며,『퇴계문집』등 제 저술편찬에서 배제된 원인이었을 것으로 짐작이 되고 이해할 수 있는 일이다.

그러므로 이 책의 이야기는 퇴계의 심오한 철학이나 사상서가 아니다. 인간 퇴계가 아들에게 보낸 사람 사는 이야기다. 자식을 키우고 가정을 건사해야 하는 여느 가장의 이야기이며 우리들의 이야기일 수 있다.

퇴계 선생의 문집 편찬 당시, 산절(刪節)되고 배제된 부분들은 그러한 생활사적 개인기록이 대부분이었다. 그동안 연구자들의 사각지대에 있었던 퇴계 선생의 가서(家書), 특히 아들에게 쓴 편지 530여 통은 가정사(家政事)에 아주 은미한 것에서부터 부자간의 미세한 감정까지 여과 없이 기록하고 있는 생생한 자료다. 이처럼 가공되지 않은 실체를 통하여 퇴계 선생도 우리와 다를 바 없는 사람 사는 이야기를 하고 있다는 것을 알 수 있다. 지금까지 퇴계 선생께서 이루어 놓은 학문적 성과와 위인적인 면모에만 치우쳐 사실과는 다르게 알려진 면이 없지 않았고, 심지어 상식에도 못 미치는 왜곡된 설화 수준으로 잘못 알려진 것이 많았다.

이번에 출간되는 이 편지들을 통하여 우리는 아주 가까이에서 퇴계 선생의 인간적인 참모습을 발견할 수 있을 것으로 생각한다. 또 선생께서 왜 이렇게 많은 편지로 아들과 소통하였으며, 아들에게 행한 사람됨의 교육이 무엇이었는지 배우게 될 것이다. 이는 현대를 살아가는, 자식을 키우는 모든 부모가 배워야 하는 위인의 가르침이다. 가정교육의 의미와 중요성을 새롭게 점검하고, 자녀교육 본연의 모습을 회복하여, 현대 사회가 직면하고 있는 불안한 가정교육이 시사하는 바를 찾게 될 것을 함께 기대한다.

다만, 필자는 한문을 연구하는 서생에 불과하여 선생의 철학적 경지를 가늠할 수 없고, 국문학이나 역사학에 천박(淺薄)한 처지이다. 편지의 전편을 통하여 등장하는 이두식(吏讀式)의 수많은 노비 이름, 지금은 아예 사라지고 없어진 고지명(古地名), 관직명, 자(字)·호(號)·명(名), 택호(宅號) 등 지금 우리에게 낯선 용어들을 정리하는데 용이(容易)하지 않았음을 실토하지 않을 수 없다. 향후 독자 제현들의 가혹한 질정을 마다하지 않겠다.

계묘년 단오에, 東旦齋에서 역자 씀

차 례

을묘년(1555년, 55세)	9/308
병진년(1556년, 56세)	45/316
정사년(1557년, 57세)	77/324
무오년(1558년, 58세)	85/326
기미년(1559년, 59세)	117/334
갑자년(1564년, 64세)	131/337
을축년(1565년, 65세)	167/346
병인년(1566년, 66세)	217/359
정묘년(1567년, 67세)	275/372
원문	307

을묘년
(1555년, 55세)

書 - 146

4월 2~8일

준에게 보낸다.

　말을 돌려보내는 편에 보낸 네 편지를 받았다. 충주에 무사히 도착했다니 매우 기쁘구나. 뱃길로는 짐을 싣고 육로로는 걸어야 하는 데다, 하인들 부리기도 답답했을 텐데, 서울에 어떻게 도착할지 걱정이 된다. 사은할 수 있도록 정해진 날짜 안에 도착할 수 있을는지 궁금하고 우려된다. 새로 출사하는 관직은 일이 번거로운 부서다. 반드시 모든 일에 어려움이 많을 것인데, 어떻게 해나갈지 밤낮으로 걱정을 놓을 수가 없다.

　내 습증 병세는 네가 여기 있을 때 비하면 조금 차도가 있는 듯하다만, 완전히 나은 것은 아니다. 원래 이 증세는 중증이었기 때문에 미심쩍어하고 염려가 될 뿐이다. 전에 말한 약은 쉽게 구할 수 있으면 구해지는 대로 보내주고, 구하기가 쉽지 않다면 천천히 보내도 괜찮다.

　어떤 사람이 나를 천거하여 전하께서 내게 교지를 내리신다는 말을 이제 들었는데, 믿을만한 것인지 아직 모르겠다. 만일 이 말이 믿을만한 것이라면 놀랍고 황송하여 어찌할 바를 모르겠구나. 병치레나 하는 쓸모없는 사람이 어찌 허황하게 전하의 은혜를 입을 이치가 있겠는가? 그동안 내 나름의 계획을 정했던 것인데, 분수에 크게 넘치는 은혜에 황공할 따름이다.

　마침 손님 때문에 바빠서 대충 몇자 쓴다.

추신———말린 꿩 두 마리 보낸다. 네 처와 아이들 모두 편안하다. 상세한 것은 언문편지에 써있다.

書 - 147

4월 11일

 준에게 부친다.
 서울에 도착한 뒤로 소식이 없어, 매사 어떻게 하고 있는지 궁금하구나. 멀리서 이것저것 걱정이 그치질 않는다. 오늘 이학수를 만났더니, 서소문 집을 박종이 빌려 입주했다고 하는구나. 비록 며칠 지나지는 않았지만 네가 다른 곳으로 이사를 해야 할 텐데, 꼭 그래야만 했느냐? 그렇다면 네가 머물 임시 처소는 어디냐? 다른 것은 몰라도 딸린 여종들을 데리고 이주한다는 것은 불편한 일이 많을 텐데 어찌하려느냐?
 또 사은한 일과 관직에 부임하는 것은 다 잘하였느냐? 매사를 꼭 상세하게 묻고 살펴서 처리하여, 다른 사람들의 웃음거리가 되지 않도록 하는 것이 지당한 일이다.
 이곳은 모두 별고없이 지낸다. 내 증세는 비록 크게 재발하지는 않았지만 다 나은 것이 아니니 미심쩍은 우려가 없지는 않다. 안도는 초아흐레 날 관례식을 올렸는데, 그 용모가 총각 때보다 단정하고 충실해 보였지만 키가 아직은 조금 덜 자랐을 뿐이었다. 비가 때맞춰 내렸지만 보리 추수가 아직 멀었는데 관에서나 백성들의 상황이 궁핍해서 너무 안타깝다.
 공간*이 아직도 오지 않았으니 참으로 딱한 일이다. 오천 김 생원의 증세는 아직 덜한 기색이 없고, 용궁*에서는 초파일에 세상을 떴다고 한다. 전에 보낸 편지는 모두 전해 받았느냐? 일전에 들리는 말로는, 내게 교지가 내려졌는데 첨지중추 부사로 임명된다는구나. 당혹스러운 마음을 금할 수가 없다. 교지는 아직 이르지 않았지만 내 상황이 이와 같다고 어찌 다른 사람에게 말할 수 있겠느냐?

　근자에 한 생원과 남 생원, 두 사람에게서 편지를 받았더니 매우 위안이 되었다. 다만 지금은 기제사 때문에 고산에 와 있어서 답장을 못 하니 아쉽지만, 끝나면 꼭 답장을 해 줄 것이다. 이런 뜻을 정정이에게 말하면 전해질 것이다.

　나머지는 김돈서의 말꾼이 가져가는 편지에 있으니, 여기서 그친다.

*공간公簡: 준의 외삼촌, 허사렴.
*용궁龍宮: 현재의 경북 예천군 용궁면.

書 - 148

4월 15일. 첩재

　아들 준에게 부친다.
　향소* 사람 영필이가 와서 전해준, 온계로 부친 공보의 편지를 받아 보고, 네가 서울에 무사히 도착해서 사은을 마쳤다는 것을 알고 매우 기뻤다. 다만 이 사람이 여기로 보낸 네 편지는 아직 받지 못했기 때문에, 상세한 내용은 알지 못한다. 그래서 회답도 못한 것인데, 생각해 보니 네 마음도 섭섭할 수밖에 없을 것 같아 안타깝구나. 사람을 저쪽에 보내 편지를 받아 올 생각이다.
　요즘 네 안부는 어떠하냐? 관직의 업무는 조금 감당할 만 하느냐? 어제 송강*의 편지를 받았는데, 안동 이아*편에 전해 온 것이다. 그 편지는 네가 서울에 도착하지 않았을 때 쓴 편지인데, "제용감 자리는 유생들이 바라는 바가 아니니, 자리를 바꾸는 것은 어렵지는 않다."라고 했구나. 이것은 참으로 반가워해야 할 말이지만, 관직을 얻자마자 다른 곳으로 옮기려고 하는 것은 의리상 편치 못하다. 다른 사람의 말들도 두려우니 자리를 바꾸는 것은 하지 않는 것이 좋을 것이다.
　내게 교지를 내렸다는 소식을 들으니, 두렵기도 하고 조심스러운 마음을 이길 수가 없구나. 또 그 교지가 아직 내게 도착하지 않았으니, 사은하는 일이 너무 늦어지게 되어 마음이 편치 않다. 공보가 그 교지를 받아 베껴서 너 있는 곳으로 보냈다고 들었다. 영필이가 가져올 것이라는 생각은 들지만, 이 또한 아직 받지 못했다. 이 사람은 융통성도 없고 완고한 버릇이 있는 사람이라고 할 수 있겠구나.
　내 증세는 조금 더했다 덜했다 하니 몹시 염려된다. 다른 일에 관해서는 굿동이가 가져간 편지에 다 있으니, 반복하지 않으마.

'경복궁중신기'는 일찍이 홍 정승이 지은 것을 사용하기로 했다고 들었는데, 어제 오찰방 편지의 내용을 보니, 홍 정승이 지은 것을 사용하지 않는다고 하는구나. 전해 들은 것이라 믿을 만한 것이 못 된다. 네가 조용히 듣고 본 것이 있으면 내게 알려주는 것이 좋겠다. 그러나 다른 사람에게 번거롭게 물어볼 필요는 없다. 다만 예중이 같은 사람에게나 자세히 물어보는 것은 괜찮을 듯하다.

아이들도 모두 잘 있다. 때맞게 비가 흡족하게 내려서 보리와 밀이 잘 자라고 있으나 관과 백성들은 양식이 끊겨 굶주림에서 벗어나기가 어렵구나.

추신———주*를 대신해서 누가 번을 서기로 정해졌느냐? 점고*에 빠지고도 무사하게 하고자 형님께서 부탁하는 것이니, 부득이 어 참지에게 사전에 편지를 써서 공보를 통해 보냈다. 물러난 사람이 조정의 관청에 청탁하는 것은 매우 편치 못한 일이다. 상황을 보아서 올리지 않는 것이 가장 좋고, 만약 올리게 되더라도 그 일을 맡은 당직자에게 올리는 것이 좋을 것 같다. 이 일은 막동이가 알고 갔으니 잘 처리하거라.

*향소鄕所: 留鄕所, 서울에 있는 각 지방 향청의 연락 사무소.
*송강松岡: 조사수趙士秀(1502~1558)의 호
*이아貳衙: 안동부사 다음의 직책인 판관.
*주宙: 퇴계의 조카, 형 瀣의 아들.
*점고點考: 명부에 일일이 점을 찍어가며 사람의 수효를 조사함.

書 - 149

4월 18일

조카 굉과 장남 준에게 부친다.

다른 소식은 모두 지난 편지에 썼다. 조카 치가 병이 난 지 이틀 만에 목숨을 구제하지 못하는 지경에 이르렀다. 통곡을 그칠 수가 없구나. 지난겨울에 낙마한 후부터 점차 쇠약해져서 2월 이후로는 목이 잠기고 목소리가 쉬었으나 병으로 이어지지는 않았었다. 교와 함께 와서 명복이 집에서 지내며 공부도 했는데, 16일부터 약간 평소 같지 않은 상태인 듯하였다. 그러더니 온계에 올라온 그다음 날 구토와 함께 상기되고 열이 나면서 물과 미음이 입에 들어가기만 하면 토하다가 오늘 밤 이경*에 갑자기 이렇게 되었구나.

우리 가문이 하늘에 진 빚이 얼마나 많기에 연이어 이런 일이 생긴단 말인가? 매우 상서롭지 못하구나. 통곡이 멈추질 않는다. 게다가 아이를 임신한 저 조카며느리는 어찌할 것인가? 밤중에 가서 곡을 하였다. 나도 병이 날까 두렵고, 집으로 돌아오는데 어지러웠다. 이만 줄인다.

*이경二更: 밤 11시~1시.

書 - 150

4월 28일

　준에게 답한다.
　언우가 와서 전해준 편지를 보니, 네가 무탈하게 관직 생활을 잘하고 있어서 기뻤다. 계근이도 네 편지를 가지고 온다고 들었는데, 여기에는 아직 도착하지 않았다. 네가 서울로 올라간 뒤로는 어떤 일이든 전혀 소식을 못 들어 걱정하고 있던 차에 이 편지를 받아서 대충 알게 되었다. 위 편지에 적힌 소식 이전의 일은 아직 듣지 못했으니 안타깝다. 내 병세는 점차 차도가 있는 듯하다. 오늘은 두 가지 약을 구했는데, 치료될 것 같아서 크게 다행이다.
　다만 치가 죽었다는 소식은 굿동이를 통해 편지로 부친 지 벌써 오래 되었다. 오늘 들어보니, 이 자가 아직 길을 떠나지 않았다고 해서 다시 알려주는 것이다. 이달 17일 갑자기 구토하고 열이 나서 고통스러워하더니, 다음날 18일 2경에 느닷없이 세상을 떠났다. 천하에 어찌 이런 일이 있단 말이냐? 가문의 재앙이 거듭되니 가슴 아프고 참담함을 금할 수 없구나. 나머지는 저번 편지에 다 적었다.
　제용감 자리는 업무가 많고 쉽게 사고가 발생하는 곳인 줄 모르는 게 아니다. 그러나 네가 관직에 나간 과정이 본래 떳떳하지 않았고, 겨우 한 달도 지나지 않아 또 직책을 바꾸려 하는 것은 네 욕심만 쫓으려는 것이니 남들이 어떻게 말할지 심히 두렵다. 그러므로 내 뜻은 우선 가을에서 겨울까지 천천히 기다렸다가 이포*에게 대신 맡도록 도모한다면 마땅할 것이다. 그러므로 일찍이 안동 판관이 전해 준 이조판서의 편지에 답장을 보내면서 우선 기다렸다가 천천히 바꾸는 것이 좋겠다는 뜻을 말해

두었다. 하지만 지금 네 편지를 보니, 그 어려움을 헤아려 보지 않고 이미 판서에게 아뢰었다고 하니, 정말 내 생각과 다르구나. 무릇 모든 일에는 하늘의 뜻이 있거늘, 어찌 하늘의 뜻을 기다리지 않고 스스로 편하고 좋은 것만 택느냐? 다른 사람들의 뭐라고 할지는 고려해 보지도 않느냐? 이미 간청했다니 비록 후회한다고 해도 소용없는 일이다. 지금부터는 다시 번거롭게 말씀드리지 말고 판서 스스로 처리하도록 기다려라.

　내가 배에서 지은 시 절구 세 수를 판서가 보고자 한다면 보여드리는 것도 무방할 것이다. 다만 그 사이에 많이 고쳤는데 네가 알지 못할 것이니 아쉽다.

　교지를 내려주신 서장은 19일에 받았고, 사은하는 글과 사직상소는 이미 써서 감사에게 제출했다. 감사는 당분간 안동에 계시지만, 머지않아 승정원에 올릴 것이다. 나는 부득이하게 이미 사직하였고 이 뒤로는 형세 때문에 올라갈 뜻이 없다. 이러한 뜻은 사은 글과 사직상소 등에 대략 갖추어 작성했고, 지금은 바빠서 편지에 다 쓸 수 없어도 별도의 편지에 써서 보내면 네가 읽고 알 수 있을 것이다. 내 뜻은 비단 지금만 올라갈 뜻이 없는 것이 아니라, 이후에라도 이처럼 봉급 도둑질만 더하는 것이 한계에 다다랐으니, 무슨 얼굴로 다시 올라가 비웃음을 받겠느냐? 내 뜻은 이미 정해졌는데 일이 내 뜻과 상관없이 사람을 낭패하게 만드니 이것이 민망할 따름이다.

　송 참판 영감께서 보내준 편지는 진심으로 간절하고, 두 가지 약까지 지어 보내도록 하였다. 그 후의에 우러러 감사하는 사례의 답장을 네가 직접 가져다드리는 것이 옳을 것이다.

　조 영감께서는 어찌하여 갑자기 이 지경에 이르렀단 말이냐? 착한 분이었는데 오래 살지 못하는 것이 몹시 애처롭구나. 이판 영감께 보내는 답장은 봉하지 않고 보내니 네가 읽어 본 후에 봉해서 보내는 것도 좋을 것이다. '경복궁중신기'에 관한 일은, 이 또한 내게는 좋은 일이 아니니 매우 두렵구나.

추신———이 편지를 쓰자 방금 계근이가 도착하였다. 그러므로 다른 한 통을 더 써서 동봉하여 보낸다.

*이포李苞: 안동인, 집현전 참봉(1549~ ?)

書 - 151

4월 28일

준에게 답한다.

계근이가 와서 편지를 받고, 네가 처음으로 우여곡절이 있음을 알았다. 또 송 참판과 정 참판, 두 분에게서 편지를 받으니 많이 위로되고 반가웠다. 지금 송 참판의 편지를 보니, 네 관직을 바꾸어 보려고 했더니 네가 다른 곳에 이미 부임했기 때문에, 관직을 바꿔주지 못해서 아쉽다고 하는구나. 만약 네가 바꾸려고 했던 것을 조금 기다렸더라면 좋았을 것이다. 그렇게 하지 못한 것이 아쉽지만, 이것 또한 하늘의 이치이니 어찌하겠는가? 먼 도에 있으면 3, 40일 정도의 기한을 두고 체직하는 것인데 종전과 다르게 하였다고 하니, 그 말도 또한 믿을 수 없구나. 신교리가 전하께 올린 말은 내 일상의 생활을 망가뜨리는 말이니 놀랍고 두렵고, 지극히 우려된다. 어찌하고 어찌하랴? 이판 영감께서는 다만 나를 불쌍히 여기는 뜻은 있으나, 나의 진퇴가 낭패한 상황에 빠진 것을 전적으로 헤아리지 않고 다른 말에는 귀를 기울이지 않을 뿐만 아니라, 내 말조차 듣지 않으시는구나. 송 참판의 말이 어찌 내 마음을 깊이 안다고 할 수 있겠는가? 민망하기가 그지없다. 전에 보내온 시에 화답하지 않으면 안 되겠기에 아울러 화답하여 답장을 보낸다. 네가 갈 수 있으면 가서 전해드리고 만약 겨를이 없다면 직접 가지 않아도 된다.

아이들은 모두 잘 지낸다. 이곳 시골에는 비가 두루 흡족하게 내려서 보리와 밀이 잘 자라고, 민심도 되살아나고 있다. 그러나 보리가 익으려면 아직 멀어서, 그때까지가 오히려 어려울 것이다. 여러 곳에 쓴 답장 편지는 전해주었으면 좋겠다.

추신———생원 남언경과 한윤명에게 부치는 편지는 정정이에게 부치면 쉽게 전해질 것이다.

書 - 152

5월 22일

준에게 부친다.

근래에는 오는 사람도 없어서 네 관직 생활이 별고 없는지 안부가 궁금하여 날마다 걱정이 깊다. 내 병세는 전에 보내온 약을 연이어 복용하고 나서는 대체로 차도가 있는 것 같다만 가끔 지병이 느닷없이 발병하여 걱정되기도 한다.

김 생원의 명은 구하지 못하고 결국 이렇게 되었으니, 가슴 아프고 슬픈 마음 그지 없구나.

다름 아니라, 호남에는 왜놈들의 변란이 있다고 들었는데 전해지는 말들이 같지 않고, 우리 지방도 이 때문에 소동이 있었다고 하니 놀라움을 금할 수가 없다. 병졸들이 야위고 양식은 떨어졌는데, 저렇게 동에 서에 출몰하니 어찌 지탱하고 감당해 낼지 모르겠구나. 나랏일이 이 지경에 이르렀으니 어찌하고 어찌하랴?

네 전근하는 일은 또 어떻게 되어가느냐? 경주는 바로 바다와 경계에 있고 남쪽에 가까워서, 네가 만일 그곳으로 전근하게 된다면 이보다 더 큰 실책은 없을 것이다. 네가 그 위험한 지역에 있게 되면, 내 가슴 졸이는 일은 어찌하려느냐? 그러나 일이 이미 그렇게 되었다면 어찌할 수가 없지만, 아직 결정되지 않았다면 전근되지 않도록 해보는 것이 지극히 마땅할 것이다.

여기서는 활을 쏠 수 있는 군사를 우선 보내고 있는데, 철손이도 벌써 내려갔다. 다른 소동도 많았지만 차마 이루 다 말을 할 수가 없구나.

전에 전하께 올렸던 글에 관해서는 그 결과가 어찌 되었는지 아느냐?

혹시 듣고 보는 것이 있거든 상세하게 알려다오. 내일은 사당에서 제사를 지내야 해서 온계에 간다. 돌아가는 서울 사람이 있다는 소리를 얼핏 듣고, 바삐 쓴다.

추신———네가 만약 전근 간다면, 타고 갈 말은 어찌 처리하려느냐? 어떻게 할 것인지 몰라서 그저 걱정만 하고 있을 뿐이다.

書 - 153

6월 22일

　아들 준에게 답한다.
　최근에 신녕* 현감을 만났더니, 네가 무사하게 그곳을 지났다고 했다. 그 후에는 어찌 지내느냐? 지금 하인이 가져온 편지를 보고, 근무지에 잘 올라간 것을 알았으니 크게 안심이 된다.
　나는 이곳의 더위와 황사 비로 인하여 때때로 습증이 발생하는 것 말고는 달리 아픈 데는 없다만, 지사* 선생께서 돌아가셨다고 한다. 이는 나라의 불행이고, 우리가 우러러보고 의지할 곳이 없으니 가슴 아프고 비통하기 이를 데 없구나. 올해는 우리 고을에서 세 번이나 초상을 치렀으니 이것이 어찌 시운의 불행이 아니겠느냐? 근래에 감사님의 편지를 받는데, 우리 도에는 아직 난리 경보가 없다고 하니 실로 큰 다행이 아닐 수 없다. 다만 교활한 오랑캐들이 호남에서 패한 분풀이로 다른 지역에 출몰한다니 걱정 없이 몸을 보전할 수가 없을 뿐이다. 참봉들이 서로 번갈아 가면서 대기한다는 소리를 나도 들었다. 그러나 번갈아 하는 것을 방자한 마음으로 이용해서는 안 될 것이다. 7월에 올라오는 일은 동료와 잘 협의하여 처리하는 것이 좋겠다.
　은정이가 의령에서 돌아왔거든 바로 보내거라. 그곳의 안부도 간절하게 알고 싶다. 말에다 짐을 실어 보내려 하는데 이 사람이 믿을만한지 모르겠구나. 또 네 처가 때때로 편두통이 생겨서 다음 달에 초정으로 치료하러 보낼 생각이나 때는 아직 정하지 않았다.
　매사에 부디 삼가고 조심하여 부끄럽고 후회되는 일이 없도록 하여라. 무릇 몸은 낮은 지위에 있더라도 만약 마음이 안정되고 담백한 상태가 아니라면, 반드시 해서는 안 될 일을 하는 경우가 있다. 반드시 경계하고 또 경계해야 할 일이다.

*신녕新寧: 신녕 현감으로 있던 황준량을 말함. 신녕은 경북 영천에 있던 고을.
*지사知事: 지중추부지사 농암 이현보(1467~1555).

書 - 154

7월 5일

　아들 준에게 답한다.
　편지를 받고, 편히 지낸다는 소식에 매우 반가웠다. 내 습증은 다행히 심하지는 않지만 지병인지라 가벼운 것은 아니다. 간간히 재발하기도 하여 늘 마음 쓰이는 일이다. 호남에 왜구 변란이 또 있었다니 심히 걱정되는구나. 여기는 아직 무사하기는 하나 어찌 꼭 무사하게만 되겠는가?
　올해는 가뭄 징조까지 있는데 끝내 어찌 될지는 알 수 없다. 늘 나라와 마을의 초상과 우환을 생각하면 탄식을 금할 수 없다. 은정이가 오기를 기다리고 있는데 아직 그곳에도 오지 않았다고 하니 참으로 괴이한 일이다.
　네가 보름께 올라오면 좋겠으나, 추석에 집경전에 제사가 있을 것이니 지내고 올라오는 것이 좋지 않겠느냐? 이군과 잘 상의하여 처리하거라.
　은순이의 출처는 무방하다는 것을 알았기 때문에 받아들였다.
　대체로 어버이를 위하는 마음이 간절하다고 해도 만약 의롭지 않게 조금이라도 구차하게 얻은 물건이 있다면 옳은 것이 아니다.
　오천에 보낼 물고기는 숫자대로 보냈다. 네 처의 병 요양 행차는 보름경에 꼭 보낼 계획이다. 다만 안기찰방 등 몇 사람이 지금 온천 하러 갔다고 한다. 그들이 떠난 뒤에야 돌아올 수 있으니 혹시라도 시간이 늦어질까 염려되는구나.
　특히 아순이를 네 사촌 제수*가 간절히 젖을 먹이고자 하며, 자꾸 큰댁의 말을 앞세워 안고 가려고 한다. 이런 일은 비록 인정상으로는 간절하다고 하나, 차제*를 뛰어넘는 일이니 가벼운 일이 아니다. 쉽게 허락하고 싶지 않기에 가끔 허락하지 않고 있다. 네 생각은 어떠하냐?

　짐 싣고 간 말이 오지 않았다. 너무 지치고 오가는 길에 제대로 먹지를 못해서 그럴 것이다. 나머지는 일일이 적지 않는다.

*제수弟嫂: 사촌아우인 치實의 처.
*차제次第: 순서, 차례의 등급.

書 - 155

7월 20일

준에게 답한다.

어제 은정이가 가지고 온 네 편지와 의령의 편지를 받고 두 곳 소식을 모두 알고 나서 안심이 되었다. 지금 또 17일에 보낸 편지까지 받으니 더 마음이 놓인다. 네가 출사한 후로 한 번도 너는 제사에 참석하지 못했으니 내가 미안한 마음도 없지 않았다. 그러나 지금 추석 이후에 올라오려고 한다니 지당한 일이고, 늦었다고 무슨 서운함인들 있겠느냐? 은정이가 가져온 여러 가지 물품들은 수대로 잘 받았지만 바로 되돌려 보내려고 하였다. 그러나 네 처의 초정 행차가 사정이 있어서 연기되었다가 지금에야 막 봉화로 떠났고, 내일 초정에 이르러 그다음 날부터 온천 할 계획이라고 한다. 그래서 이 행차의 안부를 알고 난 후에 보내려다 보니 늦게 되었다. 응훈이와 안도가 수행하고 갔는데 무사히 봉화에 도착했다는 사실은, 짐 싣고 따라갔던 하인이 바로 돌아와서 알려 주었다.

아순이의 일은 오천 처가의 뜻이 매우 간절하여 이쪽에서 허락을 안 한다면 몹시 난처할 것 같구나. 다만 점친 사람이 말하기를, 9월경에 입양하는 것이 길하다고 하니 천천히 데려가게 할 생각이다. 지금은 어미를 따라 초정에 갔다.

'요사이는 비록 의심하거나 원망하는 말이 없어도 차제를 뛰어넘는 일은 특히 원하는 바가 아니'라는 편지의 네 말은, 참으로 맞는 말이다. 다만 치의 처 사정이 매우 간절하고 가련하니, 양자를 거절하는 것도 매우 어려운 일이다. 어찌하겠느냐? 기다렸다가, 네가 올라온 뒤에 처리해야 하겠다.

『삼국사』를 인쇄하여 출간하는 일은 아주 좋은 일이니 기회를 놓치지 말거라. 다만 종이가 부족할지 몰라 걱정된다. 어찌할 셈이냐? 여기 있는 종이라도 보내서 돕고 싶으나, 그 필요한 숫자가 얼마나 될지 모르겠고 또 충분히 확보했을지 몰라서 보내지 않았다. 들어갈 종이 수량을 물어서 알려주면 좋겠구나.

　경주부윤에게 답장을 써서 보내니 전해 올리면 좋겠다. 부윤께서는 네게 호의를 베푸신다는 말을 들었다. 그럴수록 마땅히 매사에 조심하고, 이를 믿고 스스로 잘못하는 일이 없도록 해야 할 것이다.

　베껴서 보내준 변방의 소식은 모두 보았다.

　박 공보가 울진으로 오게 되어 그저께 이곳에 도착해서 이야기를 나누었다. 박 공보에 따르면, 제주에 왜구의 배 70여 척이 정박하고 상륙하여 진을 친 후 제주 목사 김수문과 접전이 있었는데, 저들은 수가 많고 우리는 열세여서 오래 끌면 이길 수가 없었다고 한다. 그러나 기습적으로 나와서 돌진하여 대포를 쏘고 화살을 비 오듯 쏘아대니 왜적이 어지럽게 도망하며 배에 먼저 오르려고 서로 다투면서 자기들끼리 죽이는 자가 무수했단다. 또 대장을 사살해 버리자 대패하여 흩어져 도망했다는 승전 소식에, 조정에서도 대단히 기뻐했다고 한다.

　지금 이 소식을 적어 네게 우선 보내는 것은, 이 승전 소식이 세상에 알려지기 전에 꼭 네게 전하려는 것이다. 나는 이 소식을 듣고 나서 너무 기뻐 잠을 이루지 못했다.

　의령에서는 내가 신경 써주지 않는다며 나를 몹시 원망하고 있다니 우습기도 하고 안타깝기도 하구나. 나는 발로 차면서 주는 밥을 얻어먹으면서도 어른들 모시는 것을 어긋나지 않게 했는데도, 어찌 그것이 도리어 증오와 원망을 불러오기가 여기에 이르렀단 말이냐? 공간의 답장인

즉, 자기 하인을 시켜 초곡으로 부친 것이라서 은정이에게는 부치지 않은 것뿐이라고 변명하는구나.

  전해 듣기로는, 이번 겨울에 이장할 계획이라고 하니 그렇다면 우리 집에서 아무것도 하지 않는다면 안될 것 같은데, 매사를 어찌 처리해야 옳을지 모르겠구나. 그믐께 초정에서 돌아오면 은정이를 곧바로 보내마. 그때 상세한 것은 다 알게 될 것이니 우선 여기서 줄인다.

추신———공보가 가져온 간비의 언문편지를 모두 동봉하여 보낸다.
왜구의 변사*가 있게 되면 경주부는 해변가라서 적의 침입을 받을 것이다. 지금같이 해변의 급한 경보가 들어오면, 만약 다급한 상황에서 어떻게 해야 할지, 순식간에 성으로 쳐들어와 형세를 보존하기 어려우면, 임금님의 화상을 어디로 피신시켜야 할지를 스스로 결정해야 할 것이다. 급한 상황이 닥치면 상부에 품의를 받아 결정할 겨를이 없을 것이니, 지극히 낙심하게 될까 염려된다. 혹시라도 예측하지 못한 일이 있거든, 임금님의 화상을 내륙의 다른 곳으로 옮겨야 할 것인지도 미리 아뢰어 두어야 할 것이다.

*변사變事: 왜구의 침입으로 인한 변란.

書 - 156

8월 5일

　아들 준에게 부친다.
　경주사람이 돌아간 후로는 네 안부를 알지 못해, 날마다 네 생각만 가득하구나. 나와 아이들은 모두 잘 지내고 있다. 내 병세는 때때로 덜하다 더하다 하면서도 크게 발병하지 않는 것이 도리어 더 이상하구나. 열이 올라가기 때문에 전에 가져온 약도 더 먹을 수가 없다.
　초정 온천에 갔던 일행은 무사히 돌아왔다. 봉화 집에 도착한 뒤에 비가 와서 참 다행이다. 안도도 열이 많아 온천 하고 싶다고 하여 같이 갔었는데, 돌아올 때는 효험이 있었는지는 모르겠으나 무사히 다녀온 것만으로도 기쁘다.
　여기 가뭄은 벌써 심하다. 지난달 27일부터 온 큰비로 곡식들이 살아나기는 했지만, 그전에 죽은 것도 많다. 특히 목화가 심하고, 늦게 심은 메밀은 먹을 수 있게 될 것 같지 않구나.
　요즘 의령 소식은 어떠하냐? 공간은 아직 올라오지 않았는데 어머님의 건강이 회복되지 않아서 그런 것이 아니겠느냐? 그렇지 않다면 어찌 그리 몹시도 무심하단 말이냐? 내가 그 사람에게 잘 부탁하는 일이 없다는 것을 기화로 마음에 응어리를 품고 "남과 같다"는 말투로 토로를 한다니, 한편 우습고 두렵기도 하구나. 옛사람들이 말하기를, "혀를 차며 준다면 길가는 사람도 받지 않을 것이고, 발로 차서 준다면 거지도 달가워하지 않는다."라고 하였다. 내가 공간에게 부탁도 잘 하지 않는 일이, 혀를 차거나 발로 차서 주는 밥을 가지고 장모님 앞에 나가려고 했던 일이 아닌데, 공간은 도리어 이것을 가지고 마음에 앙심을 쌓아두고 있으니, 어찌 공부했다는 자가 할 짓인가?

  또 의령에서 온 사람 말에, 올해에는 묘지를 옮길 계획을 했다고 하던데 공간의 편지에는 그 일에 대한 언급이 없으니, 여기에서 우리를 또 배제하려는 것이 아닌지 자꾸 마음이 편치 않구나. 만약에 그렇게 할 계획이 섰다면 채의 묘도 마땅히 옮겨야 할 것인데, 관이나 석회가루 등을 어떻게 하려는지 걱정이 많이 된다. 네가 올라온 다음에 상의할 생각이다.

  오늘 관리가 와서, 남해에 왜선 한 척이 들어와 접전이 있었다고 한다. 군사들이 당일 발견하여 쫓아냈다고는 하나, 어찌 또 계속하여 오지 않을 것이라고 장담하겠느냐? 심히 걱정되는구나.

  박 공보가 울진 현감이 되어 이미 부임했고 건이도 누이를 가서 맞아 오려고 오늘 교와 함께 서울로 출발했다. 주는 지금 전쟁터로 갔다고 하니 어찌 걱정이 안 되겠느냐? 네 식구들은 초이튿날 돌아왔다. 초사흗날 은정이를 보내려고 하였으나, 이놈이 '물길이 막혔다'며 핑계를 대는 바람에 경주로 가는 관리와 동행하게 하느라고 오늘로 출발이 늦어지게 된 것이다. 네가 기다린 줄은 알지만, 사정이 그렇게 되었을 뿐이다.

  전에 말한 『삼국사』를 인쇄할 종이는 얼마나 드느냐?

  죄근에 또 들으니, 이 이상ᄉ께서 정리한 『가레』의 목판도 경주에 있다고 하는구나. 모두 인쇄해서 보고 싶다. 단지 우기로 인하여 종이를 보낼 수 없는 것이 안타깝다. 네가 왔다가 돌아갈 때 가지고 가면 될 것이다. 그렇지만 종이가 얼마나 들 것인지 오기 전에 반드시 알려줘야 한다.

  올라올 때 청송을 경유 해서 오느냐? 청송 부사께서는 보통 분이 아니시다. 나도 경외하는 분이니 나 대신에 문안드리고 오거라. 뵈면서 꼭 조심해야 하고, 올라오는 곳마다 마땅히 조심해야 하지만, 특히 이 고을에서는 각별히 근신해야 한다. 나머지는 언문편지와 돌아가는 하인에게 일러두었다. 이만 그친다.

추신――이 이상께서 지은 『중용연의』는 지금 어디에 있느냐? 꼭 물어봐서 찾아오너라. 네가 경주에 있을 때, 찾아내 볼 수 없다면 후일에 구해 볼 길이 없을 것이다. 전에 말한 전사*에 관해서는 상황이 쉽지 않을 것이다. 우선, 하지 말고 기다렸다가 다음에 다시 하는 것이 좋겠다.

*이상貳相: 삼정승三政丞 다음가는 벼슬이란 뜻, 좌찬성과 우찬성. 여기서는 좌찬성 회재 이언적을 말함.
*전사奠事: 제사 지내기 전에 간단히 술과 과일을 올리는 일.

書 - 157

8월 18일

준에게 답한다.

인편을 통해 전해준 편지를 보고, 네가 잘 있다는 것을 알게 되어 많이 위안이 되었다. 이곳 큰집이나 작은 집도 모두 안녕하시다. 은정이가 간 것도 이미 많이 지체되어 늦었는데, 게다가 물길에 막혔다고 다시 돌아왔다가 초순이 되어서야 떠났다. 네가 기다리기가 참으로 힘들었겠지만, 사정이 그렇게 되었다. 그곳에 잘 도착이나 했는지 알지 못하니 더 답답하다. 또 이 참봉이 자기 집에 가서 머물러 있는 까닭으로, 네가 올라오지도 못하고 있으니 안타깝구나. 만일 이 참봉의 어른 병환에 차도가 없다면 언제 교대할지 기약할 수도 없겠구나. 네가 비록 이달 안에 올라오려고 해도 아마 뜻대로 될 것 같지 않으니 어찌하면 좋겠느냐?

정목*을 받아 보고, 내가 강원 감사로 발령 나지 않았다는 것을 알았다. 참으로 다행이나 이후에는 또 어떨지 알 수 없구나.

『삼국사』의 인쇄 종이는 특히 많이 들고, 비록 네가 간청한 것은 아니지만, 간청한 것이나 다름없이 번거롭게 되었으니 마음이 놓이질 않는구나.

묘를 이장하는 일이 바로 네 말대로라면, 몹시 신경 쓰이고 민망한 일이니, 우선 네가 오기를 기다리마.

남해에 접근했던 왜구가 모두 섬멸되었다고 하니 매우 기쁘다.

온계에 보낸 편지 두 통은 이미 전해졌고 답장은 아직 받아가지 않았으니, 네가 알고는 있거라.

나머지는 이전의 편지에 쓴 것이니 이만 줄인다.

추신———온계 시제는 어제 거행했고 녕의 편지도 왔는데 모두 잘 있다고 한다.

*정목政目: 관직의 임명과 해임을 적은 서류

書 - 158

8월 30일

아들 준에게 답한다.

오랫동안 궁금했는데 편지가 와서, 편히 잘 지낸다는 것을 알았으니 마음이 매우 위안 된다. 내 병세는 때에 따라 더했다 덜했다 하는데 근래에는 뱃속에 묵은 체증이 있는 듯하니, 이로 인하여 병이 될까 걱정된다. 그러나 섭생이나 일상생활이 평소와 다르지는 않다.

이 참봉의 행차는 진작에 '이달 25일께 내려간다.'라고 다른 인편을 통해서 들었는데, 또 내달 초에 간다고 한단다. 내가 우려하는 것은, 그 사람이 자기 부친의 병세에 따라 내려가고 안 가고를 정해야 한다면, 네가 올라오는 날짜도 정할 수 없게 될 테니 참으로 걱정이다. 지금 집경전에서 오는 사람에 의하면, 이 참봉이 보낸 사람을 길에서 만났는데, 가서 끌고 갈 말을 가지러 온다고 하더란다. 내려가려고 하는 것 같으니 너도 머지않아 올라올 수 있을 것이다. 기쁜 마음으로 기다리마.

의령에서 하인이 편지를 가지고 왔으니 매우 반갑구나. 그쪽에 집 짓는 일로 한창 바쁘다고 들리는데, 그런 연유로 묘지 옮기는 계획을 확정 짓지 못해서 아무런 말도 못 하는 것 아니겠느냐? 그렇지 않다면 어째서 그런 일을 숨기겠느냐? 몹시 괴상한 일이다.

『삼국사』와 『가례』가 모두 인쇄되어 얼마나 기쁜지 모른다. 부윤 영감께서는 임기가 다 되었는데 전근되시느냐? 앞서, 이 회재께서는 『중용연의』를 지으셨다고 들었는데, 그 전편을 다 연의하기에는 규모가 너무 커서 어려울 것이라는 의구심은 있었는데, 지금 들으니 『구경연의』만 지었다고 한다. 이와 같은 결과라 해도 잘한 것이다. 여러 곳에 간절히 구해

봐서 꼭 가져 왔으면 좋겠다. 청송 가는 길은 비록 험하고 좁지만, 산수가 많아 수려한 경관이 좋을 것이다. 큰 바다를 관람하고 어진 분도 만난다면 어찌 좋은 일이 아니겠느냐? 게다가 영천으로 가는 길은 두 참봉이 번갈아 왕래하니 또한 민폐 끼치는 상황도 없지 않을 것이다. 내 생각에는 다른 장애가 없다면 청송을 거쳐서 오는 것이 좋을 것 같다만 네가 잘 알아서 하거라.

시제에 네가 오지도 못했지만, 연이어 큰 제사가 있었고 또 다른 일도 많아 제대로 갖추지 못했는데, 이미 중월*이 지났으니 마음이 몹시 편치 않구나.

사랑채 짓는 일을 시작한 지가 벌써 며칠 지났다. 신주는 안채 대청 서쪽에 안치했는데 발과 병풍으로 막아서 설치했을 뿐이다. 막지가 있는 집은 추수가 끝나고 철거하려고 한다.

대체로 농사는 부실한 데다 쓸 곳은 많으니 몹시 궁핍할 수밖에 없어 걱정이다. 울진 고을 사또의 가족들이 와서 이틀 묵다가 내일 울진으로 가려고 한다.

나머지는 일일이 적지 않는다. 오는 행로에 그저 삼가고 조심하거라.

*중월仲月: 각 계절의 가운데 달. 음력 2, 5, 8, 11월을 말함. 중동仲冬, 중추仲秋, 중춘仲春, 중하仲夏.

書 - 159

11월 24일

　아들 준에게 답한다.
　연수가 뜻밖에 편지를 가져와서, 네 소식을 두루 알았다. 언문편지에, 고뿔 감기를 앓는다고 했다니 걱정된다. 내 병세는 때때로 더하다 덜하다 하면서 여전하다. 아이들은 모두 무탈하게 잘 지내고 있고, 집안도 다 안녕하다. 응의 장례도 이미 15일에 치렀다.
　다만 네가 의령에 가는 일은 그믐에 출발하면 늦을 것 같다. 지금 들어보니, 이 참봉은 바로 돌아갈 계획이 없는 것 같다고 한다. 상황이 매우 난처하게 되었으니 어찌해야 하느냐? 이 참봉과 부윤께 다시 편지하여 휴가를 앞당겨 달라고 간청해 보거라. 만약 이 참봉이 돌아올 수 없다면, 도사께 내 편지를 전해드리고 휴가를 받는 것도 괜찮을 것이다. 그러나 이러한 일은 몹시 부득이한 상황에서 나온 것이지만 감사의 뜻을 어기는 것이 될까 염려된다. 휴가를 얻는 일도 보장된다고 할 수 없을 것이다. 상황이 이렇게 되어 가지 못하게 되면, 이장하는 일은 매우 어려운 처지가 될 것이니 참으로 난감하기 이를 데가 없구나.
　또 만약에 그냥 혼사가 있다고 핑계를 대면, 감사는 아마 그 말을 대수롭지 않은 일로 치부해 버릴 것이다. 별지에 그 사실을 따로 적어 보낼 테니 네가 읽어보고 봉해서 드리거라. 네 생각은 어떠냐? 다른 한 가지 걱정은, 감사께서 가까이에 계시면 좋겠지만 만약 멀리에 가고 안 계신다면 편지가 왔다 갔다 하는 사이에 시간이 이미 지나쳐 버릴 테니 더욱 큰일이구나. 공간은 20일에 출발한다고 하였으나 꼭 출발하기로 정했는지도 알 수가 없고, 설사 이렇게 된다고 해도 너무 늦구나.

황석이는 26일에 꼭 출발해서 보낼 것이다. 만사* 3장을 지어 보낸다. 그 나머지는 그곳에서 전에 썼던 만장을 살펴서 써도 될 것이다. 장인 산소의 만사는 이미 써서 공간에게 보냈다.

 나는 동짓날 제사를 지낸 뒤 고산에서 하루 자고 다음 날 안도를 데리고 청량사에 들어갔다가 설 명절에 나오려고 한다. 날씨가 매우 추울 때 멀리 가서 이장하는 일을 보아야 하니 부디 몸조심하여, 내 바램에 부응해다오. 나머지는 돌아가는 하인에게 일러두었다.

*만사挽辭: 죽은 사람에 대하여 슬퍼하거나 치적을 기리는 글.

書 - 160

11월 26일

아들 준에게 부친다.

연수가 돌아간 뒤로, 네 행차는 어떻게 하기로 정했는지 몰라 걱정이 많이 된다. 만약 부득이 휴가를 청해도 사또께서 오고 가는 사이에 분명히 지체될 것이 걱정이고, 끝내 휴가를 얻지 못하여 갈 수 없게 된다면, 묘 이장하는 것을 의탁할 데가 없으니 이보다 더 막심한 어려움이 어디 있겠느냐? 걱정을 이루 다 감당할 수가 없구나.

또 '예법'에 관한 글들을 상고해 보니, 증자께서 묻기를, "초상이 겹쳤을 때 어떤 것을 먼저하고 어떤 것을 뒤에 합니까?"하니 공자님께서 대답하시기를, "초상에는 가벼운 것을 먼저하고 중한 것을 뒤에 한다."라고 하셨다. 즉, 부모의 상이 만약에 겹쳤다면 먼저 어머니를 장사지내고, 뒤에 아버지 장사를 지낸다는 뜻이다. 이것을 미루어 볼 때, 같은 날 발인하게 되면 10일 혹은 11일에 네 동생을 먼저 장사하는 것이 '가벼운 것을 먼저 한다'라는 뜻에 합당한 것이다. 이러한 것을 근거로 일을 하되, 꼭 생원에게 여쭈어서 처리하도록 해라.

'예법'에 또 이르기를, "제사를 지내는 것은 중한 것을 먼저하고 가벼운 것을 뒤에 한다."라고 하였다. 일테면, 장례에는 비록 가벼운 것을 먼저 하지만, 제사의 순서는 가벼운 초상을 먼저 장사 치르도록 기다렸다가 제사는 중한 것을 먼저 지내고 가벼운 것을 나중에 지낸다는 뜻이다. 우제* 또한 이런 예에 의거하여 행하는 것이 맞을 것이다.

장계과줄* 4말을 만들어 보내 보내니 나누어 쓰거라. 주유*와 첩리* 한 벌, 단령* 한 벌과 반팔 옷 한 벌을 새로 지어 보낸다. 만약에 관을 열지 않았으면, 이 옷들은 관과 곽*의 사이에 끼워 넣는 것이 좋을 것이다. 꿀 다섯 되도 보내니, 큰댁에 말씀드리고 전해드려라.

 재와 숯도 미리 준비되어 있는지 몰라 걱정만 많게 되는구나. 무릇 점을 쳐서 잡은 날이 다가오니, 네 행차 또한 늦어질까 봐 염려되고 매사가 뜻대로 안 될까 봐 걱정이다. 네 동생은 살아서나 죽어서나 일마다 이렇게 어긋나니 가슴 아프고 안타까워 견딜 수가 없구나. 힘이 미칠 수 있는 것은 그나마 네가 마음을 다하는 데 있을 뿐이다. 일꾼이 충분하지 않다면 사정이 더욱 어려울 것이니 어찌하면 좋겠느냐? 나머지는 황석이가 가서 말할 것이다. 오직 네 몸을 잘 챙기고 조심하기를 부디 바랄 뿐이다. 청어는 마땅히 천신*해야 할 것이고, 미어*도 잘 받았다.

추신────추수한 수량은 얼마나 되느냐? 쓸 곳을 봐가며 나머지 수량은 황석이가 말하는 것에 따라 처리하여라. 이곳의 용도는 분명히 궁색할 것이고, 환곡과 무명을 사게 될 일도 있을 것이다. 은부가 낼 신공도 거두어 보내고, 날라야 할 물건이 있는데 말이 약해서 나르기 어려우면, 다른 하인들에게 힘을 합쳐 실어 나르도록 지시하거라. 따르지 않는 놈이 있거든 다스려야 할 것이다.

*우제虞祭: 초우 재우 삼우 제사의 총칭.
*장계과長桂果: 전래 과자인 유밀과의 하나.
*주유紬襦: 고운 무명으로 만든 유삼.
*첩리帖裏: 겹쳐입는 속 저고리
*단령團領: 깃을 둥글게 만든 公服.
*곽槨: 관을 싸는 널궤.
*천신薦新: 그해에 난 과일이나 농산물을 먼저 신에게 올림.
*미어彌魚: 멸치

書 - 161

12월 9일

아들 준에게 부친다.

지난달 24일에 황석이 일행이 돌아와서 전해준 편지를 보고, 의령 여러 댁들도 모두 편하시다는 것을 알았다. 그런데 너는 지난달 17~8일경에 함안으로 출발한다고 하였고, 어제 받은 조카 완의 지난달 27일 자 편지에는, 너는 "아직 경주로 오지 않았다."라고 적혀있으니, 무엇 때문에 그리 더딘 것이냐? 이 참봉이 네 행차를 꼭 기다리고 있을 것인데, 그 사람 뜻에 어찌 어긋나지 않겠느냐?

또 묘지 이장하는 일은 끝내 성사되지 못했다고 한다. 습독은 사심을 쫓느라 올바른 것을 잊었으니, 참으로 말할 가치도 없다. 만약 공간이 물렸던 논밭을 다시 되돌려 받기를 간절히 바란다면 가능성을 기대할 수는 있을 것이나, 지금은 그럴 가능성이 없는 데다가 도리어 소송까지 하겠다고 한다. 가문에 일마다 불미스럽기만 하니, 탄식을 금할 수가 있겠느냐? 뒷날에 설사 이장을 한다고 해도 네가 서울에 있게 되면 생각대로 하기도 어려울 것이고, 네 동생을 여기로 이장해 온다는 것이 더욱 가슴 아픈 일이다. 그러나 방법이 없지 않은가.

황석이 일행이 가져온 물건은 수대로 잘 받았다. 바꾼 곡식과 남은 곡식이 얼마나 되는지는 이미 알고 있었다.

네가 함안에 도착했을 때 경양을 만나 보았느냐? 은정이를 바로 보내려고 했으나 옷을 다 만들 때까지 기다렸다 보내느라 늦었다. 이곳과 오천은 다들 안녕하시다.

나는 청량산에서 보름 남짓 머물렀는데 춥고 산세가 험하여 사람들

드나들기가 매우 어려운 곳이다. 연대사는 안온하고 평지인 데다 연고가 있는 곳이라 그곳으로 옮겨서 머물렀다. 청량암은 너무 험준한 곳에 있으므로 내 병든 몸으로는 편치가 못해서 오래 머물지 못하고 나왔지만 아쉽구나.

창증이 간혹 나타나고 담증도 때때로 발작하지만, 다행히 심한 증세에 이르지는 않았다.

가구이 박 충찬위의 장모가 지난달 25일에 세상을 떠났다. 형님과 교는 문상을 갔지만 나는 추위가 무서워 가지 못하고 안도에게 다녀오도록 하였다. 가난한 형편에 조카 헌이 혼자 감당하고 있어, 장사지내는 일이 어려울 것이니 매우 걱정된다.

명복이가 근래에 서울에 다녀왔는데, 『서전』 한 질을 가지고 왔구나.

고모필* 두 자루를 보낸다. 황모필*은 회암서를 베끼는 몇몇 사람들한테 나누어 보냈다. 사 온 두 자루를 보냈기 때문에 별도로 또 보내지 않겠다.

전조*의 관리들이 모두 바뀌고, 송강*공은 저들의 입에 오르내린다니 매우 괴이하고 탄식할 일이다.

전하께서 하사하신 말은 최 장원*이 받아서 관리하며 가지고 있다가 보내왔다. 전해 듣기로는, 이 말은 성질이 까다롭고 잘 따르지 않아 타기에는 매우 어려울 것이라고 한다. 그러나 특별히 사람을 시켜 보내왔으니 돌려보낼 수도 없어서 그냥 남겨 두었다. 큰 말이 여러 필이다 보니, 콩을 먹여 기르기가 어렵지만 어찌하겠느냐?

새로 오는 참봉은 부임하였느냐? 이름과 행동거지 등을 적어 보내면 좋겠구나. 안도는 지금 논어 읽기를 시작했다. 전에 쓰다가 남겼던 종이에 써서 보낸다.

나머지 말은 은정이에게 일러두마.

*고모필羔毛筆: 새끼 양털로 만든 붓.
*황모필黃毛筆: 족제비 털로 만든 붓.
*전조銓曹: 문관을 가려 뽑던 이조와 무관을 가려 뽑던 병조를 아울러 말함.
*송강松岡: 조사수趙士秀의 호 생몰년:1502~1558.
*장원掌苑: 식물과 동물원 과일과 채소 등을 관리하던 장원서의 벼슬.

書 - 162

12월 13일

아들 준에게 답한다.

네가 의령을 떠난 뒤로 오랫동안 소식을 듣지 못했는데, 잘 지내다 임지로 벌써 돌아갔다는 소식을 알고는 많이 위안 된다. 나는 모든 일이 전과 같다.

은정이는 옷이 만들어지는 것 때문에 늦게 보냈으니 안타깝다. 지금쯤 이미 도착했을 것으로 생각된다. 아이들은 모두 오천에서 잘 지내고 있고 안도가 김 생원 장사지내는 곳에 가서 아직 돌아오지 않았구나. 나는 산에서 내려온 틈에 부재중에 도착했던 편지들을 모두 보았다.

조 남명의 상소와 처음에 내려온 교지를 우연히 보게 되었는데, 홍문관에서 남명을 구하려는 차자*와 교지를 지금에야 처음 본 것이다. 산중에서는 비록 세상 돌아가는 일을 몰라도 무방하지만, 이와 같은 일을 어찌 알지 못해서야 되겠는가? 후에 또 중대한 일이 있어서 기별하려거든 인편을 통해 간단히 써서 보내는 것이 좋겠다.

왜구들이 내년에는 대대적으로 침범할 것이라고 미리 알려주는구나. 세상 돌아가는 일에 걱정을 금할 수가 없다. 네가 거기에 근무하는 것도 몹시 염려되니 어찌하느냐?

『회암서』베껴 쓰는 것은 시작했느냐? 아무쪼록 매사에 삼가고 조심할 것이며, 시간 낭비를 하지 말거라. 나머지는 전에 쓴 편지에 있으니 더 쓰지 않겠다.

*차자箚子: 신하가 임금에게 올리는 간단한 상소문.

병진년
(1556년, 56세)

書 - 163

1월 4일

아들 준에게 답한다.

은정이 일행이 와서 전해주는 편지를 받았다. 네가 두루 편하다는 것을 알고 걱정이 놓인다. 나와 집안 인척들 모두 무탈하게 새해를 맞았다. 오천에 있는 아이들도 다 안녕하다고 한다. 다만 하인 중손이와 의산이 집에 모두 병 기운이 있어 염려될 뿐이다. 너는 한식 때 올라오는 기간이 아직 많이 남았다고 여기는듯하구나. 매번 복무지를 떠나 출타하는 것이 미안한 일이니, 한식일 이후에 동료와 당직을 바꾸고 오는 것이 좋을 것이다. 집경전에 별일이 없을 때는 책을 읽거나 글씨를 쓰는 등의 공부를 한다면 더할 나위 없이 좋을 것이다. 회암서는 단지 베끼지만 말고 모두 탐구하여 완미해야 하고 미처 깨닫지 못한 곳에는 표시해 두었다가 나중에 묻는 것이 좋을 것이다. 완이가 받아갔던 다섯 권은 지금 이미 다 써왔고, 도곡도 거의 마쳤다고 하니 반가운 일이다. 부윤 영감께서 과분한 후의를 멀리에서까지 보내주시니 감사하고 부끄러운 나머지 사례편지를 올리니, 영감님께 나아가 고마움을 전해드리는 것이 좋겠다.

특히 네가 보낸 여러 물품도 모두 잘 받았다. 그러나 관리는 청렴해야 하는 것이 본분이므로, 설사 봉급이 조금 남더라도 많지는 않을 것이다. 지금 이렇게 사서 짐바리로 보내오니 내 마음이 심히 불편하다. 소소한 먹을거리 정도야 괜찮을지 몰라도, 만일 억지로 지나치게 힘들여서 하는 것이라면 소문도 좋지 않을 뿐만 아니라, 관리로 있는 자가 마음을 깨끗이 하고 일을 살피는 도리가 아니다. 이처럼 습관이 든다면 나중에 수습하기 어렵게 될까 두렵다. 반드시 이후로는 억지로 하지 말았으면 좋겠다. 근래에 음직*으로 수령이 된 사람들을 보면, 아무것도 모르면서 망령되이 행하고, 오직 자기 한 사람 이익만을 생각하고 다른 사람들은 돌아보지 않아서 사람들로부터 빈축을 사게 한다. 인심은 지극히 위태로우니 진실로 경계할 일이다.

특히 왜구에 대한 소식이 매우 좋지 않다. 아무쪼록 관리된 자들은 모두 충절을 바칠 생각을 해야지 피할 생각이 싹터서는 안 될 것이다. 다만 참봉이란 임금님의 초상화를 호위하는 자리이니 만일 위급한 일이 있더라도 미리 아뢰지 않고 멋대로 편하게 처리해서는 안 된다. 네 동료와 다른 사람들이 어떻게 의논되었는지 모르겠구나. 변군이 서울에서 내려올 때 여러 재상에게 아뢰고 의논하여 오지 않았겠느냐? 만약 아뢰는 것이 마땅하다면, 첩을 써서 올리는 내용 초안이 별지와 같게 한다면 어떠하겠느냐? 영감께 먼저 아뢰고 결정하는 것도 좋을 것이다. 그러나 내가 초안을 보냈다고 말하지는 말아라. 나머지는 돌아가는 하인에게 일러두겠다.

서울에서 온 말을 보내겠다. 이 말은 길들이지 않아 성질이 급하지만 대체로 타고 다닐 만하다. 그러나 울진에서 온 말을 돌려보내는 것이 미안하구나.

네게 들어 온 음식인 것처럼, 이 이상 대감댁에 내 뜻이라고 하며 사람을 시켜 문안 인사와 함께 보내면 좋겠구나. 그 임종에도 멀리에 있어서 허술하게 올리지 못했다고 들었다. 전해오는 것은 있더냐? 주장의 생질이 너와 동료라고 들었는데 슬픈 생각이 그치질 않는구나.

*음직蔭職: 과거에 의지하지 않고 아버지나 할아버지의 힘으로 벼슬자리에 나아감.

書 - 164

1월 9일

준에게 답한다.

뜻밖에도 심부름하는 사람 편에 보내온 편지를 받고, 편히 잘 있다는 것을 알고서야 걱정했던 마음이 놓인다. 나는 여전하다만, 하인 중손이네 식구 3~4명이 앓고 난 뒤에 좀 잠잠하더니, 황석이 처자식이 연말께부터 자주 아프다며 누웠는데 사람들이 꺼리는 병이라고 한다. 이제 황석이가 심하게 앓더니 그 처와 딸 비까지 마침내 아프다 하니 이는 필시 전염병일 것이다. 내보려고 하지만 식구가 많아 어려움이 있으니 어찌하면 좋겠느냐? 만약 또 전염된다면 마땅히 모두 내보낼 생각이지만 이후의 일은 가늠할 수가 없다. 또 온계 형님댁 근처에도 역질이 왔다고 한다.

오천에 있는 아이들이 여기 오고 싶을 때, 마을이 이와 같으니 오는 것이 좋을지 어떨지 몰라 걱정이다. 오천에까지 병 기운이 돈다는 소리가 들리니 더 큰 걱정이구나. 만일 병 기운이 수그러들지 않는다면 나는 피해서 출타할 계획이다.

그렇지만 집안에 주인이 없어서는 안 되니 모두 나간다는 것도 어려운 일이어서 난처하기가 이보다 더한 것이 없구나.

보내준 물품은 모두 받았다. 부윤 영감께 네가 감사의 인사를 올리거라.

은정이 일행이 돌아올 때 이미 주신 편지를 받았는데, 자꾸 잇달아 받았으니 그때마다 답장을 쓰는 것도 번거롭고 욕될 것 같아 감히 답장 올리지 않았다. 이러한 뜻도 함께 전하거라.

행석이의 일은, 저쪽에서 만약 하려고 한다면 네가 비록 오지 않아도 될 것이다. 그러나 지금은 가부를 알 수 없을 뿐이다.
　나머지는 이전 편지에 쓴 대로이고, 기다리는 사람이 바쁘다고 하기에 대충 쓴다.

書 - 165

2월 5일

준에게 부친다.

어탄사의 스님이 전해 준 편지를 보고, 네가 잘 있다는 소식을 두루 알았으니 많이 위안이 된다. 여기는 모두 여전하다만, 황석이네 집의 병 기운은 수그러들지 않고 있다. 매번 피하고 감추기에만 급급하기에 자세히 알아보았더니 매우 심하게 아프다고 하는데 끝내 어찌 될지 모르겠다. 그래서 아이들은 아직 여기에 오지 않았다. 오천의 병 기운은 근래 들어 좀 잠잠해지는 듯하다고 하는데, 온계는 역병이 크게 퍼지고 있으니 더욱 불안하구나.

한식 제사는 수곡에서 지내야 하지만, 사정이 이렇게 되었으니 고산에서 지내려고 하더라도 상의를 해야 할 것이다. 너는 한식 이후에는 바로 올라오거라.

가까운 시일에 황석이 집에 계속되는 병이 없다면, 아이들은 여기로 오는 것이 나을 것이다.

예상되는 변고에 대해서는 미리 품의를 받으라는 영감의 뜻은 매우 지당한 일이니, 영감의 지시에 따르는 것이 온당한 것이다.

특히 향촌에 살다 보면 일마다 어려움이 많다. 이제 또 탄 들이는 일로 한바탕 소동이다. 탄 한 섬을 들이는데 무명 5~6필, 쌀 다섯 말에 이른다. 다른 사람이 이렇게 받는다고 하니, 부득이 철손이에게 무명 세 필을 가지고 본바닥에 가서 사 오도록 하였다. 아직 그곳에서 사는 가격이 비싼지 어떤지 알 수 없고, 여유가 없는지도 멀리서 헤아리지 못해 걱정된다. 경주는 그곳과 거리가 멀지 않아 들어서 아는 것이 분명히 있을 테니, 알려 보내주면 좋겠다.

　명복이도 갔으니 이 하인들의 의중을 살펴보거라. 네 의도대로 경주에서 사서 날라 들이고자 한다면, 이는 매우 불편한 일이기 때문에 하인들에게도 그렇게 하지 못하게 꾸짖어 보냈다. 너도 그 말을 듣지 말거라. 그렇게 한 이유는 이놈들이 자꾸 핑계를 대는 폐단이 있기 때문이다.

　맛산이는 영해에서 돌아와 의령으로 바로 갔느냐? 남아 있는 곡물로 품질 좋은 무명을 바꾸어 하루속히 돌아오게 할 일이다. 은부에게는 엄히 가르쳐서 보내야 한다.

　매사가 이와 같고, 집에 쓸 것이 너무 군색하기에 이른 말이다. 나머지는 하인 진에게 일러두었다. 만일 전과같이 쓸모없는 무명으로 사 온다면, 비록 가져온들 무슨 소용이 있겠느냐? 혹시 금액이 부족하다면 모쪼록 조치해야 무방할 것이다. 이 집에 들이는 탄은 단지 한 섬뿐이다. 길양식으로 쌀 두 말 반을 주어 보냈으니 부족하지는 않을 것이다.

書 - 166

2월 14일

준에게 답한다.

은정이가 와서 전해준 편지를 받고, 네가 편히 잘 있다는 것을 알았다. 또 부윤 영감님이 보내주신 안부 편지와 음식물을 받고 많이 위로되었다. 이곳과 오천 집안 모두는 무탈하게 잘 지내고 있다. 다만 황석이네 집의 병세가 근래에 조금 누그러든 것 같다고는 하지만 그것이 끝인지는 아직 알 수가 없다. 또 온계의 역질은 한창 극심해서 그 재앙이 몹시 혹독하구나. 천사촌 마을도 역병이 돌고 있어 비록 왕래하지 말도록 금하고 있으나, 이루다 금할 수만은 없으니 지극히 우려가 된다.

수곡에서 지내기로 한 제사는 고산에서 지내는 것이 합당하지만 모두 이처럼 구차하게 꺼리고 제사 참석을 할 수 없다고 하니, 어찌 이런 일이 있단 말이냐?

네 처가 20일경에 이곳에 오려고 하지만 아직 날짜를 정하지 못했다. 네가 먼저 오천에 들어가서 움직일 것을 의논하여 결정하거라. 또 20일까지 기다렸다가 기제사를 지낸 후에 들어오는 것이 좋을 것이다. 네가 비록 여기 온다고 해도 제사를 지낼 수 있는 형편이 아니니, 차라리 제사를 지낸 후에 오는 것만 못하기 때문에 하는 소리다.

김부의*와 박사눌은 모두 과거시험의 강*에 들었다고 하니 축하해 줄 만 하구나. 경주 사람이 바삐 돌아가야 한다고 하기에 대략 소식만 적었다. 분명히 가는 도중에 서로 만날 것이기에 일일이 적지 않았다.

*김부의金富儀(1525~1582): 자는 신중愼仲, 호는 읍청정挹淸亭, 퇴계 제자. 박사눌은 김부의의 매부.

*강講: 대과 초시에 입격한 유생들은 『경국대전』과 『가례』를 암송하여 뜻을 풀이하는 고강(考講)을 통과해야 했다. 그 뒤에 과거 응시자로 등록하는 녹명(錄名) 절차를 거쳐야 회시를 치를 수 있었다.

書 - 167

3월

　준에게 부친다.

　고을 사람 편에 전해준 편지에, 네가 잘 돌아가서 사또님 일행을 맞이했다고 하니 매우 위안이 된다. 이곳 큰댁과 작은댁은 모두 여전하다만, 온계의 역병은 아직도 빙의 집보다 더 극심하니 우려된다. 이 때문에 이날 기제사는 사촌매부 댁에서 지냈다. 단오 때 지낼 조부와 고산 묘제가 모두 다음 차례인데 수곡에서 지낼 상황이 아니면 마땅히 고산에서 지내야 하니, 일마다 미안해서 어찌한단 말이냐?

　왜놈들의 변란이 끝내 어찌 될지 모르니 참으로 걱정이다. 빙과 주 등은 모두 군역을 면하지 못했고, 형님은 향임*으로서 마땅히 군사를 거느리고 갔는데, 주가 마침 돌아왔기 때문에, 주에게 대신 답장을 하게 하였다. 그러나 이후에도 이러한 일들이 틀림없이 빈번해질 것이라 걱정되지만 어쩌겠느냐?

　의령 소식은 들었느냐? 전날 공간에게 편지를 보냈는데 운영어미의 일은 잊고 말하지 못했다. 만약에 네가 편지 부칠 일이 있거든 잊지 말고 알리는 것이 좋을 것이다. 단오 뒤에 오는 일은 어떻게 할 참이냐? 내 생각엔 멀리에서까지 오기가 어려우니 깊이 생각해서 처리하거라. 천문동*에 대해서는 물어보았느냐? 사정이 어려우면 굳이 구하지 않아도 된다. 이만 줄인다.

　추신───이렇게 위기가 급박하게 돌아갈 때는 모든 일을 세밀히 헤아려서 부끄러운 일이 생기지 않도록 해야 할 것이다. 돌손이의 처남 신잇돌이

군역을 배정받을 때, 퇴계집 종붙이로 있다고 했다는데, 이런 따위의 일들을 너는 알고 있는데 내가 모르고 있었으니, 되겠느냐? 오늘 서리가 내린 것도, 매우 이상한 일이다.

*향임鄕任: 향청의 직원
*천문동天門冬: 백합과에 속한 여러해살이풀, 본초강목에 문동門冬 일명 만동滿冬이라고 하였다.

書 - 168

5월 17일

준에게 답한다.

연수편에 보낸 편지에, 편히 잘 있다니 마음이 놓인다. 나는 전에 앓던 병세가 오락가락할 뿐 다른 질환이 없고, 안도가 앓던 창증도 지금은 대부분 나았다. 다만 온계의 역질이 혹독하여 빙의 아들딸 두 아이가 차례로 죽었으니 참으로 상서롭지 못한 일이다. 아래위 마을에서 병자가 아직도 많으니, 이 때문에 제사 지내는 일도 지극히 불편하구나. 그러나 우리 집은 지금 평안하니 제사를 빠뜨릴 수가 없어서 고산에서 지내려고 한다. 우리 집에서 모두 마련하고 다른 집에서는 준비하지 말게 할 참이다.

또 교는 금응석 집에 정혼하고 내일 혼례를 치른다고 하는데도 마음은 편치 않은 듯하구나. 단지 금응석의 집에 병든 노친이 있기때문에 사정상 늦출 수가 없을 뿐이다.

공간은 벌써 영천에 도착했는데 근간에 다시 내려간다고 하니, 내려가는 일은 무슨 일 때문인지는 모르겠다.

의령 장모님의 병환은 차도가 있어서 회복되었다고 한다. 이것은 매우 반갑고 기뻐해야 할 일이지만, 습독은 스스로 잡혀갈 일만 만들어 노모뿐만 아니라 문중에도 매번 이런 소리가 나오게 하니 어찌 한탄스럽지 아니하냐?

변방의 일이 지금은 비록 급한 것은 아니라고 해도 어찌 보장할 수 있겠느냐? 임기가 만료된 뒤에도 후임 교대자가 올 때까지 머물며 기다리는 것은 다른 사람들의 놀림감이 될 수 있다. 그마저도 평상시의 일이지,

만약에 유사시라면 이런 핑계로 스스로 해명하기도 어려울 것이다. 그 전에 아무 일이 없다면 다행이겠지만, 네가 말한 대로 올라와서 상황을 관망해 보는 것도 괜찮을 듯하다.

신섬에게 편지를 써서 보냈으니 알고 있거라.

천문동과 광어는 모두 수령 하였다. 영감님께 사례하고 감사의 편지를 써서 올리는 것이 옳을 것이다. 나머지는 일일이 적지 않는다.

체직*되어 올 때는 매사 행동거지를 자세히 살펴 조심하고, 다른 사람의 비웃음을 사지 않도록 하거라.

*체직遞職: 맡은 일을 교체하는 것.

書 - 169

7월

  준에게 부친다.
  정필이 일행 편에 보낸 편지를 받았다. 편히 잘 있다는 것을 알고 큰 시름이 놓였고 변방에도 별일 없다니 매우 다행이구나. 다만 이런 때가 바로 두려워할 만한 시기이니, 끝내 어떠할지 알 수 없구나. 밤낮으로 걱정이 떠나질 않는다. 어떤 사람들은, "일본 국왕의 사신이 왔으니, 정세는 무사할 것이다." 하지만, 이는 믿을 수가 없다. 너는 이미 임기가 끝나 체임이 되었으니 전에 말한 대로 후임자와 교대가 되지 않았어도 올라오는 것은 이상할 것이 없을 것이다. 휴가를 받기가 어려운 상황이냐? 휴가를 받아야 그래도 나을 것이다. 무리 들이 빈번하게 자주 오고 있으니 장애가 되는 것이 아니냐?
  부윤 영감님께 전에 답장을 드렸기 때문에 자주 번거롭게 편지 보내지 않은 것이니 안부를 잘 전해드려라. 지금부터는 편지를 받기도 어려울 것이니 안타까움을 견딜 수 없구나.
  온혜의 역병은 겸중이 집에까지 전염되었다가 이미 그곳을 지나, 오천의 부윤댁도 전염되어 막 시작되었다고 하니 모두 걱정이다.
  지난달에 받은 신예중의 편지에, '아마도 관직을 바꾸는 일에, 참봉이 이조에 부탁하려고 한 것 같다.'라고 하였는데, 그 편지를 네게 보내려고 했더니 잃어버려서 못 보냈을 뿐이다.
  안도가 오천에서 들으니, '후릉참봉과 이용은 동관*인데 틀림없이 세도가 있어서 자리를 바꿨다고 하고, 이용도 바꾸려고 하였으나 그러지 못했다'고 하는데 믿을 만한 것인지는 모르겠다.

구할 수 있다면 오죽장*과 낚시대를 구해 오고, 구하기 어렵거든 억지로 구하지는 말아라.

더운 여름 날씨에 부디 몸조심하거라. 나머지는 돌아가는 하인에게 일러두었다.

*동관同官: 같은 직장에 근무하거나 동급의 관료.
*오죽장烏竹杖: 오죽으로 만든 지팡이

書 - 170

8월 11일

준에게 부친다.

네가 떠난 뒤로, 가는 길에 어려움은 없었는지 몰라 걱정을 많이 했다.

어제 조카 굉이 와서 말하기를, 네가 서울에 더디게 도착하여, 궁전 직원이 "출입자 명단에 넣기가 어렵다."고 말했다니, 듣고 나서 매우 불안하였다. 이 말 때문에 다른 사람으로 그 자리를 바꾸라는 전하의 지시가 없었는지 모르겠다. 나도 아직 부임하기 전이고, 너 또한 늦게 갔으니 다른 사람들이 그것을 비난하는 것은 마땅할 것이다. 굉이 또, 내가 사직할 당시에는 '나라 민심이 흉흉한 상태에서 특히 위태로웠다.'라고 말하니, 만약 전하께서 나를 한직에 윤허하지 않았다면 거의 그러한 비난을 면하기 어려웠을 것이다.

그 때문에 더욱 불안하여 굳이 여기서 재사를 짓는 일은 하지 않으려고 하는데 여러 사람의 의견은 어떠한지 모르겠구나.

또 옥당* 사람이 가져온 최 장원의 편지는 그 옥당 사람이 돌아갈 때 답장을 써 보냈다. 그런데 지금 들리는 말에, 장원은 내가 답장을 보내지 않았다고 나무란다고 하니, 그 답장이 무슨 까닭으로 전해지지 않았는지 모르겠구나. 이상한 일이니 철금이 한테 한번 물어보거라.

억필이가 돌아오지 않아서 만약에 사모*를 부치지 못했다면, 교가 갔을 때 보내는 것이 좋겠다. 나머지는 교가 가면 전할 것이니, 길게 적지 않는다.

*옥당玉堂: 홍문관의 별칭.
*사모紗帽: 문무백관이 관복을 입을 때 갖추어 쓰던 검은 모자.

書 - 171

8월 중순

준에게 답한다.

금천으로 간 뒤에 소식을 알 수 없어서 걱정되었는데, 하인 억필이가 돌아와서 전한 편지를 보고 무사히 서울에 도착하여 공무에 임하고 있다는 소식을 자세히 알았다. 몹시 반갑고 기쁘다만 가는 길에 감기에 걸렸다고 했는데, 지금은 어떠하냐? 대체로 너는 감기에 자주 걸리니 이는 분명히 기가 허한 까닭에 그런 것이다. 추운 방에서 겨울을 지내려면 더욱 조심하지 않으면 안 된다. 늘 챙기고 조심하거라. 나는 여전하다. 근래에는 안동으로 출타하여 증조부의 산소에 제사 지내고, 연의 집에서 했던 일가 모임에 참석했다가 돌아왔다.

내가 올라가지 않은 일은, 송강松岡영감의 뜻을 이미 다 알고 있기 때문이다. 돌아가는 상황을 자세히 들어보니 오히려 걱정은 되지만, 다른 사람의 말 때문에 계획을 바꿀 수는 없는 형편이다. 그러니 마땅히 맡겨 두는 수밖에 어찌할 수가 없구나.

이곳의 농사는 결실이 다가오는데 작황이 너무 좋지 않다. 농사를 크게 망쳤으니 올해의 일이 몹시 우려된다. 편지에 썼던 재사 짓는 일은 내가 힘써 막아서 지금은 이미 의론을 멈추었으니 한편 다행이다.

협지가 은문* 잔치비용을 내는 일로 바빠 사람을 보내어 편지를 달라고 하는구나. 마침 황신령과 얘기해보니 열거하지 않은 것이 지나치게 많았다.

네가 매사에 조심하고 또 조심하기를 오직 바랄뿐이다.

추신———예중이는 내려갔고, 교도 출발하여 돌아올 것이고, 굉은 아직 올라가지 않았기 때문에 모두에게 편지를 쓰지 않았다.

*은문恩門: 과거에 합격한 사람이 자기를 뽑아 준 시관試官을 이르는 말.

書 - 172

9월 27일

준에게 답한다.

최근에 금학수가 가져온 편지와 또 어제 권형이 가져온 편지와 조보*를 받고 아주 잘 지낸다는 것을 알았다. 몹시 기쁘구나.

나는 요즘 별 탈 없이 지내지만, 헛배 부른 증세가 이따금 나타나니 걱정될 뿐이다. 아이들과 집안사람들도 모두 안녕하다. 다만 감사댁 하인들 다수가 병을 얻어 교의 식구들이 부모님을 모시고 답곡으로 피신을 하였으니 이것이 걱정될 뿐이다.

의령에서 평안하다는 편지가 와 위안이 된다. 그곳은 풍년인데 완악한 종놈들이 훔쳐내는 바람에 남는 게 없고, 이곳 흉년은 근년에 없던 것이라, 집안 살림 군색하기가 말할 나위도 없으니 어찌하랴?

재사 짓는 일은 여러 사람에게 이미 간곡히 중지시켰다. 그런데도 오천의 응훈 등이 고집스럽게 작게라도 지으려 하니 끝내 말릴 수 없었고, 이미 남계의 남쪽에다 몇 칸을 배치하였다. 다만 내가 쇠약해져 피곤한 것이 이와 같으니 후생들의 학업을 독려할 수도 없고, 이렇게 한들 무슨 득이 되겠느냐?

맛산이 놈 도망질이 지나치게 심하구나. 이놈은 놀기 좋아하고 게으른 습성을 가졌는데 하루아침에 일에 매이게 하니 상황이 결국은 이 지경에 이르렀구나. 애초에 나는 그놈이 싫어하고 힘들어 할 것이라고 의심을 했는데, 지금 보니 과연 그러했다.

억필이를 보내야 한다는 것이 내 처음 생각이었다만 저지른 죄를 면제받기 어려운 놈이라서, 서울에서 돌아오는 대로 매섭게 징치*하고 쫓아내서, 다른 곳에서 스스로 새로운 길을 개척할 수 있게 하려고 했다. 그런데 지금 만약에 다시 종으로 받아들이면, 상황이 더 어려워질 것이다. 더욱이 이놈은 내가 거느리고 다닌 지가 오래되었어도 나무하고 꼴을 베는 것을 본 적이 없다. 네가 만약에 억지로 이놈에게 일을 시킨다면, 맛산이 같은 일이 없으리라는 법이 없을 것이니 심히 걱정하지 않을 수 없다.

그래서 은정이에게 다음 달 7, 8일경에 배에다 실을 짐을 맡겨서 보낼 계획이었다. 이놈은 비록 미련한 면은 있지만, 긴요하든 한가하든 가리지 않고 시킬 수 있기 때문이다.

사시관* 행차가 너무 급작스레 오는 일은, 다른 예를 본 적도 없을 뿐만 아니라 아직 여러 가지 일들을 조치도 못 했기 때문에 상주가 매우 근심하던 차였다. 지금 물러 나와 온다는 말을 들으니 다행이다.

붓은 잘 받았고 이것도 쓸만하니 명복이 올 때 사보낼 필요는 없다.

나머지는 은정이 돌아갈 때 일러두고 오늘은 이만 쓴다.

추신———응순이가 아직 여기 있다. 내달 열흘경에 돌아가려고 한다.

*징치懲治: 징계하여 다스림
*사시관賜諡官: 임금이 내리는 시호를 전달하러 파견한 관리

書 - 173

10월 7일. 첩재

준에게 부친다.

　금학수와 이 별좌댁 하인이 가져온 편지에 모두 답장을 부쳤다. 도곡에서 보낸 사람은 요즘 편한지 어떤지 생각이 나는구나. 나는 헛배 부른 증세가 때때로 재발할 뿐 다른 것은 전과 같다. 아이들도 모두 무탈하게 지내고 있고 보름 전에는 오천으로 가려고 한다.

　그러나 올해에는 논에서 거둬들인 곡식이 겨우 평년의 절반 수준이고, 영천에서 타작한 결과도 그렇다. 집안 살림이 크게 궁색한 지경에 이를 것이니 어찌한단 말인가?

　배에 실은 짐은 연동이와 엽동이에게 두 바리를 준비해서 보냈는데 조금 더 실을 수 없어서 아쉽구나. 참깨 두 말과 말린 꿩 한 마리 누룩 다섯 덩어리를 보냈고, 억필이를 보내지 않은 이유는 앞의 편지에서 다 말했다. 짐 싣는 말은, 검은 놈은 약해서 쓸모가 없고 누런 놈도 잘 먹지 않아서 하인들이 모두 돌려보내라고 청했으나, 네 의중을 알지 못해서 청을 물렸을 뿐이다.

　안도가 시 문장 공부는 마치고, 이제 부를 뽑아 놓은 것을 읽고 있다. 다만 본래 게으른 성격에다 추수 감독까지 하게 되어 공부에 전념할 수가 없으니, 이러다간 천성이 바뀌기가 어려울까 걱정이구나.

　전해 들은 말로는 내년에 녹명*할 때 초학자들은 『소학』을 강할 수 있어야 녹명을 허락한다고 하는데 믿어야 할지 모르겠구나. 들은 것이 있으면 알려주거라.

　예중이가 와서 나한테 하는 말이, 너의 집 방구들이 습하고 냉기가 많아 지낼 수 없을 지경이라고 하는데, 이것은 내가 병을 얻은 것이기에 너도 조심하지 않으면 안 된다. 그 방 뒤의 담장 아래에 수맥이 막혀 습기가 방안으로 스며들기 때문이니 지금 당장 그 담장을 헐어버리고 수맥이 통하게 하여 습기가 고이거나 스며들지 못하게 해야 한다. 그러고 난 다음에 방구들을 다시 놓아야 근심이 없어질 것이다. 만약 그 담장을 헐어 내지 않으면 수맥이 통하지 못하여 비록 온돌을 다시 놓는다고 해도 무익할 것이다.

퇴근하고 바쁘지 않으면 공부하는 것도 잊지 말거라. 『소학』도 모름지기 거듭 익히고 겸해서 『성리대전』도 미처 익히지 못한 곳은 다른 사람에게 부지런히 물어서 쓸모있는 실무를 기약해야 할 것이다. 과거시험 공부는 이미 너에게 지엽적인 공부가 되었으니 구태여 깊이 유의할 것까지는 없다.

나머지는 가는 하인에게 일러둔다.

추신─── 사시관이 내려오는 일은 결국 어찌 되었느냐? 도곡에 사람을 보내어 탐지해 보려고 하지만 만일 빨리 오게 되면 궁색한 것이 많아 걱정이라고 하니 민망할 뿐이다. 김계진은 광주로 출발했느냐? 비록 갔더라도 지금 부치는 편지는 그 집 하인에게 전해달라고 하면 좋겠다. 영주에서 관납하는 인삼은 연동이가 서울에서 사려고 한다며 쌀을 보내라고 하니 지시하여 사서 보내도록 하여라.

*녹명錄名: 과거를 보는 유생들의 이름을 기록하는 것.

書 - 174

11월 10일

아들 준에게 답한다.

명복이 일행이 편지를 가져와서 소식을 모두 알게 되었다. 또 최근에 받은 지난달 그믐께 보낸 편지에도 잘 있다고 하니 매우 기쁘구나. 다만 은정이가 아직 서울에 오지 않았는데 강물이 얼어붙어서 배가 묶여 허탕 치는 것이 아닌가 하고 생각되니 안쓰럽구나. 이놈은 지난달 8일에 떠났으면 얼음이 얼기 전에 여유 있게 서울에 도착했을 것이다. 그렇지만 길동무를 기다리느라 지체 한데다가, 황강에 짐 싣는 계획도 크게 어그러져 끝내 이런 어려움에 이르렀으니 말해서 무엇하겠느냐? 들어보니 금 봉사와 같은 배로 갔다고 하니, 매사를 분명히 지시받았을 것이라서 혹시라도 짐들을 잃어버리지는 않았을 것이다.

전후하여 보내준 조보와 나물, 붓 등의 물품은 잘 도착하였다.

기일에는 무사히 제사를 지냈다. 동지에는 또 시제를 지낼 생각이다.

내 병증은 여전한데 헛배부른 증세가 더했다 덜했다 하니 걱정이다.

애들도 모두 잘 지낸다. 근래에 허 생원의 편지에, '장모님께서 전에 앓던 병세가 재발하여 위중하다.'라고 하니 걱정도 되고 가련하기도 하구나. 하인을 심부름 보내 문안도 드리고, 겸해서 타작한 일 등도 살피려고 한다. 그러나 하인들이 일이 많고, 간혹 홑옷을 입고 있으니 길을 가다가 동사할까 염려되어 보내는 것을 결정하지 못하고 있다. 잠시 상황을 보고 처리할 것이다. 생원의 편지를 동봉하니 내용을 알고 있거라.

말산이와 억부 등은 어떻게 하려느냐? 저쪽에 왕래하는 사람이 있거든, 생원에게 편지를 보내어 모쪼록 처리하거라.

이 고을은 이미 농사를 망쳐서, 신구 사또를 전송하고 맞을 때 관의 일이 엉망이고 관리들이 남아서 맞이할 도리가 전혀 없다고 한다. 장차 폐읍*이 될 것 같으니 어찌하랴? 신임 사또도 멀리에 있으니 와서 부임할지도 기필할 수가 없어 더욱 걱정될 뿐이다.

오는 식년감시*에 처음 응시자가 강독할 책은 무슨 책이냐? 어떤 사람은 『소학』이라고도 하고 혹은 『중용』과 『대학』을 겸한다고도 하는데 자세한 것을 들었으면 보내거라.

안도는 부 읽기를 마쳤으니 소학을 읽게 하고, 근래에는 시문을 짓게 했더니 겨우 몇 편을 완성하는데 얼마 전에 비하면 조금 이해하는 듯하다. 다만 게으른 것이 걱정이다.

영천의 김씨댁과의 혼사 의논은 한가지는 좋으나 한가지는 맞지 않으니, 멀리서 정할 수가 없구나. 네가 내년 봄에 내려오기를 기다렸다가 다시 의논해야지 어찌 결정하기가 쉽겠느냐?

너의 미관직은 공사간에 도움 될 것이 없는데, 공연히 객지생활로 고생만 하고 있다. 매번 네게 하지 말라고 권하고 싶어도 또 그러지를 못하고 한갓 걱정만 더하고 있구나.

지금 제사 때문에 상계에 올라가 봐야 하니 이만 줄인다.

추신───순근이 아들 희이가 기별을 보내 왔는데, '옛날을 잊지 않는다'는 뜻으로 보였다. 다만 내가 남의 후의를 헛되이 받기를 원하지 않는다는 것을 다른 방편으로 비유하여 꼭 알게 하는 것도 다행일 것이다.

*폐읍廢邑: 관리를 하지 못하고 버려지는 고을.
*식년감시式年監試: 자子, 묘卯, 오午, 유酉의 간지가 들어 있는 식년에 보는 국자감시. 3년마다 돌아온다.

書 - 175

11월

다시 준에게

경주 부윤의 부인께서 상한증으로 6·7일간을 앓다가 초아흐렛날 밤중에 갑자기 작고하셨다고 하니 어찌 이와 같은 불의의 변고가 있단 말인가?

다름이 아니라, 제용감에 베를 납입하는 일은, 명복이를 통해서 들어보니 지극히 불안하구나. 비록 많은 사람이 모두 그렇게 한다고 해도, 너는 그 사람들을 따라 해서는 안 될 것이다. 하물며 하늘의 해는 속이기 어렵고 여러 사람의 눈은 감추기 어려우니, 다른 날 발각되면 반드시 대죄를 받을 것이다. 그것은 명예를 더럽히고 절의를 무너뜨려 조상에게까지 욕이 미칠 것이니 이루 다 말로 할 수있겠느냐? 저들 중 많이 징수한 관리는 매 등급마다 비록 십분지 일을 납입해도 사정은 여전히 어려운데, 너는 매 등급마다 단지 두 필만 납입해도 2년내에 모두 마칠 것이다.

또 선상*은 곧 공물이다. 공물로써 관물을 보상하면, 애초에 집안의 재물을 팔아서 납입하는 것에 비할 것이 아니니, 어찌 후일의 화를 생각하지 않고 눈앞의 일만 생각하느냐? 네가 만약 이 말을 따르지 않으면, 다른 날 나를 보러 오기 어려울 것이다.

내섬*에 기름을 징납하는 일은 어찌하였느냐? 다시 자세하게 들어보고 알려주면 좋겠다. 지금까지 이 물건들을 납입 하지 않은 것에는 나도 잘못이 있다. 그러나 납입을 속이는 것은 납입 하지 않는 것보다 더 심한 것이다. 그 죄가 반드시 더 중하기 때문에 하는 말이다.

*선상選上: 지방 관아의 관노를 서울로 뽑아 올리는 일.
*내섬內贍: 기름과 초 등의 공궤를 맡은 관청.

書 - 176

12월 12일

　준에게 답한다.
　최근에 네 편지를 연이어 받았다. 비록 객지 생활이 춥고 고생스러워도 무탈하게 잘 있다고 하니 염려했던 마음이 놓인다. 올겨울은 이상기온 이라서인지, 이곳은 역병이 빈발하고 있다. 오천에는 잇달아 두 번이나 초상을 치렀고, 언우 형제는 피신하여 거인에 있는데도 전염되어 모두 두 번씩이나 앓았다고 한다. 신중은 아직 회복되지 못하여 몹시 위독하다고 하고 돈서도 현풍에서 아내가 죽었다고 하니 어찌 이런 일이 있단 말이냐?
　온계 읍소내에도 다 그렇다고 하고, 의산네 집에도 병이 들어 끝내 어찌 될지 모른다고 하니 몹시 두렵고 걱정스럽구나. 피난소 세 곳과 본댁은 무사하다고 하니 이것이 반가운 소식이고, 나도 지금은 달리 아픈 데는 없다.
　의령 사람이 최근에 왔는데, 초곡 큰집 식구들의 병세가 지금은 차도가 있다고 한다. 다만 역병의 기세가 극성이고 사람이 많이 죽었기 때문에 편지를 쓰지 않는다고 한다. 자세히 알 수 없는 것이 안타깝구나.
　우리 고을 일은, 신임 사또의 서경*은 이미 거쳤는지 아는 바가 있느냐? 전임 사또의 전송 행차는 모양새도 갖추지 못하여 매우 고생했다고 하는데 부끄럽고 안타까운 일이다.
　그러나 이러한 일은 상황이 그 지경까지 이르게 된 것이니 어쩔 수가 없었을 것이다. 그러한 이유를 알지 못하는 다른 사람들은 도리어 우리 고을 사람들이 야박하다고 하는 것이 아니냐?

신임 사또를 맞으러 간 말들은 이미 합천까지 가서 극도로 지쳐 있는데다가 또다시 거듭하여 책출* 하라고 득달하니, 남아 있는 자들마저 흩어져 도망가고 변통하기도 힘들다고 한다. 부득이 감사께 의논을 올려 관아의 말을 내려보낼 수 있게 해달라고 청원하였다는구나. 여기 관리들이 추수가 끝나기를 기다렸다가 맞으러 가야 할 일인데, 지금 도모하려고 하니 이루어질지는 모르겠다. 만일 되지 않는다면 다시 할 수 있는 일이 없으니, 온 고을의 근심과 절박함이 이루 말할 수 없구나.

   앞서 보낸 달력과 약 봉투는 모두 도착하였다. 다만 퇴직을 하였는데 이러한 물품을 받으니 어찌 마음이 편하겠느냐? 네가 만약 중추부 도사를 만나거든 이런 뜻을 말해서 후에는 보내는 일을 하지 말도로 전하거라. 보지 못하게 되면, 아전을 보내서 말씀드리는 것도 괜찮을 것이다. 조보도 잘 받았다.

   안도와 또래들이 최근에 중용을 외우고 나서 대학을 시작했고, 시문 짓는 것은 조금 변화가 있는 듯한데 책을 읽지 않으니 이것이 큰 걱정이다.

추신———의령의 환곡히는 일은 그 사람이 벌써 돌아가서 아직 통보하지 못했다. 진봉리*가 돌아가면 거기에서 곧장 의령으로 통보하게 하는 것이 좋을 것이다. 예중이의 상처가 지금은 좀 어떤지 놀라고 걱정스럽다. 진봉리가 오래지 않아 여기서 출발해야 한다고 하니 우선 여기서 그친다. 여러 군데에도 미처 편지를 쓰지 못한다.

*서경署經: 임금이 관원을 임명할 때, 사헌부와 사간원에게 서명으로써 동의를 구하는 일
*책출責出: 책임지고 필요한 인원이나 물품 따위를 차출해 내는 일
*진봉리進奉吏: 지방의 토산물을 임금이나 윗사람에게 바는 일 따위를 하는 관리

書 - 177

12월 15일

다시 준에게 부친다.

의인의 이 충순이 가는 편에 이미 여러 통의 편지를 부쳤고, 제반 일들에 관해서도 자세하게 말해 두었다.

다름이 아니라, 네가 내려오는 일이 부득이한 상황이 있으면 2월에 내려와도 괜찮을 것이다. 정월 22일쯤 말을 딸려 보내려고 하나 은정이가 서울에서 돌아오지 않으면, 머물러 지체해야 하는 폐단이 있지 않겠느냐? 금 봉사와 다시 상의하여 뱃길 통행이 빠른지 어떨지를 알려주면 좋겠다.

말린 꿩 한 마리와 돼지고기 포 열 묶음을 보내니 받아두거라.

나머지 일은 모두 지난번 편지에 있으니 지금은 다시 일일이 쓰지 않는다.

추신──하사받은 책은 모두 찾아 왔느냐? 찾지 않으면 잃어버리게 되니 반드시 힘써서 찾아 받아라. 내년 봄에 단양에 배편으로 오고 갈 때 싣고 오면 될 것이다. 김씨가 그린 병풍은 가져올 필요 없다.

書 - 178

12월 16일

준에게 부친다.

오천에서 보낸 홍직령*을 네게 보내는 김에 바느질한 옷을 추가로 보내니 챙겨서 받거라.

*홍직령紅直領: 관리가 입는 붉은색 겉옷.

書 - 179

12월 20일

준에게 부친다.

전에 말했던 감기 증상은 지금쯤 어떠냐? 날마다 걱정이구나. 나와 아이들은 모두 무탈하고, 대피소 세 곳도 모두 무사하다고 한다.

다만 고을 관아 사정이 파탄 나다시피 하여, 사람들은 모두 뿔뿔이 도망가고 혹은 병으로 누워있다고 한다. 그러니 신임 사또를 모시러 갈 말조차 지체될 뿐만 아니라, 끌고 갈 말도 적은 데다가 야위고 지쳐서 행차를 꾸리지 못하고 있다니 걱정이다.

온 고을이 부끄럽게 여기고 두려워하고 걱정하니 어찌해야 한단 말인가? 또 상급 감영에 부득이 말을 공급해 달라는 청원도 나왔으나, 제 때에 지원될지도 알 수 없으니 더욱더 걱정이다.

진봉리*도 출발을 앞두고 병이 생겨, 맡겼던 물품도 굿동이가 대신 받으러 갔다고 한다. 받아 온 물품이 말린 꿩고기와 직령*, 반비의* 뿐이니 살펴보고 받아라. 다만 이 물품은 역병이 난 집에서 전염되었을 수도 있으니 잠시 경저소*의 믿을 만한 곳에 두었다가 상황을 봐서 받아두는 것도 괜찮을 듯하다.

나머지는 앞 편지에 상세히 말했으니 바빠서 이만 쓴다.

추신———안도의 혼처는 김춘령 집이 비록 괜찮지만, 당사자 간에 서로 나이가 마땅하지 않으니 할 수 없는 일이다. 최근에 장수희가 와서, 전응두 집에서 혼처를 구한다고 한다. 이 경우는 내 생각과도 맞으니 너도 유의해서 알아보고 내년 봄에 내려올 때 장수희에게 다시 물어서 처리하는 것이 어떠하냐? 예중이와 굉에게는 바빠서 편지를 못 했다고 전하거라.

*진봉리進奉吏: 지방의 토산물을 임금이나 윗사람에게 바는 일 따위를 하는 관리.
*직령直領: 무관이 입던 웃옷의 하나. 깃이 곧고 소매가 넓다.
*반비의半臂衣: 저고리 위에 덧입는 옷으로, 깃과 동정이 없으며 소매가 없거나 짧은 옷.
*경저소京邸所: 지방 관아에서 서울에 연락 사무소를 두고 소식을 주고 받던 곳.

書 - 180

월일 미상

준에게 보낸다.

  안동 판관이 오늘 오려고 했는데, 마침 부사 자제도 오늘 봉화에서 찾아와 만나고 싶어 하기에 둘 다 사람을 보내서 사양하였다. 사양하지 않았으면 이 사람들이 모두 겹치게 되었을 텐데 다행히도 그 사양이 적절했구나.

  추신———오대심에게는 바빠서 답장을 못했다. 전에 보내준 선물에 감사하다고 전해라

정사년
(1557년, 57세)

書 - 181

1월 4일

준에게 답한다.

이 충순위 댁 하인이 와서 전해 준 편지를 받고, 네가 파직된 연유를 알게 되니 안타깝구나. 그러나 내가 병으로 쇠약해짐이 날로 심하고, 내 곁에는 다른 네 동생도 없는데 너는 멀리 떨어져 벼슬살이를 하고 있었으니 본디 내 마음은 편치 못했다. 매양 너에게 관직을 버리고 오라고 하고 싶어도 그러지 못했다. 이번 파직은 너의 잘못도 아닐뿐더러 내 뜻에는 부합되는 것이다. 이번 일로 말하자면 내겐 여한이 없으니 너 또한 무슨 유감이 있겠느냐?

윤 직장은 제 때에 오지 않았다. 올해 안에 출발한다고 말했기 때문에 사람을 보내 황강에서 기다리게 했다만 돌아오는 말을 구하지 못했다면, 제때 출발하지 못했을 텐데 오래 기다리게 될까 봐 걱정될 뿐이다.

백미 한 말, 병아리 한 마리를 보낸다. 하인 길 양식으로 두 말을 들려 보낸다. 나머지 자세한 것은 말로 전할 것이니 이만 줄인다.

추신———말에게 먹일 콩 두 말과 좁쌀 두 되. 노덕희, 덕성.

書 - 182

1~2월

아들 준에게 부친다.

　시험 소식을 오랫동안 듣지 못하다가 어제서야 처음 들었다. 단지 협지만 합격하고 나머지는 모두 떨어졌다고 한다. 안도 같은 경우 괴이할 것이 없지만 제군들은 어찌하여 이런 상황에 이르렀는가? 모두 스스로 반성하고 권면해야 마땅하며 누굴 원망하는 마음이 있어서도 안 될 것이다.

　전에 말했던 사령장의 일은 다시 생각해 보았지만, 간 곳을 물어 찾는 것은 해당 관서에 올려 입안을 받을 수 없는 것이다. 이미 그 직을 사임했다면 어찌 입안을 받을 수 있겠느냐?

書 - 183

2월

아들 준에게 답한다.

너의 의령 행차는 생각대로 겨를이 없을 듯하다. 만약 네 계획대로 아주 간편하게 그곳에 다녀온다고 해도, 이렇게 봄과 여름의 어름에 거듭해서 행차하는 것은 비록 방백이 일일이 허물하지 않는다고 해도, 어찌 역로에 폐를 끼치는 것이 아니겠느냐? 폐를 끼치는 것뿐만 아니라, 벼슬살이하는 자의 도리에 이같이 마음대로 출입이 분분한 것은 마땅한 일이 아니다.

書 - 184

2월

아들 준에게 부친다.

　어제 오천에서 보낸 편지를 받고, 의령에 가기로 정했다는 것을 알았다. 연수는 오늘 갈 것이다. 행차가 비록 편치는 않더라도 의성에 이르러 김천을 만나거라. 탐후인*이 있는 곳과 그곳 형세를 파악할 수 있으니, 가급적이면 다녀와야 할 것이다. 다만 너무 바쁘게 서두른 행차라서 도리어 장모님께 걱정을 끼칠까 해서 안타까울 뿐이다.

　나는 엊그제 산사에서 나왔다. 최덕수가 벼슬을 구하는 편지를 보낸 일로 심부름하는 하인이 왔기 때문에, 형수께서 계상으로 오라고 하여 부득이 어제저녁 들어 왔다. 최 생원은 오공겸 대감이 전형관*으로 다시 들어간 것을 알고, 마을에서 대대로 교분이 있었다는 인연으로 망령되게도 비망지계*를 낸 것이다.

　이렇게 머리 아픈 요구에 나는 부응할 수가 없으니 피차간에 유감이 크고 지극히 미안하게 되었다. 어찌하면 좋단 말이냐? 여기서 이만 줄인다.

*탐후探候: 상대방의 안부나, 적의 동태를 살피는 것.
*전형관銓衡官: 사람의 됨됨이, 재능 따위를 가려서 뽑는 관리.
*비망지계非望之計: 이루어질 수 없는 잔꾀.

書 - 185

2월

다시 보낸다.

의령 행차의 옳고 그름은 다시 말하지 않겠다. 그러나 김천이 알아보고 한 말에 의구*할 점이 있었다면 중로*에 어떻게 처리하였느냐? 이것은 반드시 다시 살펴 처리했어야 했다.

단성 댁 신주 모시는 제사는 일이 비록 급박 하다고 해서, 안 할 수도 없는데 준비가 미리 여의치 못할까 걱정되고 유감스럽다.

늘 일을 붙이던 하인이 죽었는데도 가보지 못했구나. 살아서나 죽어서나 신세를 많이 졌고 하찮은 일이 아닌데 어이하겠는가?

이말에게 군관의 채용 사정이 어렵다는 뜻을 모두 최덕수의 일을 인용하여 잘 타일렀다. 그자에게 공연히 마음에 한을 품지 않도록 해야 할 것이다. 나머지는 네가 상황에 따라 잘 처리하되 많은 말은 하지 말아라.

보통 사람이 평소에 선악으로 나뉘는 것은, 모두 재산을 나눌 때 있는 것이니 너도 꼭 알지 않으면 안 된다.

*의구疑懼: 의심하고 두려워함.
*중로中路: 오가는 길의 중간.

書 - 186

2월(25일 이후)

　의령의 준에게 부친다.
　최근에 군위에서 부쳐온 편지를 받고, 감기가 다 나았고 행차도 무사했다는 것을 알았다. 지난번 소식을 준 이후로 안부가 궁금하고 염려가 되었는데 마음이 놓이고 기쁘구나. 집안의 크고 작은 일들은 다 여전하고 온계와 오천도 모두 평안하다고 한다.
　안채의 마루방 보수공사는 이제 마쳤으니 24일에 시제를 지내고 돌아와 들면 편할 것 같다.
　지난 17일 감사와 도사가 집에 방문하였는데, 이날 마침 교의 며느리 신례*하는 날과 겹쳐져서 문중이 매우 어수선하였지만, 그런대로 다 잘 치렀다.
　다만 강원도 사람을 쇄환*하라는 령이 몹시 엄하여, 유배자와 접촉한 공간 집 하인 막동이도 죄인을 숨겨주었다며 잡혀서 추문 당했다고 한다. 그 집은 혐의가 없는데도 어떤 사람이, '연동이에게 말한 막동이가 그 사람이라고 의심하고, 와서 잡아가려고 한다.'고 하는구나.
　나는 '막동이는 간 곳이 없고, 또 저 사람은 바로 안돌이라는 사람으로 그 이름이 각기 다르니 필시 그 사람은 아니다. 어찌 짐작만으로 그 당사자라고 하겠는가?' 하고 여겼다. 공간 집 하인 역시 안돌이에 관한 공초*가 본래부터 없었기 때문에 날짜가 지연되고 있을 때, 도사가 여기에 와서 그 애매한 것을 알고 가려내어 풀어준 것이다. 그렇지 않았다면 거의 사단이 일어날 뻔하였으니, 이런 뜻을 공간에게 알려야 할 것이다.
　진씨가 밭을 팔러 온 일로 비록 마필은 얻지 못했을지라도 오히려 마땅히 해야 할 일임을 잊지 말아야 할 것이다.

  파방*이 이미 정해졌다고 하니 과지를 구하기가 어렵게 되었다. 그곳에서 종이를 사 오는 것이 나을 것이다. 채 생원은 끝내 구제하지 못하였으니 애통하다. 마침 대성이네 집 하인이 신공을 걷으러 내려가는 길에 이 편지를 부친다.

  늘 스스로 검칙*하고 초심을 떨어뜨리지 말거라. 『자경편』은 참으로 빼어나다고 할만하다.

*신례新禮: 혼례를 치루고 시집 문중 어른들게 인사드리는 행사.
*쇄환刷還: 도망친 노비를 찾아서 주인에게 돌려보냄.
*공초供招: 죄인이 범죄 사실을 자세히 말하는 일, 또는 그 말.
*파방罷榜: 예전에, 과거에 급제한 사람의 발표를 취소하는 일.
*검칙檢飭: 자세히 검사하여 잘못을 바로 잡음.

무오년
(1558년, 58세)

書 - 187

                1~7월

준에게 답한다.

 어제 온 편지를 보고, 내달 17일에 나서기로 정했다는 것을 알았다. 온 집안이 연달아 세 번이나 움직이니 서로 애로가 있겠지만, 상황이 그러하니 어찌하겠느냐?

 베는 아직 준비하지 못했다고 들었는데 오늘 성복을 하는지 어떤지 몰라 염려된다. 서로 도울 방법이 없으니 몹시 한스럽구나. 메밀은 받았다.

 나머지는 바빠서 이만 줄인다.

書 - 188

1~7월

준에게 부친다.

　의령에 끌고 갈 말은 빠지지 않고 도착했느냐? 내일 출발하는 것은 어기지 말도록 해라. 네가 착용하는 소대*는 지금 풍속으로 치면 지나친 듯하나, 옛날 제도로 따지자면 아직은 3개월의 시마복 기간이다. 마침 배웅하는 김에 상가에 가는 것이니 그대로 띠를 두르고 가서 곡을 한 후에 빼면 될 것이기에 어제 말한 것이다. 어제 말할 때 이렇게 세세한 내용은 다 말하지 않았기에 상세히 말해주는 것이다.

　그곳에 가거든 모든 일을 지극히 생각하여 잘 처리하거라. 사언에게도 생각을 고치고 마음을 깨끗이 하여, 위로 어머님 뜻을 잘 따르고, 아래로는 돌아가신 형님을 생각해서 형수와 조카들을 잘 돌보라고 전해라. 그래야 문중을 지키고 스스로 다른 사람에게 모욕을 당하지 않는다고 전해줘라.

　네가 고성에 가지 않는다면 가장 좋겠으나 만약 농지들을 살펴보러 가게 된다면 어쩔 수 없이 공보를 만나보지 않을 수 없을 것이다. 그러나 부디 머무르지 말고 번거롭지 않게 바로 돌아가기를 청하는 것이 좋다.

　대체로 선비란 자신을 깨끗하게 하고 행동을 조심하는 것을 본분으로 삼는다. 그러나 너는 항상 이 점에 힘쓰지 않고 있다. 내가 비록 번번이 말은 하지 않으려고 하나, 마음으로는 진실로 걱정하기 때문에 하는 말이다.

　나머지는 그저 행로에 조심하거라.

추신———고성을 오갈 때 함안을 경유하느냐? 그쪽을 경유하더라고 절대로 들어가지는 말거라.

*소대素帶: 흰 띠. 약식 상복의 일환으로 착용함.

書 - 189

7월

준에게 답한다.

　가는 날짜를 뒤로 며칠 미루었다는 것을 알았다. 매사가 이같이 꼭 빼먹는 일이 생기니 어찌하려느냐? 처자가 덮개 있는 가마를 사용하는 것은 지극히 당연한 일이다. 다만 가마꾼이 먼길을 지속해서 가기가 힘들기 때문에, 군색한 면이 있더라도 임시 로 평교*를 쓰는 것만 못하기에 전날 그렇게 말했던 것이다. 선산쪽은 일꾼을 얻었느냐? 그렇다면 오히려 말할 수 있지만 그렇지 않다면 더욱 어렵다. 너는 꼭 형세를 보고 잘 헤아려서 대처하는 것이 좋을 것이다. 성주 목사께서 온천욕을 한 뒤에 조후*를 하면서 어려움을 무릅쓰고 여기 오는 것이 불편할 것 같아서 편지로 사양하는 것이다. 겸하여 행차를 호위하고 지나가실 때 방문하기를 부탁하는 뜻도 적었다. 봉하지 않고 보냈으니 네가 내용을 본 뒤에 봉해서 오늘 안으로 올리는 것이 좋겠다. 그러나 오늘은 이미 늦어서 아마도 올려드리지는 못할 것 같구나.

　어제 굉의 편지를 받아보니 부제학에 의망*되었는데 낙점되지 않았다고 한다.

　요즘 돌아가는 형세를 헤아릴 수 없으니 더욱 조심스럽구나. 그러나 어찌하랴. 천명을 기다릴 뿐이다. 오늘 인구를 조사하여 적발하는 사람이 왔다고 하는데, 이 역시 염려되는구나.

*평교平轎: 앞뒤 두사람씩 네 사람이 낮게 어깨에 메고 천천히 가는 가마.
*조후調候: 계절의 기운을 맞춤
*의망擬望: 관원을 임명할 때, 이조와 병조에서 후보자 세 사람을 추천하는 일.

書 - 190

9월 24일경

준에게 부친다.

초곡으로 돌아갔을 때는 날이 저물었을 텐데 집에는 잘 도착했느냐? 나는 그럭저럭 지내고 있으며 지금은 단산*에 도착했다. 다만 여종과 말을 돌려보낸 후에 지나는 곳에서 말을 빌리지 않을 수 없어서 미안할 따름이다.

다름 아니라, 사계*를 들여다 보관할 곳도 마련하지 못했는데, 너무 빨리 왔지만 잘 간수 하거라. 대나무로 시렁을 만들어 바람을 통하게 하고 창을 열어 두어야 한다는 것을 잊지 마라. 또 창문이 너무 크면 한기가 들어가서 좋지 않다.

『회암서』 3책이 집에 있으니 동쪽 채에 있는 2책과 같은 곳에 잘 보관하고, 『이락 연원록』 『상채 어록』은 구 생원에게 명심하여 전해 놓으라고 했으니 장서목록 안에 표기해 두거라.

*단산丹山: 충북 단양.
*사계四季: 난이나 매화 분으로 추정

書 - 191

9월 25일

준에게 부친다.

내가 영천에서 풍기로 가는 동안 찬 바람을 쐬어 기운이 몹시 편치 못하고 조절하여 회복하기 어려웠다. 그 후에 날로 조금씩 안정되고 다행이다 싶었는데 힘들여 움직이다 보니 기운이 빠져 이런저런 병이 생겨 스스로 조심하고 있다. 지금은 유신에 도착하여 이제 험한 곳을 벗어나 평지로 나왔으니, 여기부터는 사정이 허락하는 대로 천천히 가고 많이 피곤하지 않을 테니 아마도 편히 서울까지 갈 수 있을 듯하다.

안도를 데리고 가지 않을 수 없어 수로를 택하지 않았다. 오면서 다른 사람들의 말도 들어보고 또 시세를 살펴보면서, 내가 비록 서울에 들어가기는 하지만, 이후부터는 높은 직책과 직분은 맡지 않을 것이다. 그렇게 된다면 내가 원하는 것을 얻는 것이니 스스로 위로하고 다행으로 여길 것이다.

집안일이 모두 늦어지고 일기가 이처럼 추워졌으니 많이 궁색하고 고생스러울 것으로 생각된다. 네가 있는 곳의 편의에 따라 처리하거라.

특히 창랑의 가건물은 서까래를 붙이고 마골*로 덮는다면 여러 해를 견딜 수 있을 것이나 그렇지 않으면 나무꾼들이 목재를 다 훔쳐 갈 것이다. 또 하인들과 소들은 곡식을 나르느라고 고단해서 서까래로 쓸 나무를 나르기는 어려울 것이다. 마을 일이 다 끝날 때를 기다렸다가 마을의 노비들이 쉴 때 소를 빌려서 서까래 나무를 나르게 하고 덮는 일을 하면 좋을 것이다. 만약 남은 서까래가 있거든 동사의 동쪽편으로 가건물 몇 칸을 내 달아야 손님을 맞고 서책을 보관하는 곳으로 그곳을 사용할 수 있을 것이다. 이 또한 사정을 봐서 그럴 수 있으면 그렇게 하고 그렇지 못하면 꼭 억지로 하지는 말아라. 나머지는 돌아가는 하인에게 일러두었으니 일일이 적지 않는다.

추신———별도로 할 말이 없어서 언문 편지는 쓰지 않았다. 그리 말해주거라. 도중에 고른 짐말은 거의 지치고 병들었으니 이후에는 어찌해야 할지 모르겠구나.

*마골麻骨: 삼대의 껍질을 벗기고 남은 흰 줄기.

書 - 192

9월 29일

준에게 부친다.

요즘 집안 식구들의 안부는 어떠하냐? 나는 먼길에 고단하지만, 상태에 따라 조리하면서 가고 있다. 하루쯤 지나면 서울에 들어갈 듯하다.

다름 아니라, 『회암서』 다섯 권은 집의가 서울로 돌아가는 편에 가지고 가서 전해달라고 청하면 좋겠다. 이번 출행은 공무로 가는 길이라서 무거운 짐을 지고 갈 수 없기 때문이다.

나머지는 김기에게도 일러두었고, 돌아가는 종에게 준 편지 2통에 다 적었으니 이만 줄인다.

추신———죽산 여관에 있을 때 미리 이 편지를 써 두었다.

書 - 193

10월 2~3일

준에게 답한다.

단양과 충주에 도착해서 썼던 편지 두 통은 진작 보았을 것이다. 1일에 서울로 들어가다가 중도에 춥기도 하고 비를 만나서 내 행보가 이처럼 더디게 된 것이다.

서소문 집은 서 강화가 이미 비웠기 때문에 와서 살게 되었다.

몸이 허하고 몹시 지친 상태이니 겨울을 나는 동안 추위를 견딜 일이 참으로 걱정스럽구나. 시국의 여론은 긍·부정이 일정하지 않아 끝내 어느 쪽으로 귀결될지는 알 수 없으나 또한 어찌할 수 있겠느냐? 우선은 조용히 기다릴 뿐이다.

내일쯤 사은숙배 하려고 하는데 만약 첨지로 그대로 배치된다면 비록 오래 머물더라도 무슨 걱정이 있겠느냐만 그렇지 않게 된다면 걱정이구나. 집안일은 대부분 마치지 못했고 추운 겨울이 다가오니 어려운 일이 많으리라고 생각된다. 네가 헤아려 처리하는 것에 달려있을 뿐이다.

내가 비록 자잘한 병이 있으나 이미 의례적인 일이 되었고, 만약 다른 걱정이 없다면 너는 겨울에 꼭 올라오지 않아도 된다. 의령에 장사지내는 일은 가보지 않을 수는 없으나 하인들과 말이 많이 야위고 병이 극심하여 거듭 먼 길을 내보내기가 어려운 상황이다. 어떻게 대처해야 할는지 몰라 걱정이구나.

나머지는 돌아가는 하인에게 말해두었다. 이만 줄인다.

추신———분천* 여러 곳에 부치는 편지를 동봉했으니 명심해서 전하거

라. 또 길에서 쓴 짧은 편지는 집의가 가는 편에 부치려고 했다가 만나지 못해 못 부친 것이다. 지금 함께 보내니 잘 알고 있거라. 창랑채 좌탁에 쓸 나무는 거두어 보관하는 것을 잊고 있었으니 빨리 가서 가져오거라.

굉이 풍기에 왔을 때 행의 혼사에 관해서, '그 집과 하고는 싶은데, 그 어미가 천한 까닭에 흔쾌하지 않은 면이 있다고 하고, 또 한 곳도 하려고는 하는데, 그쪽 역시 생각이 같습니다.'라고 그쪽 반응을 말하더구나. 그러니 혼사가 성사될 것 같지 않다. 이 아이는 나이가 찼기 때문에 더 늦기 전에 빨리 장가를 보내야 한다. 최근에 하인 손이를 시켜 그 집에 가서 '가부를 정해 주십사' 하고 여쭙고 오라 했으니, 또 다른 혼처에는 알아보지 않은 것이 좋겠다

*분천汾川: 경북 예안

書 - 194

10월 10~23일

준에게 답한다.

가행의 인편이 와서 준 편지를 받고, 집안이 모두 안녕하다는 것을 알았다. 기쁘구나. 내가 성균관에서 난처했던 일은, 전날 명석이 편에 부친 편지에 썼다. 요즘 성균관에서 연속하여 시험을 치르면서, 업무를 마친 뒤에도 날마다 근무해야 하니 이 어찌 감당할 수 있었겠느냐?

오가는 길에서 손상된 기와 쌓인 피로 때문에, 그 틈을 타고 항상 병이 생기는구나. 몸이 너무 피곤하고 기가 허하니 감기까지 쉽게 들어와 몹시 걱정이다.

의령 장례 때는 가보지 않을 수는 없을 것이다만, 내가 전처럼 병 때문에 사직서를 올린 것뿐이라면 너는 가지 않아도 된다. 만일 내게 별도의 중병이 있어서 네가 집에 있다면 쉽게 알고 올 수 있겠지만, 의령에 있으면 쉽게 알 수도 없거니와 알아도 오기가 어려울 것이다.

게다가 말이 모두 야위고 병들었으니 어찌 매번 길을 재촉할 수 있겠는가? 너는 진작에 한번은 가보았으니 지금 가지 않더라도 안 된다는 예는 없다.

황순원이 다음 달에 식구들을 데리고 내려간다고 들었다. 가는 길에 장례 치르는 일을 보겠단다고 권 충의위가 와서 말했으니 반드시 잘 헤아려 처리하면 좋겠다. 묘를 조성하는 일꾼에 대한 편지는 황순원이 가는 편에 써 보낼 생각이다.

행이 장가가는 일이 손이가 돌아와서도 만일 이루어지지 않았거든 다른 여러 곳에 알아보는 것이 좋을 것이다. 사람이 아내가 없는 것도 안 되겠지만, 또한 이 아이가 나중에 군역도 치러야 하니 만약 크게 의지하고 도움받을 만한 데가 없다면 이 역시 네 근심거리가 될 것이다.

돌아오는 도중에 말이 마르고 지쳐 있다고 하니, 갈 때는 이런 상황까지는 아니었는데 돌아올 때 이런 지경까지 이른 것은 분명히 먹이를 제대로 먹이지 않아서 일 것이다. 이곳에 있는 늙은 말도 병들어 거의 죽을 때가 다 된 것 같기에 항상 말을 빌려 타고 있다. 이것 또한 작은 일이 아닌데 어찌하겠는가?

이 집의*의 행차는 보내준 편지에서 이미 보았다. 영이 굴욕을 당한 것은 한탄스럽지만 어찌하랴? 동쪽 채로 거처를 옮기는 일은 부자지간에 다른 부엌을 쓰는 것이어서 본시 바람직한 일은 아니다. 다만 너의 아이들이 자라고 결혼하게 되면 몸 둘 곳이 없어 형편상 이렇게 하지 않을 수 없구나.

옛날 부모자식 간에는 재물을 달리하지 않았으나, 섞여 살지는 않았고 그런 이유에서 동, 서, 남, 북궁의 제도가 있었다. 지금은 같은 곳에 살기보다는 재물을 달리하고 있으니, 누가 따로 사는것 같이 하면서 재물을 같이하는 본래의 뜻을 잃지 않았다고 하겠느냐? 내년에 옮기는 것은 적합하지 않고 올겨울에 옮기는 것이 나을 듯하구나.

용손이의 계획이 성사된다면 내게는 좋다. 죽산이가 와서 보았기 때문에 편지를 적어 보내니 빨리 전달해주면 좋겠다.

『회암집』 세 권은 잘 도착했다. 나머지는 가행의 형제에게 말했으니 다시 일일이 말하지 않으마.

---

*집의執義: 정사를 비판하고 관리들을 규찰하며 풍속을 바로 잡던 사헌부 소속 종 3품 벼슬.

書 - 195

10월 28~29일

준에게 답한다.

최근에 구간*이 서울에 오면서, 온계에서 보낸 여러 통의 편지를 받았다. 온 집안이 편하다는 것도 알았으니 마음이 놓인다. 나는 근래에 성균관에서 연속으로 시행하는 시험장에 출근하지 않고 그럭저럭 지내고 있다. 그러나 스스로 짐작해 보건대, 기력이 매우 소진되어 있어서 추위를 무릅쓰고 억지로 출근하면 분명히 병이 크게 날 것 같아서 다음 달 10일 전에 사직서를 낼 생각이다. 비록 마음이 몹시 편치 않은 일이지만, 상황이 부득이하구나.

다름이 아니라, 조 참찬이 지난달 그믐에 한성부 시험감독관으로 들어왔다가 감기에 걸려 그만두었는데, 아직도 그의 병이 낫지 않았다고 한다. 이달 24일에 갑자기 중풍으로 말을 하지 못하다가 하룻밤 사이에 세상을 떠났으니, 그 애통함이 어찌 끝이 있으랴?

나는 겨우 한 번 가서 보았을 뿐 두 번도 가보지 못했는데 이런 지경에 이르렀다고 하니 참으로 애통함이 더하구나. 이 사람이 아직은 중용에 딱 맞지는 않았을지라도 청렴한 덕은 높이 살 만하였다. 죽은 후에도 살림이 쓸쓸하고 보잘것없는 상태라, 만일 부의한 물품들이 아니었더라면 상도 치르기 어려웠을 지경이었다고 한다. 지금 세상에 이런 재상을 어찌 쉽게 얻을 수 있겠는가? 나는 이 조대감과 친분이 특별하지도 않았는데, 여러 날 상청을 떠나지 못하고 비통해했다. 그 여파 때문인지 병이 더해져 지금은 누워서 조섭하고 있다. 상황을 보아 사직서를 올리려고 한다.

이판과 여러 재상이 너를 복직시키려고 하고, 최근 들어 정사에 일손이 부족한 점이 있어 의망하려 한다고 하였다. 내가 말릴 수도 없으나 그 성공 여부는 알 수 없구나. 만약 복직된다면 집안일은 더욱 허술하고 엉성해질 것이다. 내년 봄에 나는 내려갈 생각이니, 그렇게 되면 어쩔 수 없이 나는 내려가고 너는 벼슬하러 올라오는 것이 되니 이것도 편치는 않을 듯하다. 그러나 미리 요량해 볼 수는 없으니 우선은 공들의 생각을 들을 뿐이다.

개분이의 일은 어떻게 처리했느냐? 생존자는 옥분이고 동생 개분이는 사망했다고 입안에 있었는데, 이렇게 제출한 것을 보면 살아있으면서 죽은 것으로 말한 것은 아닌 듯하다. 꼭 이 상황을 알아보고 답장하거라. 미안한 점은 손의 처 일이다. 윤의정이 떠난다고 해서 바쁘게 적는다. 이만 줄인다.

*구간具幹: 퇴계문인 구봉령의 재종숙. 이조참의를 지냈음.

書 - 196

11월 초순

　준에게 답한다.
　정손이 편에 보낸 편지를 받고, 집안이 편하다는 것을 알았다. 나는 전에 성균관의 관직에 이미 두 번이나 나가지 않았으니, 본래 세 번을 사직하는 것은 온당하지도 않거니와 돌아가는 상황으로 보아 사직하여 피하기가 어려울 것 같다. 그러므로 조섭하면서 직분에 이바지하려 했으나, 길에서 몸을 상하게 한 나머지 야위고 피곤증이 더해져서 몸이 텅 빈 물건인 것처럼 풍한증이 겁이 나고 원기가 빠진 것이 심하다. 비록 작은 병이라고는 하나 마음이 몹시 위태롭구나. 이번 달 2일에도 출근했다가 돌아오니 심열이 상기하는 증세가 생겼다. 다행히 안마하고 주물러 땀을 내니 조금 나아지기는 했으나 지금부터는 출사하지 않을 생각을 더욱 갖게 되었다.
　오늘 처음으로 사직서를 올렸고 따져보니 24일이나 25일경에는 마땅히 체직 될 것이다. 내가 관직 생활을 하기 어려운 것이 이 정도에 이르렀으니 어찌 오랫동안 서울에 머무를 수 있겠느냐?
　오래 묵은 환자*를 경기도 등의 지역에서는 각기 관청마다 풍년과 흉년을 구분하여 수량을 줄여주고 있는데, 영남지방은 무슨 이유로 모두 징수하고 있는지 말이 안 되는구나.
　의령의 장례 기일은 나도 듣지 못했고, 비록 알려준다고 해도 너는 가기가 어렵다는 것을 전에 이미 말해주었다.
　행이 혼사 일은 매번 어긋나니 언제쯤 성사할 수 있을지 모르겠구나. 전날 주가 말하기로는, '인근에 사는 과부에게 딸 둘이 있는데 뜻이 없지는 않다' 다만 그때 행이 양인이 되지 못해서 저쪽에서 어렵다고 했으면, 지금은 이미 양인 신분인데 어째서 기꺼이 하려 하지 않느냐고 물어보면 좋겠다. 다른 내용들도 들어보는 것이 좋겠다.

봉천이 죽지 않고 살아났다 하니 반가운 일이다.

네게는 어린 종이 없는데 이 종은 매우 입역하기에 합당하니 괜찮다.

기와를 먼저 구우려는 연 승려의 계획이 좋기는 하나, 지금은 집을 먼저 짓는 것도 무방하다. 내 마음도 집이 완성되는 것을 간절히 보고 싶고, 더디게 하고 싶지는 않다. 내가 2월 안에 내려가게 된다면 더욱 좋겠지만 만약 그때 내려가지 못한다면 벌려 놓은 모든 일에 대하여 후회할까 봐 걱정이다. 설계도 두 장을 보내니 위의 승려를 불러 의논해 보고 알려주면 좋겠다. 상소문의 초안은 얻었느냐? 오천 사람이 가지고 온 편지는 보고 나서 답을 보냈다. 동쪽 채로 옮기는 것은 11일로 정했느냐?

나는 평생 불행한 일이 많아, 네 두 어머니가 살아있을 때도, 내가 집안 살림을 제대로 꾸리지 못했는데 집안을 세워 보려고 할때 너희들의 두 어미가 모두 기다리지 못하고 갔구나. 아내 두 사람이 세상을 떠나버려서 어쩔 수 없이 이 사람이 집안일을 주간하게 되었다. 이것은 임시방편에 따른 것이니, 집안을 세우고 후세에 전할 좋은 방도는 아니다. 게다가 아이들이 점차 자라니 혼인하는 일까지 어찌 매번 임시방편으로만 살림을 주간할 수 있었겠느냐? 이 사람도 자신이 편안하지 않으니 달리 살 곳을 구하려 했으나 역시 형편이 그렇게 된 것이다. 그간 매사를 네가 마땅하게 잘 처리하여, 다른 사람들에게 부끄럽지 않게 된다면 좋겠다.

특히 늙은 말이 지난달부터 병나서 먹지 못하더니 날로 야위고 힘없어 하더니 오늘 저녁에 죽었다. 여러 해 동안 노고를 아끼지 않은 가축마저 홀연히 떠나 버리니 마치 종 억이 죽은 것과 다름이 없구나. 지금이 어느

해이기에, 이토록 내게 즐겁지 않은 일이 많단 말이냐?

  말을 살 비용이 너무 비싸서 구하기 쉽지 않으니, 특히 작은 일이 아니다. 우선 봄에 금액이 내려갈 때까지 기다렸다가 살 계획만 할 뿐이다.

  은어 80마리를 보내니 그중에 40마리는 오천에 보내거라. 숟가락 30개도 보내니 두 곳에서 나누어 쓰거라 나머지는 이만 줄인다.

추신———비록 말이 없기도 하지만, 나는 설 전에는 출입할 일이 없을 듯하다. 설 지나고 말을 살 때까지는 빌려 타면 될 것이다. 집안의 말을 올려보내려는 생각은 하지 않아도 된다.

*환자還上: 각 고을의 사창에서 봄에 백성에게 빌려주었던 곡식을 가을에 받아들이던 일

書 - 197

11월 13~22일

준에게 부친다.

최관 생원과 신반손 선달에게 부치는 편지 두 통은 모두 보았을 것으로 생각된다. 다만 서울에 오는 사람이 없어서 네가 어떻게 내려갔는지 소식을 모르겠구나. 그곳에 도착한 일을 전해 듣지 못했으니 매우 안타깝다.

13일 묘지 이장하기로 한 일은 지금쯤 이미 지냈을 것이다. 전의 묘지와 새로 옮긴 묘지는 모두 별고 없었는지 모르겠다. 마지막 보내는 것과 똑같이 더없이 큰일인데, 소식을 듣고자 하는 마음이 조급하건만, 몸은 천 리 밖에 있고 일은 달려가 집행할 수도 없구나. 평생의 가슴 아픈 죄는 수만 번의 말로는 다 하기 어렵구나. 전에 말했던 제사 지내는 일은 진관이 기꺼이 행하려 할지 모르겠고, 어떻게 할 것인지도 모르니 멀리서 걱정만 거듭하고 있다. 생원 장례 때에 만장 2폭은 제주*하여 붓 한 자루와 보내니 공미에게 알려서 사용하도록 해라.

새 날력 2개는 습독과 공미에게 나누어 드려라. 네가 보는 달력은 예안으로 진작 보냈다.

특히나 네 아우만 혼자 거친 산속에 내버려 두고 있으니 참으로 어서 다른 데로 옮기고 싶지만, 제반적인 여건도 갖추어지지 않았고 장만하는 일이 어찌 쉽사리 되겠느냐?

두 장례가 연속되다 보니 인력이 많이 부족하고 형편으로 보아, 옮기지 못할 것이 분명하니 아픈 마음이 어떠하겠는가? 만약 옮길 수 있다 해도 또 언제로 정할 것인지는 모르는 일이니 더 근심스럽구나.

박사신이, '그 양부모를 장례 지낼 산에는 쓸 수 있는 땅이 없습니다.'라고 말했는데, 그렇다면 어찌 쓰지 못하는 땅에다 쓸 수 있는가. 이 또한 깊이 우려된다.

　납촉* 두 자루를 바꾸어 보내니 네 아우를 옮길 때 쓰고, 옮기지 못한다면 그대로 문산에 두고 제사 지낼 때만 쓰도록 지시해 두거라.

　내가 초이튿날 감기에 걸린 뒤로 더했다 덜했다 일정치 않아서, 추위가 무서워서 나갈 수 없으니 부득이 사직서를 올렸다. 조만간 거듭 다시 올리면 체직이 될 것이다. 앞으로 몇 개월 동안에도 또 이와 같을 것이니, 어찌 여기에 오래 묶여있을 수 있겠느냐?

　내년 봄에는 내려갈 마음을 정했다만 말이 죽었는데 살 수도 없고 일이 많이 어그러지는 것을 보니, 계획대로 될 수 있을지는 모르겠다. 요즘에는 예안에서 오는 사람이 없으니 안부가 궁금하구나.

　집안일은 해야 할 일이 많으니 너는 일을 마친 후에 빨리 집으로 올라오면 좋겠다. 또 추수한 곡물과 서로 바꾸는 일은, 단단히 약속하고 와야 하니 은부 등에게 공납을 독촉하여 받아 오게 하는 것도 좋을 것이다.

　안도는 『맹자』를 익숙하게 읽고 막 『시전』을 읽고 있다. 그 마음만은 스스로 힘쓰려고는 하지만, 자질은 남보다 우월하지는 않으니 그게 걱정일 뿐이다.

　나머지는 바쁘니 이만 줄인다.

---

*제주題主: 신주를 만들어 거기에다 죽은 사람의 직함과 이름을 쓰는 일.
*납촉蠟燭: 밀납으로 만든 초.

書 - 198

11월 23~24일

준에게 부친다.

전에 너를 전생 참봉으로 의망했는데, 부망*이 되는 바람에 낙점을 받지 못했기에 다시 의망 되리라고는 생각지도 않았다. 오늘 정사에서 다시 문소전 참봉으로 의망했는데 수망으로 낙점을 받았구나. 이 자리를 경쟁하는 사람이 삼대처럼 많아 얻기 힘든 것인데 너는 청하지도 않았는데 복직되었다. 네게는 과분하고 내게는 미안한 일이니 어찌해야 할지 모르겠구나.

내가 이처럼 병골이니, 부득이 여러 번 사직하여 오늘 성균관의 무거운 짐을 내려놓았다. 나라의 은혜를 저버려 너무나 부끄러울 뿐이다. 내년 봄에 돌아갈 계획을 정하지 않을 수 없으나, 이판 영감은 나를 단단히 머무르게 하려고 네 복직에 힘을 써 주었으니, 내 돌아갈 계획에는 서로 장애가 될 것 같구나.

이번에 간 사람이 중원에서 머물다 갔다고 한다. 생각해 보니, 다음 달 10일 이후에야 의령에 도착하면 이미 장례 일이 임박할 것이다. 장례를 지내고 출발할 테니 설에나 겨우 예안에 도착하고, 설이 지나서 길 채비를 하여 기간에 맞춰 올라오려면 사람이나 말이나 다 지칠 텐데 어떻게 감당할 수 있겠느냐?

더구나 집안의 모든 일이 엉성한데 그마저 네가 버리고 올라오면 미련한 노비들이 더욱 집안일을 망가뜨릴 것이니 작은 일이 아니구나. 네 뜻이 차라리 관직을 맡는 것에 연연하지 말고 오지 않았으면 좋겠다만, 네가 그렇게 하지 않을 것이 도리어 걱정이다. 분명히 내 뜻이 이와 같다는 것을 알고 예안으로 돌아가면 일의 상황을 파악하여 만약 어려운 일이 있거든, 억지로 오려고 하지 말아라. 또 네 아우를 옮기는 일을 하지 않아도 그만이니, 18일 이후에 이장하는 것으로 잡히거든 예안으로 돌아가면 되지 않겠느냐? 설에도 도착하지 못한다면 날짜가 더욱 촉박하니 어찌할꼬? 멀리서 헤아릴 수 없으니 모두가 한스럽고 걱정일 뿐이다. 나머지는 이전 편지에서 다 말하였으니 이만 줄인다.

*부망副望: 벼슬자리에 추천된 세 사람의 후보자 가운데 둘째로 가는 사람.

書 - 199

11월 25일

준에게 부친다.

충의 권례 댁 노비가 의령으로 내려간다기에 편지를 부쳤는데 받아보았느냐? 그 쪽 장례는 어떻게 하였느냐? 장인어른의 이장은 분명히 벌써 했을 것이다. 네 아우는 이장하지 못했을 것으로 생각된다. 생원의 장례는 보지 못하고 올라왔느냐? 모든 일 중에 단 한 가지라도 보도듣도 못하고 있으니, 무엇이 이보다 더 답답하겠느냐?

너는 이번 달 23일 정사에서 문소전 참봉이 되었다. 40일 기한이니 정월 4, 5일이 될 것이다. 만약 열흘을 남겨놓고 올라온다면 괜찮겠지만 그렇지 않으면 기간 안에 도착하지 못할 것이다. 곰곰이 생각해 보면서, 혹독한 추위의 먼 길이라 사람도 말도 지칠 것인데 미처 올라오지 못하게 되면 어찌하나 하고 걱정했다.

전 참봉은 능 참봉과 달리 장시간 자리를 비울 수 없는 실무직이다. 이 자리를 가지고 다른 능으로 바꾸고 싶다면 기일을 뒤로 미룰 수는 있을 것이다. 그러나 아직은 판서와 재상에게 의중을 전달해 본 것이 아니니 어찌 확신할 수 있겠느냐?

지난 6, 7월경에 납곡한 채승선이 죄를 범한 뒤로는, 조정에서 의논하여 전참봉은 생원이나 효행이 있는 사람을 뽑아서 쓰라는 지시가 내려졌다고 들었다. 그런데 너는 전에 교대 근무했던 이양이 효행으로 제수* 되었다가 신병으로 체직하여 네가 대신한 것이라서, 아직 법으로 제정한 것은 아닌 듯하고 여론이 있어서 그런 것 같은데 확실한 것인지 알 수는 없다.

만약 환차 하려는 의론이 있으면 전령을 통해서 곧바로 알릴 계획이다. 만약 의론한 것이 없거나 환차 하지 않더라도 네 행보가 때에 맞춰 올 수 있으면 오도록 하되, 다른 일 때문에 기한이 촉박하여 때맞춰 못 오면 체직이 될 뿐이지 근심거리야 되겠느냐? 형편을 보아 일을 잘 보거라. 너무 넘어질 듯 바삐 달려오지 않아도 괜찮다. 나도 지금은 한가롭고 2월에 내려갈 생각이다. 다만 일이 순리대로 될지 어떨지는 매우 걱정이다.

　아래 위채는 한 집이나 마찬가지인데 부득이하게 나란히 따로 농사를 짓고 있다. 네가 하인을 둘씩이나 데리고 오면, 농사지을 하인이 없을 것인데 어찌하려느냐?

　내 생각인데 연수만 데리고 오거라. 내가 여기에 있을 때는 오히려 하인 혼자서도 이것저것 일들을 겸할 수 있었다. 내가 내려가게 되면, 가외와 계근이는 남게 하고 은정이가 집에 있으면서 농사를 짓게 하는 것이 어떨까 한다. 생각해 보니 이 여종은 믿음성은 부족하나 네가 헤아려 시킬 나름이다. 그 외의 일들에 관해서는 진작에 두 차례 편지를 보냈으니 그 편지는 모두 집에 있을 것이다. 자세히 살펴보고 그에 따라 하도록 해라.

　도산의 정사는 연 스님의 생각대로 먼저 지으려고 한다. 도면은 이미 베껴서 네게 보냈다. 잘 생각해 보니 그 도면에 미흡한 데가 있구나. 다시 작성하여 대성이에게 보냈으니 꼭 연 스님과 대성이를 불러 함께 의논하여 처리하도록 해라.

　그러나 내가 아직 내려가지 않았고 너도 올라올 것이기 때문에 연 스님이 계획한 것을 이루지 못할 듯하여 매우 안타깝다.

　농사에 관해서는 별지에 쓴 내용을 살펴보거라. 올 때는 영천의 추수 상황을 다시 살펴보고 오거라.

이 집의는 이제 교리가 되어 어제저녁 서울에 들어왔다. 전해 받은 네 편지에 다시 답장을 쓴 것이다.

동쪽 채는 미처 짓지 못한 부분이 많다고 해도, 본채는 얼음이 얼기 전에 꼭 마무리하는 것이 긴요하니 먼저 본채를 다 마친 뒤에 동쪽 채를 짓도록 하자. 동쪽 채는 날씨와 인력의 형편을 보아 가며 지어야 하니, 어찌 완성 시기를 확신할 수야 있겠느냐? 게다가 그 동쪽에 가건물로 짓는 집은 쉽게 완성하기가 더 어려울 것이다. 창랑채에 지붕을 올리는 일은 네 말대로 잠시 그냥 두는 것이 좋겠다.

직책을 옮겨 소속시키는 일은 승정원과 해당 부서에 물어보아야 할 것 같다. 다만 처음 써서 보낼 때 네 선조의 연세*를 실제 써서 보내지도 않았는데 무엇을 가지고 운운하는지 괴이할 따름이다.

상소문의 초안은 혹시 찾더라도 서울에 가져올 필요는 없다. 서실의 방안에 쌓아 둔 여러 개의 상자 가운데 있을 것이니 잘 찾아보거라. 그 글 내용 중에, '신하를 사랑하는 이는 적고 신하를 미워하는 이는 많다'라는 구절에서 '애'와 '증' 두 글자는 사람들이 대부분 불편하게 여기고 내 생각도 그러하니 이것을 '시신'과 '비신'으로 고치는 것이 좋겠다.

고성에서 온 편지도 보았다. 상소문 초안을 만약 찾지 못했다면 금사임이나 오겸중 등에게 물어보면 될 것이다. 봉천이의 일은 매우 놀랍고 이상하구나. 추운 밤중에 맨 몸으로 도망갔다고 하니 어찌 멀리 가기야 했겠느냐? 바로 찾아보면 잡을 수 있을 것이다. 순은 그럴 리가 없는데 끝내 간 곳이 없다면 혹시 범한테 물려 간 것은 아닌지, 너무 가련하고 측은하구나. 순도 자애롭지 못한 것이 죄가 안 된다고는 할 수 없다. 반드시 잡아와 추문하고 매질해야 하는 상황이지만, 매질하지 말고 엄하게 훈계하여 보내는 것이 좋을 것이다.

끝까지 찾아서 아무쪼록 그 상소장을 얻어야 할 것이다.

*제수除授: 추천을 받지 않고 임금이 바로 벼슬을 줌.
*환차換差: 사직 또는 면직 되었던 관리를 특별히 교지를 내려 다시 벼슬을 시키던 일, 換差下의 줄임말.
*연세年歲: 父母年老者가 지방에 있는 경우 그 파악된 年歲를 別單으로 書入한다는 兵曹의 계

書 - 200

12월

준에게 부친다.

너는 의령에서 소식을 듣고 바로 오지 않았느냐? 섣달 한파에 먼길 떠난 안부가 걱정스러워 마음을 놓을 수 없구나. 소식은 명복이가 가져간 편지에 자세하게 적었다. 처음에 전 참봉은 여러 번 문제가 발생했던 자리라 네가 올 수 있을까 염려되어 능 참봉으로 바꾸려고 하였다. 그러나 다시 생각해 보니 환임은 맡은 업무가 편할 뿐만 아니라 능참봉은 단지 반임만 쓴다고 한다. 너의 이 직임이 일종의 자품*을 낸 것과 관련된 듯 하여 바꾸려 하지 않는다. 이러한 뜻을 알고 기한 내에 와야 할 것이다. 만약 일이 있어 기한 안에 오지 못하게 되면 설 전에 서울에 오는 사람 편에 편지로 알려 주거라. 도착하지 못해서 체직 되는 것보다는 차라리 자리를 바꾸는 방법도 생각하고 있다. 그러나 바꾼다는 것이 뜻대로 될 지 어떨지는 장담할 수 없다.

또 너는 종전부터 기운이 튼실하지 못한 데다 아직 완전히 회복되지 않은 상태다. 게다가 찬 바람에 쉽게 노출된 채 올겨울도 분주히 다니느라 힘에 부쳤을 테니 혹시라도 병이 생기지 않을까 걱정된다. 만약 조금이라도 몸조리하지 않았다면 부디 억지로는 올라오지 않은 것이 지극히 좋겠다.

나는 아직 사은하지 않아 문을 닫고 스스로 보존하고 있다. 근래에는 담랭한 병세가 생겨 대단한 것은 아니지만, 기가 허하고 피곤한 증세가 심하니 공무를 감당하기가 힘들 뿐이다.

풍기고을 사람이 돌아간다기에 이 편지를 무경*에게 부탁하여 초곡의 집으로 보내려 하는데 과연 속히 전달될지 어떨지는 모르겠구나.
　이만 줄인다. 언문 편지는 쓰지 않았다

추신———모자와 이엄*을 서울에서 보았을 때는 가지지 못했는데 이용이나 이포, 이문정, 이연 등 이 사람들도 가지고 있는 것이 아니겠느냐? 구해 오면 좋겠다. '순기산, 정기산, 삼소음' 등 각기 한 번씩 복용할 분량을 사서 보낸다.

*자품資品: 관직의 등급.
*무경箕卿: 민시원閔蓍元 字, 퇴계의 큰형 이잠의 사위.
*이엄耳掩: 관복을 입을 때에 귀를 덮기 위해 사모 밑에 쓰는 모피로 된 방한구

書 - 201

12월

준에게 부친다.

　네가 의령에 간 뒤 편지 한 통도 못 받았는데, 여기에 오는 사람 편이 하나도 없더냐? 네 참봉직은, 다음날 마침 권씨 댁 하인이 내려간다고 하기에, 곧바로 가서 지체하지 말아야 한다고 일러두면서까지 전적으로 믿고 심부름시켰기에 별도로 심부름하는 하인을 보내지는 않았다. 그런데 어제 권 충의가 와서 말하기를, 그 하인이 끌고 갔던 다리를 저는 말은, 충주·청주 등지에 있는 노비 집에서 머물다 갔다고 한다. 그렇다면 네가 관직을 제수받았다는 사실을 너무 늦게 듣는 꼴이 되었구나.

　또 어제 예안에서 보낸 편지에도, '묘지 이장은 연기되어 이달 13일에 한다.'라고 하였으니, 네가 예안에 간 것이 분명히 이달 20일 이후에서 1월 3일 안쪽일 것이다. 그렇다면 아마도 기간 내에는 위로 올라오지 못할 것 같다.

　애초에 능직으로 바꾸어 보려 했으나 다시 생각해 보니, 국가의 관직을 임의대로 바꾸는 것은 물의가 있을 것으로 염려된다.

　나는 7일 정사에서 특별히 가선대부를 받고 공조참판이 되었다. 병으로 그만둔 죄를 내리지 않고 도리어 총애를 입어 발탁하는 명을 받았으니 예로부터 이런 일은 있지 않았다. 지금 간절하게 사양하였으나 아직 윤허 받지 못하였으니 위태롭다는 생각만 겹겹이 든다.

　이런 때에, 네 편한 직무만을 찾고 있는 것이 더욱 미안한 생각이 든다. 때맞춰 올 수 있는 형편이라면 그렇게 오는 것이 좋겠다.

　종 철손이가 또 죽었다고 들었다. 올해 당한 우리 집 액운은 이루 다 말할 수가 없구나. 이 종은 비록 윗사람을 섬기는 법도야 알 리 없겠지만, 오래 부렸는데 가련하구나. 코끼리나 병아리를 기르던 것과 무엇이 다르겠느냐?

하인 종이는 보내지 않을 수 없다. 생각해 보니 이곳은 사환*을 보낼 수 없는 곳이기 때문이다.

동쪽 채로 벌써 이주해 들었다고 들었다. 네가 올라오면 두 곳에 있는 거친 종놈들을 행이가 제어할 수 없을 테고 농사철이 또 다가오니 어찌하면 좋겠느냐?

네가 말을 타고 온다 해도 분명히 피곤할 것이니 이 때문에 더욱 시간에 맞춰 오지 못할 것 같구나.

천천히 이조의 의사를 살펴봐서 만약 서로 바꾸어도 무난하다고 생각하고 있다면 바꿀 작정이다. 그러나 확신할 수는 없다.

『참동계』는 그 주인을 찾아서 보내주도록 하고 『청구풍아』는 잘못 보냈으니 다시 찾아오거라.

법련 스님이 혼자 있게 되면 집을 짓기가 어려울 텐데, 기와 굽는 일은 또 어찌해야 하느냐? 정 어려우면 잠시 가을까지 기다렸다가 해도 상관없다고 지시하거라.

내가 돌아갈 계획은 몹시 어려운 상황이지만, 3월이나 4월에 결단하여 가려고 생각 중이다. 나머지는 전에 보낸 대여섯 번의 편지에 다 말한 것들이다. 이만 줄인다.

*사환使喚: 관청이나 학교, 사무실 따위에서 잔심부름을 하기 위하여 고용된 사람

書 - 202

12월

준에게 부친다.

네 행차 소식은 지금까지 조용하고, 전해 들은 것도 없으니 참으로 괴상한 일이다. 며칠 전에 하인 황 아무개가 진주에서 오면서 권 충의 집에다 알리기를, '애당초에 그 집 하인이 가지고 간 편지는 섣달 12일에야 의령에 도착한다'고 했단다. 네 소식이 이런 상황으로 늦은 데다가 두 차례의 상례에 얽매여 곧바로 나오지 못했을 것이다. 그러니 예안에 늦게 도착하여 계속 차례대로 밀려 초사흘까지는 도착하지 못할 것이다. 초나흗날로 옮겨서 열리는 정사에서 분명히 체차* 될 듯하여 안타깝기도 하나, 어쩌면 그것이 혹 복이 될지도 모르지 않느냐? 결코 염두에 두지 말거라.

내가 복창*을 앓고 있어서 사은 숙배한 뒤로는 아직 관청에 나가지 못하고 있으니 걱정이다. 이미 네가 이곳과 가까운 곳까지 왔더라면 내 병을 살필 수가 있었을 것이다. 타고 다니는 말은 쉬도록 내려보내는 것이 좋겠다. 그 외에는 예안으로 보낸 편지에 다 적혀 있으니 이만 줄인다.

*체차遞差: 다른 사람으로 바꾸는 것
*복창腹脹: 체내에 수분의 대사가 원활하지 못하여 몸이 붓는 증상

기미년
(1559년, 59세)

書 - 203

1월

준에게 답한다.

날마다 네 소식을 기다리고 있었는데, 오늘 저녁 한강 배에서 내린 사람이 돌아오는 길에 풍기 사람 편에 보낸 네 편지를 받았다. 이제야 네가 조령을 넘다가 말에서 떨어져 돌아간 연유를 알고서 얼마나 놀라고 걱정스러운지 모른다. 다친 곳이 없을 리 없겠지만 내가 멀리서 놀라고 걱정할 것을 염려해서 크게 다친 곳은 없다고 한 것 아니냐? 모든 낙상이 처음에는 잘 느끼지 못하다가 나중에 가면 아픈 곳이 많다. 너는 경중을 분별하여 어련히 결정해서 돌아왔다고 하니 그건 너무 잘한 일이고 다행스럽다. 만일 돌아가지 않고 억지로 먼 길을 와서 한사*가 몸에 스며들었다면 한참 뒤에 오는 고통은 참으로 가늠할 수 없을 정도다. 낙상을 치료할 몇 가지 약을 사서 보내니, 충분히 치료해서 훗날 아픈 곳이 없기를 간절히 간절히 바란다. 네 복직은 뜻밖의 일이라 기뻐할 만도 하지만, 내가 이처럼 병이 많은데 집안일은 날이 갈수록 소원해질 수밖에 없을 것 같구나. 나는 내려가고 너는 서울에서 벼슬하는 것 외에는, 모두 어려운 형편이 되었으니 내 마음은 도리어 걱정이 되는구나.

네가 이번 일로 인해서 홀연히 끊어버리고 집으로 돌아갔으니 내 마음은 크게 위로될 것이지만, 상처에 후유증이 있을까 두려움이 그치질 않는다.

의령에 이장하는 일은 내가 가서 볼 수도 없고, 너도 지금 일에 밀려서 보지도 못하고 오고, 생원의 장례까지 그러했으니 매우 마음 아프고 한스럽다. 그러나 부득이해서 그런 것이니 어찌하겠느냐? 지금 들으니, 모두 무사히 치렀다고 한다. 내 마음이 조금은 풀린다.

권씨 댁 하인이 처음에는, '중간에 머물다 간다.' 하더니 나중에는, '곧 바로 간다.' 하니 나중에 한 말을 믿고 편지를 부친다.

이번에 편지 전달이 이처럼 지체되었으니 설령 네가 전해 듣지 못해서 출발했고, 비록 낙마하는 일이 없었더라도 분명히 기한 내에는 도착하지는 못했을 것이다. 어찌 종을 의지할 수 없어 이 지경에 이르렀단 말인가.

나는 겨우내 병으로 누워있어서 파직을 면한 것만으로도 다행이다. 도리어 이렇게 분에 넘치는 일이지만 그 어려운 처지를 말로는 다 못하여 다시 바로 잡아 주기를 청하였다. 모두가 사은 전에 물러나는 것은 곤란하다는 중론이어서 어쩔 수 없이 병든 몸을 억지로 끌고 나가 사은하고 나서 거듭 사직을 청하였다. 그러나 윤허하지 않으시니 사정이 어쩔 수 없는 지경에 이르렀다. 우선은 처지를 감수하고 가까운 당상관과 상의할 생각이다.

경들이 의론이 염려한 것은 참으로 이치가 있고, 나 역시 매번 사직하여 피할 수 없다는 것은 알지만, 조정에서 아경*은 가볍지 않은 자리인데 어찌 내 병을 치료하는 곳이어서야 쓰겠느냐?

2월에는 모쪼록 반드시 퇴직을 청하고자 한다. 배로 단산*까지 가려고 생각했는데 한식에는 도착하지 못할 듯하다.

나의 다른 병세는 간혹 나았다가 또 더했다 하지만, 전에 말한 그대로다. 아랫배가 팽만해지는 증세는 마치 물을 담고 있는 듯하여 을묘년에 있었던 증세보다 발작이 심하니 염려되는구나.

하인 종이에게 그 집에서 심을 보리는 동맥*으로 파종한 다음 바로 올라오도록 지시하면 좋겠다.

집에 쓸 비용이 너무 궁색하니 말을 사기도 어렵고 공납미도 마련하기 어려우니 어찌해야 할지 모르겠구나. 여기는 가흥*에서 조처하여 납부하더라도, 말을 사는 일 등 쓸 일이 많은데 아직 여력이 되는지 안 되는지 모르겠구나. 법련 스님이 죽었으니 정사를 짓는 계획은 이루지 못할 듯하여 탄식이 나온다. 대성이에게 그 일을 부탁할 다른 승려를 구해보라고 하면, 있을지 모르겠구나. 설령 있다 하더라도 누가 법련 스님같이 자기 일처럼 하겠느냐? 엿을 조금 봉해서 부치니, 아이들에게 주면 울음을 그칠 것이다.

추신───황모필 한 자루, 납약* 여러 가지를 보낸다.

*한사寒邪: 오싹오싹 추우면서 열이 나고 온몸이 쑤시는 증상으로 다른 병의 원인이 됨.
*아경亞卿: 경의 다음 벼슬.
*동맥凍麥: 추맥이 실패했을 때 파종하는 얼보리.
*단산丹山: 경북 영양.
*가흥可興: 영주의 가흥동.
*납약臘藥: 동지 후 셋째 미일未日인 납일에 임금이 가까운 신하에게 나누어주던 궁중 비상 구급약

書 - 204

1월

준에게 답한다.

　네가 낙마하고 돌아갔다는 소식을 들은 뒤, 학문이라는 향리가 귀향한다기에 약을 보내기는 했으나, 낙마에 다친 상처가 어떤지 궁금하구나. 근심과 번민이 지금도 끝이 없다. 종이가 올라와 전해 준 편지에, 응급 치료 약을 잘 써서 대략 차도가 있다고 했으니 반갑고 기쁜 마음은 말로 다 할 수 없구나. 네가 바로 돌아가기로 판단했기 때문에 그나마 이 정도에 그친 것이지, 그렇지 않고 추위를 무릅쓰고 억지로 왔다면 제때에 약으로 다스리지 못했을 것이다. 그 환부가 이 정도에서 그쳤겠느냐? 다만 종이가 올라온 뒤로 평상으로 회복되었는지 어떤지를 아직 모르니 미심쩍고 염려가 크다. 그 뒤로도 영천 사람이 귀향한다기에 사물탕과 편지를 보냈는데, 잘 전해졌는지 모르겠구나. 사물탕은 많이 복용해도 좋다고 하니 더 보낸다.

　내 묵은 병증은 더하거나 덜하지 않고 그대로일 뿐이다. 설 전부터 있는 배꼽과 배의 창만증은 을묘년보다 심하여 갖가지 처방으로 치료하고 있으나 조금도 차도가 없으니 작은 걱정이 아니다.

　올려준 품계를 사직하지 못하였다. 공조에는 비록 일이 한가하다고는 하지만, 육조는 중요한 정부이니 병든 사람이 그곳에 있다는 것이 편치 않구나. 바로 사직서를 올리고 싶다만, 사람들이 모두 매번 사직서를 올리는 것이 부당한 일이라고 하여 우선은 구차하게라도 있으면서 날이 따뜻해지면 병세를 보아 처리할 생각이다.

　하인 종이는 불가피하게 보내니, 한식이 지나거든 바로 올려보냈으면 좋겠구나.

　내가 돌아가겠다고 하는 생각을 부당한 것이라고 여기는 이도 많지만, 대신 중에는 실제 병을 앓고 있는 나를 보고 나서, 사직하고 돌아가도 무방할 것이라고 하는 사람들도 있다. 만약 이번 봄에 돌아가지 않으면 병세는 더욱 심해질 것이고, 돌아가려던 생각이 좌절되면 돌이킬 수 없는 후회가 될 것이니, 2, 3월경에 부모님의 산소에 분황*하는 일로 휴가를 얻어서라도 내려갈 작정이다.

　그러나 이러한 마음만 비록 있을 뿐 아직 구체적인 날짜는 정하지 못했다. 그러므로 하인과 말을 올려보내는 일에 관해 아직은 정해서 알려줄 필요는 없다. 만약 인편을 구하게 되면 사람과 말이 올라오지 않아도 충주 이상은 오히려 배를 타고 내려가면 될 것이고, 말을 끌고 중도에 마중 나오면 될 것이다.

　만약에 이 계획이 이루어지지 않으면 4월로 미루고, 4월에 또 이루어지지 않으면 7월로 미루겠지만 그사이에 답답한 마음을 어찌 다 견딜 수 있겠느냐?

　안도가 곁에 있어서 내가 여름을 날 수 있었지만, 굳이 너까지 올라오지 않아도 된다. 친척들이 보낸 편지는 모두 보았다. 의령에서 온 몇 통의 편지에, 김중기가 은홍이의 일로 의령에 하인을 보냈다고 하기에 편지마다 [은홍의 일은 의송*을 올려 독촉하기에 이르렀으니 일이 매우 좋지 않다.] 라는 답장을 이미 보냈다. 안동 판관에게도 지금 감사하다는 답장을 보냈고, 예안의 성주와 다른 여러 편지에 대해서도 지금 다 써서 보냈지만, 분천, 월천, 오천에 보내는 편지만 병 때문에 피곤하여 보내지 못했다. 연 스님이 받았던 물건은 모두 찾아보았느냐? 이 스님이 죽은 것은 매우 가련하기도 하지만 우리 일을 맡길 곳이 없으니 어찌할꼬? 이

선동의 승려 아들이 하려고 할지 모르겠구나. 흔쾌히 하려고만 한다면 그를 시키는 것이 좋을 것이다.

그런데 기와 굽는 일은 어디에서 하기로 했느냐? 먼 곳에서 하게 되면, 여럿이 함께하는 편리성이야 있지만 가까운 곳에서 혼자 주관하는 것이 어렵더라도 도리어 더 나을 듯하구나. 다만 집 안의 모든 일을 헤아려 보니 생계가 원활하지 못하고 다른 곳에 힘쓸 여력도 없을 것 같다. 주관하는 승려래야 법련 혼자서 맡은 것보다도 못하니, 기와 굽는 일은 아마도 할 수 없을 듯하구나.

토지를 교환하는 것은 서로에게 다 좋은 것이니 내게 물어본들 허락하지 않을 이유가 있겠느냐만, 내게 물어보지도 않고 한 것은 네 생각이 짧아서 그런 것이다. 비록 전에 받은 곳이 있다고 해도 어찌 중첩된다고 하겠느냐? 순손이가 받아서 경작하는 것이 마땅하다.

의령 타작 상황과 공납 등의 일은 다 잘 알았다. 의령의 두 장례를 너나 내가 모두 볼 수 없으니 형편상 그리되었다고는 하나 평생 부끄럽고 가슴 아픈 일이다

그리고 홍수가 있었다고 들었다. 참으로 놀랍고 괴이한 일이니 죽은 네 아우의 산소를 빨리 옮기지 않고서는 더욱 안 되겠구나. 곽 판재는 네가 생각대로 하는 것이 좋겠다. 그 가격은 얼마더냐?

의령 타작한 곡식을 무명으로 바꾸거나 은부 등이 신공으로 낸 무명 가운데 잘 헤아려서 합당한 값을 지급해야 할 것이다.

『참동계』는 무사히 도착했다. 행이는 매번 혼담이 성사되지 못하니 애처롭구나. 사람이 어찌 서른이 되었는데도 아내가 없단 말인가? 갓 등 물건을 사서 보내면서, 그 자에게 짝을 얻을 수 있는지 다시 알아보게 하였다.

너는 체직 때까지 당도하지 못했을 뿐이지 파직의 경우가 아니므로 어찌 서용*을 기다린다고 할 수 있겠느냐? 그러나 직책을 바꾸는 일은 상황이 어려울 뿐만 아니라, 복직하더라도 종사하기가 어려울 것이다. 내가 이렇게 말하는 것은, 홍 판서가 내게 안심하고 서울에 있게 하려는 마음에서 급히 네게 직책을 준 것이기 때문이다. 너는 이미 체직 되었고, 나는 서울에 머무를 생각이 없다. 그러니 네 관직을 다시 찾는 일이 어찌 판서의 생각대로 되겠느냐?

  나머지 일은 하인 종이에게 말로 듣도록 해라. 이만 줄인다.

추신───오는 2월 4일에 시제는 이곳에서 지낼 생각이다. 납세할 쌀은 여기에서 내려고 하니, 삼베 등은 사서 납부해라. 다만 말을 사게 되면 베를 사기가 부족할 듯하다. 그래서 하인 종이가 오는 편에 납세할 쌀의 수량을 편지로 적어 보내고, 함께 의령에서 온 무명 한두 단을 보내면 아무쪼록 납부할 생각이다.

창원사람이 공무처리를 이관했다는데 아직 장예원*에는 도착하지 않았다고 하니 괴이한 일이구나.

*분황焚黃: 죽은 사람에게 관직이 추증되었을 때, 그 죽은 이의 자손이 조정에서 수여하는 사령장과 황색 종이에 쓴 부본을 받아 선조의 무덤 앞에서 이를 고하고 부본을 태우는 일.
*의송議送: 백성이 고을 원의 판결에 수긍하지 못했을 때 다시 관찰사에게 하는 상소.
*서용敍用: 죄나 잘못으로 인하여 벼슬을 박탈했던 사람을 다시 임용함.
*장예원掌隷院: 노비에 관한 문서와 노비에 관한 소송을 맡아보던 관아.

書 - 205

2월 1~3일

준에게 보내는 답장.

명복이를 통해 보낸 편지를 받았다. 낙상했던 상처가 점차 회복되어 간다니 매우 반갑고 기쁘다. 그래도 아직 남은 액 기운이 있으니 신중히 조리하고 보신해야 할 것이다. 내 창증은 우연한 것이 아닌 듯하다. 그러니 부득이한 일이 생기거나, 억지로 나가 출사하는 것을 면하지 못하게 될까 걱정스럽다. 우선은 기후가 온화해져서 좀 더 회복되기를 바랄 뿐이다. 하인 종이는 지난 25일 내려보냈는데 무사히 갔는지 모르겠다. 공세미는 전보다 더 늘어났고 이곳은 쌀과 베 등이 모두 부족하지만, 어쨌든 준비하여 납부 할 작정이다.

전에 보낸 편지에, '한두 필을 올려보내면 보충해서 납부하련다.'고 한 적이 있는데, 지금 석종이가 신공으로 무명을 보내왔으니 다시 보내지 않아도 되겠다. 내가 이번 그믐이나 삼월 초경에 휴가를 얻어 내려가게 된다면 배가 가흥을 지날 때 하인을 시켜 아전에게 전해 부치라고 하면 마땅할 듯하다. 만약 내 일정이 이때를 놓치면 계근이나 명복이가 내려갈 때 가흥에서 사서 납부하라고 하고 싶어도 믿을 수가 없으니 우려될 뿐이다. 의령에서 온 물건을 받고 감사하다는 뜻을, 서울에 왔다가 돌아가는 생원 집 하인이 있기에 그편에 편지로 말씀드렸다.

기와 굽는 것은 어디에서 하려고 하느냐? 온계 여러 집이 한 곳에서 같이 하게 되면, 중단되지 않고 일 년 내에 할 수 있을까 염려된다. 어찌하면 좋겠느냐?

녹봉으로 받은 베 한 필을 보내니 기와 만드는 곳에 들어가는 추포*와

생마* 등을 이걸로 바꾸어 쓰면 될 것이다. 다만 인건비는 이곳에도 말을 사지 않을 수 없어 뽑아 넣을 수가 없구나. 모든 가용*에 몹시 궁색할 텐데 한 필도 보내지 못해 안타깝다.

대손이라는 자가 철손이에게 판목 값을 요구했다고 들었는데, 대체로 판목을 파는 행위는 금령*을 어기는 일이다. 관에서 몰수하고 나니 대손이가 이미 죽은 철손이에게 전액을 요구했다가 받지 못한 것 같다. 그러나 못난 자가 법을 살피지 않고 침범하여 해를 끼쳤으니, 형세가 앞으로 농토까지 처분해야 하는 지경에 이르렀구나. 그러니 부사에게 편지를 써 보내어 시정을 요청하는 것이 좋을 듯하다.

나머지는 하인 종이가 가지고 가는 편지에 자세히 말하였으니 이만 줄인다.

추신———이판이 홍문관의 관직을 내게 맡기려고 하는 뜻을 여러 번 말했는데, 내가 여기 있는 것조차 마음이 편안하지 않으니 부득이 빨리 돌아가야겠다. 하인 종이를 20일에 어기지 않고 올려보낸다면 그믐경에 출발할 생각이다. 영이 데리고 온 하인 두 명도 같이 가려고 한다. 충주 이전까지는 다른 하인이 없어도 가는 데는 별 장애가 없을 것이다. 문형*에 대한 말은 너에게만 하는 것이니 다른 사람에게는 말하지 말거라.

*추포麤布: 발이 굵고 거칠게 짠 베
*생마生麻: 물에 삶지 않은 삼
*가용家用: 가정에서 필요한 살림비용.
*금령禁令: 어떤 행위를 하지 못하게 하는 금하는 법이나 명령.
*직첩職牒: 조정에서 내리는 벼슬아치의 임명 사령서, 벼슬자리.
*문형文衡: 조선 시대, 홍문관과 예문관의 으뜸 벼슬.

書 - 206

1월

준에게 답한다.

교인*편에 보낸 편지를 받고 다 편히 지낸다는 소식을 알았다. 마음이 놓이는구나. 형님은 어찌하여 상한증이 생겼는지 모르겠지만 지금은 다 나았다고 하니 매우 기쁘다. 네 약을 먹는 순차가 모두 마땅하여 비록 나았다 하더라도 다시 조심하고 몸 관리를 잘해야 한다. 시제는 4일에 모두 겸해서 할 생각이다.

정일 스님 계획이 그러하다 하니, 역시 마음이 많이 놓인다. 내 창만증은 낫지 않고 비록 이전에 겪었던 병이기는 하나 의구심과 염려가 없을 수 없다. 4월에서 5월로 넘어갈 때까지 기다리지 못하여 이번 그믐에는 내려갈 작정이다. 이런 생각은 고을 관리가 가지고 간 편지에 상세히 썼다. 납세미를 여기서 준비하여 납부하는 일은 전에 편지에도 자세히 말했다. 하인 종이가 가거든 꼭 세세히 물어보거라. 가흥의 세미는, 시가로 무명 한 필을 얼마에 가져와야 하는지 잘 지시하거라. 무명의 셈대로 지급하기 때문이다. 길거리에서만 묻지 말고, 반드시 그곳에서 먼저 납부하고 오는 사람에게 물어서 내게 알리거라. 아무쪼록 영천 세미를 날라다 납부하는 일은 지시를 해야 할 것이다. 나머지는 이만 줄인다.

추신———언문 편지를 쓰지 않았어도 다 잘 알 것이다. 동쪽 채에 가건물을 내 짓는 것은 부득이해서 하는 것이지만, 일손이 분명히 부족할 것인데 어찌하려느냐?

*교인教人: 지池, 소沼, 택澤의 일을 맡은 벼슬아치, 임금의 말을 관리하던 직책.

書 - 207

2월 중순

준에게 보낸다.

　근래에는 소식을 듣지 못해 궁금하구나. 네 낙마한 상처는 다 나았느냐? 염려만 하고 있다. 내 병세는 오락가락하며 일정하지는 않은데, 사람들이 모두 피로가 심해서 그런 것이라고 하니 더 오래 머무르고 싶은 생각이 없구나. 하인 종이가 올라왔으니 바로 이달 29일쯤에 배로 내려갈 생각이다. 또 가까운 벗에게 물어보았더니 휴가를 받아 내려가는 것은 무방할 것 같다고 한다. 내가 실제로 병을 앓는 것을 알고 있기 때문이다. 물론 내가 내려가는 것을 마땅치 않아 하는 말도 간간이 있으나 어찌 계획한 대로 다 되겠는가? 말을 딸려 보내는 일은, 그 기일을 미리 정하기 어렵기 때문에 그쪽에서 출발해야 하는 날짜를 말하지 않은 것이다. 미리 오게 되면 식량을 챙겨 와서 머물려야 하는 폐단이 있기 때문이다.

　그러나 안도가 말을 타고 하인 한 사람을 데리고 다음 달 초 5, 6일에 충주 금천에 도착하고, 또 영천에 납세하러 간 사람이 초 사나흘쯤 납세를 마치고 출발하면, 내 행차는 초 사오일쯤에 가흥에 도착할 수 있다. 만약 다른 납세한 사람이 돌아와 말을 얻으면 충주 이후로는 육로로 갈 수 있을 것이다. 만일 이 일이 서로 어긋나면 배로 영양에 도착할 생각이나 배를 오래 타고 가는 것이 편치는 못할 것이다.

　기와 굽는 일은 어찌 되었느냐?

　전에 편지에다 베 몇 필을 보내려 한다고 했는데, 이 사람은 믿을 수가 없고, 아직 말을 사지는 않았지만 물건 살 금액도 부족하여 우선은 보내지 않았다. 나머지는 이만 줄인다.

추신———돌아갈 계획은 마찬가지지만, 한식 때까지는 도착하지 못할 듯하니 서글프고 한스럽다. 함종현의 관속들이 먼저 왔는데 최 현감은 여질*로 오다가 평양에서 죽었으니 놀랍고 애달픈 것을 어찌 말하랴? 죽은 자는 그만이지만, 덕수를 천리 밖 먼 땅에서 데리고 왔으니 가여워 가슴이 먹먹하다.

*여질舁疾: 중병에 걸려 가마 따위에 실려 가는 일.

갑자년
(1564년, 64세)

書 - 208

1월 10일

아들 준에게 부친다.

떠날 때 깜빡하고 할 말을 다 못했다. 홍 지사를 만나게 되면 문안드리겠다고 말해 다오. 송강 영감의 비문에 관해서 혹시, '그대의 아버지가 글을 쓰지 않았는가?'라고 말하거든, 아버지께서 '평소에 문채가 없으셔서 감히 다른 이의 비문은 한 번도 짓지 않았는데 지금에서 유독 이 비문을 찬술할 수 없습니다. 게다가 대 상공께서 곁에 계시니 분명히 진작 지었을 것이므로 더더욱 망령되게 지을 수 없습니다.' 이런 뜻으로 생원 조지에게 다 말해서 보냈으니 이미 말은 전해졌을 것이다. '이것이 제 아버지의 뜻입니다.'라고만 대답하면 될 것이다.

또 이름을 내놓고 경쟁하는 곳에는 잘 살펴서 보고 나아가야 한다. 모든 일을 재차 세심히 살피고 조심해라.

書 - 209

1월 10~11일

준에게 다시 보낸다.

정목을 보니, 홍인경 군이 의정부 사인이 되었구나. 홍군은 재작년 사인이 되는 날 팔물탕을 조제 해 보냈는데, 약재를 꼭 좋은 원재로 조제하여 아주 효과가 있었다. 너도 가서 뵙거든 전에 입은 은혜에 꼭 감사의 말을 전하고 지금도 전에 조제 받은 것처럼 원하거든 조제 해 오거라.

또 정부에 참알*할 때는 물어서 행할 것이 있고, 혹은 장부에 기록해 둬야 하는 것이 있으니 참고할 만하다.

서소문동 안에 사는 채승손과 안홍은 만날 수 있으면 만나보고, 이 외에도 만나는 사람마다 나와 후의 있게 잘 지내는 사람에게는 먼저 꼭 내 안부를 전하는 것이 좋을 것이다.

철금이를 불러서 집에 들어간 것을 심문했다는데 누구의 집이라고 하더냐? 물건이 없었다고는 하나 전혀 없는 것은 아닐 텐데 어디에 두었다더냐?

이 정랑을 만나러 가면 그 이웃에 판사 황박이 산다. 황박은 나와 생원시 동기로 지금 상중에 있는데 내가 한 번도 조문하지 못했으니 아울러 네가 위문하는 것도 좋겠다. 그러나 내가 말한 사람들을 다 만나보기는 어려우니, 가깝게 지내는 정도를 택하여 만나는 것도 좋을 것이다

추신———정목을 어떤 사람이 보냈는지 알 수 없어서 윤량의 편지를 뜯어 보았다.

*참알參謁: 매년 6월과 섣달에 벼슬아치의 성적을 매길 때, 각사의 벼슬아치가 자기의 책임 장관을 알현하던 일.

書 - 210

1월 17일

　아들 준에게 답한다.

　네가 떠난 후에 추위가 심하여 몹시 염려하였다. 안기 사람이 와서 전해 준, 13일 자 문경에서 보낸 편지를 받았다. 잘 갔다는 것을 알고 나니, 기쁘고 마음이 놓이는구나. 그러나 그 후에도 추운 날이 많았는데, 그 뒤로는 어떠한지 걱정이 그치질 않는다. 집안 식구는 다 평안하냐? 신인의가 말한 내용은 형님께 여쭈어 모시고서 해야 하니 빙에게 당연히 전해야 한다. 다름 아니라, 안도에게 준 언문 편지에, '다음 달 초에 서울에 올라가려 한다.'라고 했는데 내게 부친 편지에는 이 말이 없으니 무슨 의미인지 모르겠구나. 그리고 관대는 풍산에서 구했느냐? 서울에 들어간 뒤로 매사가 어찌 되어 가느냐? 다시 충분히 잘 살펴 처리하여 착오가 없게 하라.

　또 여러 대감 댁을 드나들 때는 말을 더욱 신중히 해야 한다. 이미 당참*한 후에는 아주 긴요한 곳 말고 굳이 다 알현하지 않아도 되고, 빠른 시일 내로 도성을 나가는 것도 무방하다. 한영숙 신계숙에게는 지난해 이미 편지를 보냈기에 네가 가지고 가는 편지에는 없을 것이다. 이러한 뜻도 말하고 또 직접 만나보지 못한다는 아쉬움도 전하면 더 좋겠다.

　나머지는 이만 줄인다. 아울러 보름경에 돌아오는 길은 잘 살펴서 오거라.

　추신―――이 직장이 와서 고하고 갔으니, 후의에 몹시 감격하여 이 편지를 부친다.

*당참堂參: 새로 수령이 되거나 또는 삼품 이하의 수령이 고을을 옮길 때 이조나 병조에 가서 인사하는 일.

書 - 211

1월 26일

  아들 준에게 부친다.

  죽령을 넘어간 뒤로는 편지를 한 번도 보내지 않는구나. 봄 추위가 특히 심한데, 올라가는 길이나 서울에 머무르는 안부가 궁금하여 몹시 걱정스럽다. 털옷도 많이 해지고 게다가 추운 날이 많아서 보내지 않으려고 생각했다만, 지금은 추위가 더욱 심해졌으니 후회해 본들 어쩔 수가 있겠느냐? 가길이는 서울에서 서로 만나 보았느냐? 역참의 아전이 가져간 편지는 진작에 보았을 것으로 생각된다. 상주 함창의 부정 댁에는 가보기로 했느냐? 며칠부터 관아에 출근하는지 심부름꾼을 시켜 먼저 이곳에 알려주면 좋겠다. 또 관아에 출근한 뒤부터는 너무 급하게 이곳에 와서는 안 되니, 잠시 있으면서 형편을 봐가며 와야 할 것이다.

  나머지는 언문 편지에 다 적었으니 이만 줄인다.

추신───앞선 편지의 별지는 자세히 보았느냐? 가길이의 선정으로 온 도내가 고칠 것조차 없다고 한다. 마땅히 관원은 체통을 가지려고 힘써야 하므로 아래 사람들과 한갓진 잡담 등을 해서는 안 된다. 태만하고 업신여길 만한 습성을 갖지 않도록 방비하거라.

書 - 212

2월 3일

　준에게 부치는 편지.
　엊그제 역리의 고목을 보고, 26일 서울에서 출발하여 3일에 임지로 부임했다는 것을 알았다. 안심은 된다만, 가는 길의 안부는 어떠했는지 궁금하구나. 그래서 지금 이 심부름꾼을 보내 소식을 물을 겸, 임지에 가면서 무사했는지 안부를 살펴보게 하려고 한다. 전임 감사를 모시고 배웅 나갔던 역리가 가지고 있던, 네가 서울에서 쓴 편지를 보고 내용은 이미 알고 있다.
　다름 아니라, 낙안의 관아 친속들 행차가 만약 역에서 묵게 되면, 마침 네가 부임하러 출근하는 날과 마주쳐서 서로 장애 될 일이 있을까 염려되니 어찌했으면 좋을지 모르겠다. 또 언제 여기에 오느냐? 너무 서두르지 말고 반드시 세세히 따져보고 처리하거라.

*고목告目: 신분이 낮은 사람이나 관리가 윗사람이나 상관에게 올리는 간단한 양식의 편지.

書 - 213

2월 3일

준에게 다시 답한다.

추위가 심하여 여로에 고생할 것으로 생각되어, 걱정하는 마음을 조금도 놓지 못하였다. 지금 편지를 보고, 감기를 앓았으나 앓으면서 땀을 흘려 나았다는 것을 알았다. 매우 기쁘고 기쁘구나. 오늘 부임하는 것은 일찍이 이조의 관보를 보고 알았기 때문에 미리 사람을 보내 안부를 묻는 것이다. 편지에 적은 모든 일은 잘 알았다. 다만 병마절도사가 도내에 들어오면 임지를 떠날 수가 없을 테니 가까운 시일에는 분명히 이곳에 오지 못할 것이다. 사람과 말이 지쳐 있을 때 마침 큰 손님을 맞게 되었으니 걱정이 되는구나. 신중히 처신하거라. 앞의 편지에 다 말했으니 이만 줄인다.

書 - 214

2월 30일

　다시 답한다.

　심부름꾼을 통해 보내준 편지를 받았다. 더디게 돌아가게 된 이유와 무사하게 영명*을 했다는 등의 소식에 마음이 놓인다. 이곳은 별일이 없다만 하인 손가의 일로 마음 편히 지내지 못하고 있을 뿐이다. 받은 곡물에 대해서, 적에게 순손이 연수 등과 함께 확인해 물어보라고 하였더니 겨우 14, 5섬쯤만 남아서, 4, 5섬씩 나누어 지급하였다고 한다. 즉시 봉표*하고 그 장부를 가져오라고 했다. 비록 면목이 없다고는 했다지만 지금껏 이같이 심했던 경우는 없었다. 대체로 그 처가 본래 나쁜 짓을 쫓아 숨기는 폐단이 있을 것이나 알 수는 없다. 손이의 사람됨을 살펴 이제 자세히 따졌으나 이와 같지는 않은 듯하다. 죽음이 임박한 때에 협박하듯 따지는 것도 차마 해서는 안 될 것이므로, 죽은 지 이틀째에나 겨우 물어보게 했더니 이같이 말한 것이다.

　조사경의 일은, 그의 몸은 멀리 있고 집안이 궁색한 것을 찾아와 하소연하니, 어쩔 수 없이 영감에게 편지는 올렸다. 들어주든 말든 간에 나는 어찌할 수가 없구나. 만약 완강하게 죄수를 방면하지 않는다면 네가 말한 대로 처리하겠다만 도망간 노비의 법을 따를 수는 없으니 어찌하겠는가?

　고을 아전 흔석이가 모레 서울에 올라간다고 와서 말하기에 그 사람 편에 부칠 것이라서, 안도에게 보내는 편지를 지금은 부치지 않는다.

　들어와 제사를 지내기로 한 일은 잘 알았다.

---

*영명迎命: 외관外官이 임지에서 어명을 맞이하는 일.
*봉표封標: 봉해서 표시해 둠.

書 - 215

4월 1일

답장.

편지가 도착하여 무탈하다는 걸 알고 나니 기쁘구나. 여기도 모두 여전히 편하다. 나는 온계 갈음에 가서 일을 보고 어제 상계로 들어왔다.

지금까지 이런 적이 없었던 심한 가뭄이라 특이할 방법도 없으니, 말로 다 할 근심거리가 아니구나.

너는 의성 혼사에 가보는 것도 매우 마땅하지만, 그대로 연첩 일정을 행하는 것이 마땅하다. 반드시 이르는 곳마다 항상 경계하고 삼가 매사에 자세히 살펴서 조심하거라. 정말로 부득이한 경우가 아니면 여기저기 고을에서 도움받지 말고 다른 이에게 지적당하여 웃음거리가 되지 않기를 부디 바란다. 네가 실수를 하게 되면 내가 실수한 것과 다르지 않으니 더욱 소홀히 하지 말아야 한다.

감사의 행차와 부사가 오는 일정이 정해지지 않은 것은 알고 있다. 더구나 부사께서 보내준 많은 어물은 궁색한 집안의 혼사에 도움을 주었으니 감사와 나행함이 이보다 더할 데가 없구나. 권 부정의 복직은 기쁜 일이다.

머지않아 사행이 있으면, 분명히 역에 미리 조처할 일이 있을 테니, 빨리 갔다 와야 할 것이다. 이만 줄인다

추신———어제 은어 등의 물품이 와서 받았다. 전날 청량산에 가기로 한 것은, 마침 성주와 기우제 일로 서로 마주쳐서 장애가 될까 싶어 일단 멈추었다.

남도 지방으로 가는 날에 의령으로 사람을 보내지는 않았느냐? 사람을 보낸다면 완악한 하인에게 환곡*받는 위임장을 줘서 올려보내고 단단히 지시해야 할 것이다. 이처럼 흉년이 들었을 때는 해당하는 집에 봉고*할 일이 있으면 반드시 봉고 전에 환곡을 받아 와야 조금이나마 군색함에 보탬이 될 것이기에 그리 말하는 것이다.

최근에 경주부윤의 편지를 받아보니, 양산의 유생 최황이, 『주자연보』는 진작 순천에 보냈다.'고 말했다는데 순천에서 온 편지에는 그 책이 그쪽에는 오지 않았다고 하니 이는 분명히 허망*한 말일 것이다.

다시 이런 뜻을 가지고 심부름꾼을 보내 물어서 찾아오도록 하여라. 네가 만약 그렇게 할 틈이 없으면, 경주부윤 영감에게 이런 내용을 아뢰어 처리하는 것도 괜찮다.   만일 청송 부사를 보게 되거든, 안부와 함께 소식이 끊겼어도 보고 싶어 하는 마음이라고 전하거라. 『연보』의 일은 잊지 말아라.

전에 말한, 말을 판다는 사람은 무슨 이유로 오지 않는지 한번 물어보거라.

*연첩沿牒: 관원들이 관직의 임명에 따라서 여기저기 외직으로 돌아다닌다는 뜻
*환곡換穀: 곡식을 서로 바꿈.
*봉고封庫: 물품의 출납을 못하도록 창고를 봉하여 잠그는 것.
*허망虛妄: 거짓이 많아서 미덥지 않음.

書 - 216

5월 13일

준에게 답한다.

편지 내용은 잘 알았다. 말했던 제사는, 부사가 8, 9일경에 온다고 하니 초하루 날 지내는 것은 온당치 않을 듯하다. 부사의 답장에, 이운장* 집안의 일을 간절하게 말했지만, 조처할 길이 없으니 어찌하겠느냐? 이것이 과연 그렇다면 더 말할 것도 없다. 만약 주범을 잡으면 무사하겠지만, 그렇지 않다면 저들은 합의하려는 생각이 없을 것이니, 그 끝없는 후환과 모욕을 어찌 처리해야 할지 모르겠다.

은부의 잘못은 크지만 그렇다고 먼길을 가면서 통렬하게 나무라는 것이 도리어 득이 되지 않을 형편이니, 참 딱하구나. 이말은 일의 사정이 어렵게 된 것을 생각해 보지도 않고 억지 변명에만 급급하니, 내가 어찌 그 청을 그대로 따라서 망령되게 처음 보는 사람한테 구차해야 하겠느냐? 분명히 이러한 뜻을 가지고 자세하게 알려주는 것이 좋겠다. 부사의 서장은 돌려보내서 이운장에게 보여주는 것도 좋을 것이다. 이만 줄인다.

*이운장李雲長: 의령사람, 생몰:1541~1617. 자는 희서希瑞 호는 죽헌竹軒.

書 - 217

5월 26일

준에게 답한다.

지금 온 편지를 보고 부사가 오는 시기를 알았다. 교관도 모시고 온다니 마땅히 받들어야 할 것이다. 다만 편지에는 8일이라고 쓰여 있지만, 분명히 28일을 이같이 잘못 적었을 것이다. 그러므로 모레인 줄 알고 기다리겠다.

이운장의 일은 빨리 화해했으니, 도리어 다행이다. 나머지는 이만 줄인다.

書 - 218

6월 23일

답장

 어제 부사가 보낸 심부름꾼 편에 편지와 별지에 시 절구 6수를 보내왔다. 편지로 내일 출발한다는 것을 알았기 때문에, 앞서 한필이를 보내 화답한 시를 올리면서 출발 날짜가 정해진 여부를 알아봤다. 지금 온 편지를 보니 출발하는 것이 어겨지지는 않을 것으로 알겠다. 네가 모시고 의성까지 배웅한다면, 조금이나마 내가 대면으로 이별하지 못하는 한을 풀 수 있을 듯하구나. 나머지는 이만 줄인다.

書 - 219

7월 26일

답서를 보낸다.

편지를 받고, 잘 있다는 소식을 알았으니 마음이 놓인다. 여기도 모두 무탈하다. 관찰사, 부사, 경차관* 등의 대략 소식도 모두 알았다.

『전제고도』는 혹시 잃어버렸을지도 모른다고 생각했는데 보내오니 반갑다. 모진 비바람에 남은 벼는 대부분 여물지 않을 것 같으니, 어찌해야 할지 적은 근심이 아니다. 그나마 다행인 것은, 이번 수해로 유실된 농지가 없다는 것뿐이다. 이만 줄인다.

*경차관敬差官: 조선 시대, 지방에 임시로 내려보내는 벼슬.

書 - 220

8월 5일

답장

안도의 편지와 안도가 책문을 지은 것 등 기별이 담긴 편지를 받으니 좋구나. 여기도 모두 무탈하다. 영천의 제사는 10일에 당연히 지내야 하는데 연동이 말로는, '제육이 그날까지 도착하지 못하여 아마 제대로 지내지 못할 듯하다.'고 한다. 마침 그쪽에 가는 사람이 있기에, 연동이에게 여기서 10일 전에 제육을 보낼 것이라고 알렸고, 꼭 이곳에 와서 제육을 가지고 10일에 맞춰 가도록 이미 지시하였다. 억대는 벌써 상주 함창으로 돌아갔고 안도에게도 영천에 와서 제사 지내도록 편지로 알렸다. 또 예천 용궁에 들러 조문하고 오는 일도 알렸다. 용궁에 술을 지나치게 마시고 죽은 사람이 있다는 소문이 있는데 여기서도 들리니 헛소문은 아닌 모양이다. 안도가 조금 있으면 여기에 올 것이니 책문 지은 것은 여기다 두고 기다리겠다. 나머지는 이만 줄인다.

사또 행차에도 매사를 조심하거라.

추신———사또께서 만약 묘갈문을 지었느냐고 묻거든, '전에 지으려고 시작했다가 마치지 못했는데 지금은 아마 다 마쳤을 것으로 생각된다.'라고 대답하면 좋을 것이다. 진보 성주는 9일이나 10일경에 도산에 와서 묵는다니 매우 다행이다만, 10일은 집안 제사와 겹치니 나아가 뵙기는 어려울 듯하다. 보름 이후에 돌아가는 길에 모이는 일은 말씀드려도 괜찮을 것이다. 만약 광주 도마현의 천석이는 상황이 어렵거든 도산으로 곧바로 오라고 알리거라.

書 - 221

8월 10일

준에게 답하는 편지

아침에 감사에게 돌아가는 사람 편에 편지를 보냈는데, 지금 네 편지를 받아보니 감사를 모시고 다른 도로 그대로 가는 바람에 딴 일을 생각할 수 없었다는 것을 알았다.

안도의 서울 행보와 서로 어긋났으니 참으로 아쉽게 되었다. 그렇더라도 어찌할 수가 없구나. 안도는 오늘 영천에서 제사를 지내고 당연히 이곳에 올 텐데, 여러 날 비바람이 분 탓에 예정했던 기일에 도착 될 수 있을지 어떨지는 알 수가 없구나.

용온의 여종이 진작 그 집에 왔다가 마침 또 퇴계로 내려간다고 하는데, 지금 보고도 물어보지는 못했다. 그곳에서 서울로 가는 일정이 16일에 출발하기로 했는지 모르니 안타깝구나. 안도의 서울 행보는 모든 일이 아직은 준비되지 않은 듯한데 부모가 다 집에 없어 일을 조처*하기도 어려우니 어찌해야 할꼬.

수곡의 묘갈문은 고친 것이 산소에 가 있으니 편지에는 다 쓰지 않았고 상세한 것은 아침에 보낸 편지에 다 적었다.

*조처措處: 어떤 일을 해결하기 위해 대책을 세우거나 행동을 함

書 - 222

8월 13일

준에게 부치는 답장

편지를 받고 무사히 수행했다는 것을 알았다. 또 계속 모시는 폐단을 면했다고 하니 마음이 놓인다. 여기는 다 무탈하게 잘 있다. 안도가 10일에 영천 말암에서 제사를 지내고 11일에는 수곡, 12일은 백산에서 제사 지낸 다음 오늘은 오천으로 출발했다. 권 첨정이 도착하기 전에 저쪽으로 출발했으니 16일 행보는 어디 있을지 모르겠다. 부득이 길을 급하게 돌렸기에 오지 못한다고 알리고는 곧바로 가버렸으니 그에게도 몹시 미안한 일이다. 의성에서 보낸 물건은 받았고 답장을 써 보냈다. 네 처는 보름 지나서 빨리 돌아갈 계획이다. 나머지는 이만 줄인다.

書 - 223

8월 26일

준에게 답한다.

편지를 받아보니, 어사 행차가 몹시 촉박하지는 않다는 것을 알겠구나. 오히려 제반 일들을 조처할 수 있어서 마음이 놓인다.

내 병세는 지금 더 한 것은 없으나, 약이 기왕에 왔으니 시험 삼아 써 볼 수 있어서 좋다. 부사가 또 많은 후의를 부쳐왔으니 감사한 나머지 매우 미안하구나.

어사의 이름은 과연 생각했던 대로구나. 나머지는 이만 줄인다.

書 - 224

8월 29일

준에게 답한다.

편지를 받아보고 안부를 잘 알았다. 내 증세가 오늘은 줄어든 것을 느낄 수 있으니 아마 약 기운인가 보다. 그러나 아직은 다 나은 것이 아니라서 걷는 것이 상쾌하지는 않구나.

어사는 어제 괴원*에서 만났기에 그의 말이 이 같을 것으로 생각된다. 네가 오는 시기는 방목을 보고 모두 알았다.

특히 성주의 권 동지중추부사에게 병문안 편지를 써서 동봉했으니, 네가 들어오는 대로 역참 관리에게 성주로 돌아가는 사람이 있는지 찾아서 신중하게 부치도록 지시하면 좋겠다.

또 채유광이 이전에 심부름꾼을 통해 유지*를 부탁했다. 비록 못 쓸 부분이 있더라도 구했으면 하기에, 조각조각 합쳐 네다섯 장을 보내니 역리를 시켜 그 집에 보내 주거라. 그 집은 풍산의 신령리에 있다고 하더라. 나머지는 이만 줄인다.

추신———이전에 부사가 세웠던, 『부사삼공심비』의 비명을 글 아는 역리를 시켜 그대로 베끼되, 자세히 창준*하면서 빠지거나 오자가 없도록 해서 가지고 오거라.

*괴원槐院: 승문원承文院의 별칭.
*유지油紙: 질긴 종이를 두껍고 넓게 붙여서 기름을 먹여 물이 배지 않게 한 종이, 유둔油芚.
*창준唱準: 소리를 내어 읽어 가며 대조하는 일.

書 - 225

10월 1일

준에게 부치는 편지.

풍기에서 오는 원천이 편에 전해준 편지를 받고, 공장*이 뒤늦게 도착했다는 것을 알고 기뻤다. 다만 그 후에 차가운 비바람을 무릅쓰고 오가는 길이 고통스러웠을 텐데, 서울에는 잘 도착했는지, 도착해서는 어디에서 묵는지 궁금하구나. 여로의 추위는 위협적일 수 있으니 조심하고 몸보신을 소홀히 하지 말거라. 이곳은 모두가 무탈하게 잘 지낸다.

다만 과거시험 소식을 오래도록 듣지 못하다가 어제 처음으로 전해 들었다. 단지 협지만 합격했고 나머지는 모두 낙방했다고 한다. 안도야 괴이할 게 없지만 다른 사람들은 어찌 이렇게 되었는가. 모두 스스로 돌아보고 힘써야 할 것이다. 누굴 원망하거나 탓하는 마음을 가져서도 안 될 것이다.

날이 이처럼 추우니 양가죽 옷만으로는 대비하기가 어렵구나. 내 병증은 여전하다. 다만 잠자고 나서 깰 때 불안한 증상은 응당 기가 허해져서 그럴 것이다.

전에 말한 관교*건은 다시 생각해 보니 그 거처를 찾아 물어서 해당 부서에 입안을 내는 것은 불가할 것이다. 대체로 그 직책을 사직했는데 입안을 받아들여 무엇에 쓰겠느냐? 보통 여러 곳에 보낸 편지는 다 이전에 왔던 편지에 답변했을 게다. 여러 공들 가운데 만약 답을 주거든 받아오고, 굳이 답은 청하지 않아도 될 것이다.

지금 보내는 자물쇠는 열쇠가 없어 사용할 수 없으니 새 열쇠를 만들 수 있거든 만들어 보내주면 좋겠다. 안도에게는 편지를 쓰지 않았으니 함께 알고 있거라.

*공장公狀: 수령이나 찰방이 감사나 수사 등을 공식으로 만날 때, 관직명을 적어서 내는 편지.
*관교官敎: 임금이 문무관 1품에서 4품까지의 관리에게 내리는 사령辭令. 교지敎旨.

書 - 226

10월 5일

준에게 부친다.

사찰의 노복, 군이가 편지를 받아 간 후, 처음으로 역인*이 가져온 지난달 27일 자 김탄의 편지를 받고, 네가 무사히 갔다는 것을 알았다. 그 후의 여정은 물론, 서울에 들어가서도 묵을 방은 따뜻한 것으로 구했는지 어땠는지 마음이 놓이질 않는구나. 이곳은 다 무고하다. 지금 시험을 치른 마을 사람들이 모두 협지보다 못한 결과인데, 협지는 강경* 등을 어찌했는지 모르겠구나. 처음 방목에 지금까지 강경에 관한 소식을 보지 못했으니 어찌 쉽사리 들을 수 있겠느냐?

다름 아니라, 내달라고 청한 양 갖옷은 돌아오는 사람에게 부쳤느냐? 날이 추워 빨리 얻고 싶으나 참판이 계시지 않으니, 이에 내주기를 청해도 뜻대로 얻지 못하는 것은 아닌지 염려된다. 제삿날이 가까우니 소물*도 가지고 오기를 바란다.

내 증세는 점차 나아지는 것 같으나, 기가 허해서 잠자는 것이 편치 않은 데다가 가끔 사지가 마비되기도 하니 이것이 염려된다.

나머지는 군이가 가지고 가는 편지에 다 썼으니 다시 자세히 적지 않으마. 너 오기를 기다리고 있으니 너무 늦지 않게, 추워지기 전에 돌아오도록 해라.

추신──김이정, 이비언, 남시보, 이 좌랑 등 여러 편지를 모두 반갑게 받았다. 인편이 바쁘다고 서두르므로, 지금은 그들에게 답장을 할 수 없으니, 혹시 만나거든 그리 전해주거라.

*역인驛人: 역리와 역졸을 통틀어 부르는 말.
*강경講經: 경서에 정통한 사람을 뽑는 과거에서, 시험관이 지정하는 경서 가운데 몇 구절을 읽음.
*소물素物: 소찬에 쓰는 나물 따위.

書 - 227

10월 10일

 준에게 부친다.
 금탄*을 떠난 후 편지 한 통도 오지 않아, 지금까지 서울에 올라간 뒤에 어찌 되었는지 궁금하구나. 말을 끌고 간 사람이 돌아오는 것도 몹시 더디니 무슨 일이 있어 그런 것인지 궁금하여 걱정만 깊이 하고 있다. 오수영은 왔어도 소식을 알지 못하니 더욱 염려된다. 여기는 모두 여전히 잘 지낸다.
 8일에 조카 빙의 경사스런 혼례가 있었는데 나는 병을 무릅쓰고 일어나 오천의 큰 집에 다녀온 뒤, 서쪽 채로 와서 머물고 있다. 내일 돌아가려고 한다.
 금협지의 강경시험도 불합격했다는 말을 들은 것 같은데, 그렇다면 당연히 빨리 와야 하는데 오지 않으니 기다리기가 어렵구나.
 안기 사람이 며칠 전에 편지를 받아 갔고, 그전에도 사찰 노복 군이 편에 편지를 보냈기에 지금은 일일이 적지 않는다.
 빨리 일을 마치고 잘 돌아오기를 바랄 뿐이다.

추신———전에 좌상 앞으로 보낸 사장은 진작에 도달했느냐? 전달하기 어려운 상황이거든 권 첨정이 진현*할 때 부탁해 보는 것은 어떻겠느냐? 그 생각을 전달해 보는 것도 좋을 것이다.

*금탄金灘: 충주 금천, 탄금대 서쪽 달천강.
*진현進見: 임금께 나아가 뵘.

書 - 228

10월 23일

준에게 답한다.

오늘 아침에 군이가 와서 전한 16일 자 편지에, 여로에 머무는 곳에서도 잘 있다는 것을 알았다. 마음이 많이 위로되는구나. 여기 집안들도 모두 여전하다. 다른 증세는 편해졌는데 잠자는 것이 편치 않아 간간이 일어나게 되고 이것이 의아스럽고 염려된다.

김이정은 19일에 무사히 들어 왔고, 가지고 온 약은 이제 처방대로 치료할 것이다. 너는 돌아오는 시기를 21일이나 22일로 하고 싶은 것 같은데, 아직 도착하지 않은 관리가 많으니 생각대로 빨리 출발하지는 못할 듯하여 걱정스럽다.

마땅히 호판의 뜻을 살펴보고 허락한다면 빨리 출발하는 것이 옳겠지만, 만약 허락받지 못하면 억지로 청해서 빨리하려고 할 필요는 없다. 벌써 출발한 것 같은데, 오래지 않아 도착할 것이니 일일이 말하지는 않는다.

병사와 어사는 모두 도내로 들어갔으니 바로 본역으로 두 곳을 지나가거든 들어오는 것도 괜찮을 것이다. 안도는 함창으로 돌아갔으니 헤아려서 머물고 오는 것도 괜찮을 것이다.

추신———전시의 방*은 보냈다고 하는 데 오지 않았다. 조광익은 축하할 일이다.

*전시방殿試榜: 전시에서 합격한 자를 성적순으로 적은 명단.

書 - 229

11월 2일

준에게 답한다.

방금 남우의 하인이 지난 22일 자 네 편지를 전해 줘서, 서울에 머무는 동안 무탈하다는 것을 알게 되니 마음이 매우 위안된다. 다만 전에 들으니, '돌아가는 길은 20일 이후에 출발합니다. 그러므로 날마다 도착하기를 바라고 있을 때 편지를 받았습니다.'라고 했는데, 그렇다면 삼관의 공리*도 늦을지 빠를지 점치기 어려우니, 오는 기일 또한 언제인지 알 수 없구나. 네가 머물며 기다리는 것이 괴로울 뿐만 아니라, 사람과 말이 몹시 지쳐 있을 테니 어찌할꼬? 심히 우려되는구나. 안도가 먼저 온다면, 오늘은 당도할 것으로 고대하고 있다. 안기에서 말을 끄는 사람이 이미 편지를 받아 갔으니 지금쯤 가고 있는지 아닌지 확신할 수 없기에 이렇게 대략 써서 형식을 다 갖추지 않는다.

김이정은 지금 편히 머물고 있고, 그 하인도 조만간 올라갈 것이다.

*공리貢吏: 각읍의 공물을 납부하는 일을 맡아 하는 아전.

書 - 230

11월 5일

준에게 보낸다.

오래전에 이미 왔다고 말해서, 비록 서울 올라가는 인편이 있어도 편지를 부치지 않았는데, 남광필이 가지고 온 편지를 보고서야 일이 밀려 지체되었다는 것을 알았다. 이에 안기 사람에게 편지 한 통을 보냈는데 그 사람은 서울에 도달했는지 못했는지 모르겠구나. 엊그제 안도가 와서, 돌아가는 것을 호판이 허락해 주었다는 것을 알게 되었는데, 그렇다면 빨리 출발하는 것이 마땅할 것이다. 여기에서 이정의 하인이 출발하는데 서울에 도착할지 모르고 또 확신할 수는 없으나 이 편지를 부쳐 보낸다. 안도는 무사히 내려와서 매우 기쁘고, 제사를 지낼 수 있을 듯하다.

나는 지금 회춘탕을 복용하고 있고, 이진탕도 필요한 약인데 박 판서가 이처럼 조제해 보냈으니 그 뜻이 가볍지 않구나. 다만 바빠서 아직 감사를 드리지 못했으나 뒤따라 편지를 보내려고 한다.

집안의 공채*는 이미 납부를 마쳤다니 매우 기쁘지만, 사채는 어떻게 되었는지 모르겠구나. 영천에서 납부한 중물은 흉년에 거듭 내게 하였으니 참으로 심히 걱정된다.

나머지는 이만 줄인다.

추신——만약 호판이 돌아가는 것을 허락하지 않는다면, 병든 아버지 때문에 약을 구해 보내야 한다고 하고 오랫동안 가서 보지 못한 것이 걱정된다는 뜻으로 모쪼록 전달하여 가부를 여쭙는 것이 무방할 듯하구나. 네가 오래 머물게 되니, 사람과 말을 생각할 겨를도 없는 폐단이니 적은 일이 아니구나. 어찌할꼬?

*공채公債: 일반인이 여러 형태로 국가에 진 빚

書 - 231

11월 2일

준에게 부친다.

　어제 고목*을 보고서야 네가 오는 시기를 알았다. 그러나 일을 끝내고 오는 것이 아니라면, 호조판서께서 이를 좋지 않게 여기는 것은 아닌지 모르겠구나. 여기는 다 잘 있으니 굳이 급하게 오지 않아도 되고, 우선은 머무르면서 직무를 잘 수행한 뒤에 와도 괜찮다. 권 훈도의 영결식은 20일 전후로 행해지지 않겠느냐? 사람을 보내서 보게 하려고 했지만, 끝나지 않은 일이 하나 있어 일부러 그렇게까지 하지 않았다. 영천이 문 앞에서 기다린다고 하니 이만 줄인다.

*고목告目: 신분이 낮은 사람이 윗사람에게 편지를 함.

書 - 232

11월 21일

준에게 답한다.

일정을 따져보면서 오기를 기다리는데, 삼사일 더딘 것도 이상하여 여러 가지 생각에 이른다. 편지를 받고서야, 이미 역참에 도착했다는 것을 알았으니 이제 안심이 된다. 다만 너는 겨울이면 매번 감기에 걸리는데 지금 먼 길을 여행하면서 이렇게 조리하지 못하고 여러 날 치달으니, 어찌 걱정을 심하게 하지 않을 수 있겠느냐? 그래도 다행히 잘 왔고 이미 땀을 내고 나았다 하니 기쁨이 이루 다 말할 수 없구나.

여기도 다 무탈하고 편안하다. 날이 이처럼 추우니 굳이 내일 들어오려고 하지 말고 잠시 더 머물면서 조리하고 날이 조금 풀리거든 오는 것이 좋겠다. 함창, 예천 등지의 좋은 소식에 기분이 아주 좋구나.

서울에서 온 여러 통의 편지와 약봉*은 모두 잘 받았다. 김이정에게 보내는 편지는 안동 소야*의 상가에 가서 전하기로 했으니, 당연히 적이 이미 전했을 것이다. 나머지는 이만 줄인다. 부디 조심하고, 몸조리 잘하거라.

*약봉藥封: 약을 담는 봉지.
*소야所夜: 지금의 안동시 서현동 소야천所夜川 마을.

書 - 233

12월 10일

답장

어제 도착한 편지를 받고, 무사히 근무지로 돌아갔다는 것을 알았다. 여기도 무탈하게 잘 지낸다. 사행이 가는 쪽을, 내가 알고 있는 대로라면 설이 지난 뒤에 안동에 도착할 것 같은데 어느 때에 해당하겠느냐? 정월 안에 사행이 도착하게 되면 네가 도를 비우고 멀리 다른 도로 가서는 안 되는데, 네 휴가받는 일은 어찌 되겠느냐? 사행이 경주에서 가는 쪽을 보면, 그곳이냐? 나머지는 이만 줄인다.

書 - 234

12월 12일

    준에게 답하는 편지

    편지를 받아 보고, 또 서둘러 다른 지역으로 갔다는 것을 알았다. 매사에 처리를 신중히 해야 할 것이다. 또 사행이 향하는 곳이 이러하니, 네가 의령에 가는 일은 참으로 겨를이 없을 듯하구나. 만약 네 계획대로라면 그쪽에 갔다가 돌아오는 것이 매우 편리할 듯하나, 다만 이처럼 봄여름이 바뀌는 농절기에 거듭 길을 떠나는 것은, 비록 방백이 일일이 탓하는 것이 아니라고 해서 어찌 역로에 폐를 끼치는 일이 아니겠느냐? 폐를 끼치는 것뿐 아니라 관리된 도리로서 이처럼 편의대로 분분히 드나드는 것은 마땅하지 않다.

    이번 일로 인해서 갈 수 없겠거든, 심부름꾼을 시켜 의령에 보내 알리고, 기다렸다가 봄이나 여름에 한 번 갈 수 있도록 하는 것이 좋을 것이다.

    반자*를 통해 보낸 두 가지 물품은 받았다. 답장은 지금 써서 보낼 수는 없으니 나중에 네가 사례하는 말을 전해 주면 좋겠구나. 나머지는 이만 줄인다.

*반자半刺: 군郡의 보좌관, 판관判官.

書 - 235

                                                  12월 18일

  준에게 답한다.
  편지를 받고, 아직 비안*에 머물고 있다는 것을 알았다. 감사의 행차가 기한이 없으니, 걱정스럽다. 그 드린 말씀을 알고는 뭐라고 지시하더냐?
  여기는 아이들도 다 여전히 잘 있다. 나는 잠시 감기 기운이 있더니 지금은 평상으로 회복되었다. 다만 여종 흔분이와 율이가 동시에 병이 생겼는데 그 병이 미심쩍구나. 게다가 흔분이는 생사는 알 수 없을 정도이니 몹시 우려된다. 극심한 추위 속에 다른 곳으로 내보내 격리할 수도 없으니, 잠시 병세를 보면서 어찌 해보려고 한다. 나머지는 이만 줄인다.

*비안比安: 의성義城 남서부에 있는 고을.

書 - 236

12월 21일

　준에게 답한다.

　의령 사람이 오늘 아침에 잠깐 들러서 편지를 전하더니, 이어서 역인도 편지를 가져왔다. 네 편지를 보니 아직 머문 데서 지체하고 있다는 것을 알겠구나.

　감사의 병환이 여러 날이 지나도록 낫지 않으니 심히 염려된다. 그 뒤로는 어떤지 모르겠구나. 나는 고통스런 추위 때문에 여러 가지 병치레를 하다가 다행히 모두 평상으로 돌아왔다. 병을 앓던 여종들이 이제는 다 나았다고는 하나 아직 끝이 어찌 될지 몰라서 미심쩍고 걱정이 된다. 장모님도 매우 편찮으시다고 하니 걱정이 많다. 고모님께서는 백미 스무 말을 보내주셨다 하니 매우 감사할 뿐이다.

　내년 봄에는 네가 오기를 학수고대하고 있다만, 생각대로 될지는 모르겠구나.

　둘산이는 매 가져오기를 기다렸다가 내려보내는 것이 훨씬 편하다만, 눈 때문에 오천에 길이 막혀 아직 사람을 보내지 못하고 있다. 그러나 어찌 한없이 앉아 기다리게만 할 수있겠느냐? 매를 가져오면 그때 역참의 노복에게 가지고 가게 하는 것이 마땅할 것이다. 나머지는 이만 줄인다.

추신———성주가 장원서 진성*을 거듭한 일로 추고를 당하여 아마도 바뀔 듯하니 온통 걱정이다.

*진성陳省: 진성장陳省狀의 약칭. 지방 관아에서 중앙 관아에 올리는 보고서의 일종.

書 - 237

12월 23일

준에게 부친다.

그저께 온 편지에, '어제 마땅히 역으로 돌아갔어야 합니다.'라고 했는데, 지금은 돌아가 있느냐? 감사의 병환은 아직 그대로 차도가 없느냐? 26일은 고산에서, 27일은 수곡에서 제사를 지낼 것이다. 말암 제사도 27일로 정해져서 안도가 당연히 갈 것인데, 그 전에 너도 올 수 있겠느냐? 둘산이가 매 가져오기만을 기다릴 수 없다고 전에 이미 말했기 때문에 모두 내려갔다.

다만 창원의 시정* 관계 일은 전에 입안한 것이 올해까지 기한이 다했기 때문에, 을축년부터 입안을 고쳐야 했지만 부득이하게 이달 말일 전에 대책을 마련해야 한다. 그렇지 않으면 어찌할 방법이 없다고 하니, 그 일을 시키려면 바로 문산이를 창원에 보내야 하는데 일정이 빠듯하니 하루라도 머물게 하지 말고 곧장 보내주면 좋겠다. 머뭇거리다 보면 그믐 전에 해결하지 못하기 때문이다.

*시정侍丁: 공노비公奴婢의 소생에게 부모를 봉양하기 위하여 특별히 구실을 면제해 주는 제도.

書 - 238

12월 23일

준에게 답한다.

　보내준 편지 내용을 보고 안부를 다 잘 알았다. 감사가 병상에 머물고 있기에 진작 미안한 터에, 지금 또 사직서까지 당도했다는 소리가 들리는구나. 그간 미안한 일이 많았는데 끝내 어찌 될지는 모르겠으나 몹시 송구한 데다 걱정스럽기도 하구나.

　영천에 가서 제사 지내는 일은 네 계획대로 해도 무방할 듯하다. 병에 걸렸던 여종들은 그 뒤에 별일이 없으니 기쁜 일이다. 여종이 집에 불을 낸 일은 한두 번이 아니니, 잘못에 이른 연유를 따질 것 없이 다스려야 하지 않겠느냐? 나머지는 아침에 보낸 편지에 다 적혀있다. 이만 줄인다.

을축년
(1565년, 65세)

書 - 239

1월 14일

 안기에 있는 준에게 답한다.

 인편에 보낸 편지를 받고, 소식을 잘 알았다. 또 보낸 조보*에, 나라에 큰 경사가 있다고 하니 기쁨을 이루 다 말할 수 없구나. 나는 며칠간 조금 편안해졌다.

 다름 아니라, 부사께서 찾던 흉배는 마침 교가 왔기에 물어보니 있다고 한다. 최씨 집에서 받아 혼인하는 집에 빌려주었더니 아직 돌아오지 않았다고 한다. 한심하구나. 범사에 각별히 조심하여 처리해야 한다.

*조보朝報: 정부의 공보매체, 관보로서 발행한 신문, 소식지.

書 - 240

1월 28일

안기 행차한 곳으로 준에게 답한다.

　네가 보낸 26, 7일 자 두 통의 편지가 모두 도착해서 그간의 일을 상세히 알았다. 감사가 큰 병을 겪은 뒤에 행차하니 미안하기도 하구나. 안동에 오신다 해도 형편상 만나 뵙기는 어려우니, 그 점은 헤아렸을 것이다. 이번에 또 오지 않아 다시 얼굴을 대하지 못할 것이 아쉬운 마음이다. 혹여 인편이 있다면 전달해도 좋겠다. 다만 내가 사직하는 일은 감사께서 안동에 오시기를 기다렸다가 사직서를 보내고, 승정원에 부탁하려고 한다. 다만 양사에 막 큰일이 있어서 계문한 일도 마치지 않았다면, 내 사직서가 들어가는 것도 때가 아닐 듯하다. 생각해 보고, 또 감사가 곧장 오는지를 물어봐도 그렇게 하지 못할 형편이니 아쉽기만 하구나. 만약 양사가 요청을 받아들인다는 기별이 있으면, 새 감사가 상주 등지에 도착했을 때 네가 그곳에 나아가 맞이하면 그때 보낼 생각이다. 양사에서 청을 받아준다는 기별이 오게 되면 빨리 내게 알려줘야 할 것이다. 이곳은 모두 무탈하게 지낸다.

추신——민무경이 묘를 조성할 일꾼을 청하는 편지를 받아갔는데, 감사께 올리더냐? 지난번 들으니, 영천 군수는 전응참이 자기에게 청하지 않고 감사에게 청했다면서 화를 냈다고 한다. 지금 이 일도 아마 이런 화를 낼 것같다. 만일 영천 군수를 뵙거든, '안동의 일꾼을 청한 것이므로 전임 감사가 떠나기 전에 청한 것이다.'라고 하면 좋을 것이다.

書 - 241

2월 2일

안기의 준에게 부치는 답장

편지가 도착하여 감사의 행차와 다른 소식들도 모두 알았다. 그런데 새로 오는 감사 행차는 아직 멀리 있는데 어찌하여 안동에서 사흘만 묵고 출발했느냐? 반드시 경계까지 도착하기만을 기다리지 말고 충주 등에서 교대해야 할 것이다. 사직서는 지금 급하지 않은 상황이니, 잠시 멈추었다가 편할 때를 기다릴 생각이다.

안도가 마침 일이 있어 온계에 올라갔기 때문에 답장을 받지 못했는데, 돈이의 하인을 내일과 모레 사이에 안기로 보내면서 그때 답장할 것이다. 전에 받은 단성 이 훈도의 편지에 답장을 써서 보내는 것이니, 예천에 가지고 가서 그 사람의 조카에게 전해주면 된다. 일이 바쁘겠지만 잊지 말거라. 만일 그 조카가 답장을 받으러 멀리에서 여기까지 온다면 미안하기 때문이다. 경주로 가는 답장도 써서 보냈으니 명심하여 부치도록 우 상사에게 전해 주면 좋겠다. 나머지는 이만 줄인다.

추신———우 상사에게는 별도의 편지를 보내지 않았다.

書 - 242

2월 3일

안기로 보낸다.

어제 보낸 편지는 아마 보았을 것이다. 감사가 병을 앓고 난 뒤에 추위를 무릅쓰고 행차하는데 안부는 어떠하냐? 지금 가까운 곳에 이르렀기에 편지를 써서 문안하려고 했더니, 감사께서 답장을 쓰는 것이 수고롭고 번거롭게 되는 것이 아닐까 우려되기도 한다. 또 네가 수행하고 있으니 굳이 편지를 올리지 않아도 연이어 동정을 들을 수 있으니 별도로 편지를 올리지는 않을 것이다. 그러니 이런 뜻을 전달하는 계제에 먼길에 잘 행차하신 것을 경하드린다는 뜻도 함께 전해드리면 좋겠다.

어제 보낸 경주와 단성에 보낼 편지는 명심하여 전하도록 해라.

김취려가 만사를 청한 일은, 민씨 집의 장례 때 만장이 없을 수는 없어서 만사를 적은 네 폭의 만장지를 이 하인에게 부쳐 보내려 한다. 그러나 눈비에 젖어 손상될까 봐 정작 보내지는 못했다. 민씨 집 묘의 조성꾼을 편지로 청한 관문*을 받아서 올렸느냐?

*관문關文: 상급 관청에서 하급 관청에 보내는 공문서.

書 - 243

2월 5일

　안기의 준에게 답한다.

　네 편지를 받고, 또 김이정이 보낸 편지에 네 소식을 알려 와서 잘 알게 되었다. 감사가 안동을 향했다니 매우 기쁘구나. 감사께서 보내주신 조보는 정세를 알 수 있어, 매우 감사하다는 뜻도 인편으로 올리면 좋겠다. 그 조보는 대부분 작년 여름과 가을 사이의 소식이니 굳이 돌려드리지 않아도 될 듯하고, 또 다 보지도 못해서 보내지 않는다.

　단성에서 보낸 유자는 받았다. 다만 답장에 감사하다는 뜻을 적지 못해서 별지에 대략 감사의 뜻을 적었다.

　편지 봉투에 넣어서 이 공에게 부치면 좋겠다. 만장 종이 네 폭도 부쳤으니 빨리 만들어 보내면 장례 때 쓸 수 있을 것이다. 또 안동에서 10일이나 20일경에 서울에 올라가는 사람이 있으면 그 사람에게 부쳐 보내려고 한다. 꼭 물어보고 오면 좋겠다. 민씨 댁* 묘 조성꾼들을 내준 일은 마땅히 감사하다는 인사는 해야 하고, 또 기회를 보아 내 뜻도 명심하여 인사하거라.

　또 이정이의 완악한 종놈 죄를 다스리는 일은 어떻게 했느냐? 소홀히 하지 마라.

　양사*가 계문*한 것이 오래도록 계류되어 결정되지 않으니 너무 미안한 일이다.

　추신———다시 생각해 보니, 도지촌*에 있는 이정이의 하인 중에 장례 치르는 일로 상경하는 자가 있고 하니, 만사를 그 하인에게 부쳐 보내는 것이

가장 쉬울 듯하구나. 역참의 노복에게 그 하인이 상경하는지를 꼭 물어보거라.

유자가 작은 상자에 담겨왔으니, '이는 필시 이가의 물건이므로 돌려보낸다.'라는 뜻으로 별지에 써서 편지를 보내거라.

*민씨대閔氏宅: 민시원閔蓍元을 말함.
*양사兩司: 사헌부와 사간원.
*계문啓聞: 신하가 임금에게 아뢴 일.
*도지촌刀只村: 현재 안동시 북후면 도촌리.

書 - 244

3월 12일

 안기로 답장을 부친다.

 붓실이 편에 보내준 편지를 받고, 모두 잘 지낸다는 것을 알았다.

 특히 사신의 행차가 너무 더딘 듯한데, 무엇 때문에 이렇게 되었는지는 잘 모르겠지만 매우 괴이하구나. 만약에 4월 20일이나 그믐경에 도착한다면, 너는 의령에 가는 것도 괜찮을 것이다.

 다만 저 왜구가 만일 바라던 바를 이루게 된다면, 하루아침에 갑자기 출발하게 될지는 모르겠다. 할 수 없이 일이 생기게 되는 난감한 일이 있지나 않을까 걱정도 된다. 다시 꼼꼼히 생각하여 진퇴를 결정해야 할 것이다. 만약 가게 된다면 15일이나 16일에 어기지 말고 출발하여 내달 초에 서둘러 돌아가는 일정이면 아주 좋을 것이다. 나머지는 명복이에게 일러두었다. 이만 줄인다.

 추신――종이첩 네 장은 표시해서 나누었고, 먹 다섯 자루도 보낸다.

書 - 245

3월 15일

　안기로 부친다.

　오천에서 부친 편지를 어제 받아 보고, 의령에 가기로 정했다는 것을 알았다. 연수도 오늘 당연히 갈 것이다. 가는 것이 비록 편치는 않지만, 의성에 도착하거든 김천의 탐후인을 만나서 말하는 것을 보고 그 형세가 괜찮다고 판단되면 갔다 와도 괜찮다. 다만 너무 바쁘게 오면 연로한 장모님께 걱정을 끼칠까 안타까울 뿐이다.

　나는 엊그제 산사에서 나왔다. 최덕수가 관직을 구하는 편지를 여종에게 들려 보내 왔는데, 형수가 계상으로 오라 하여 부득이하게 어제저녁에 들어왔다. 최생원은 오겸 대감이 다시 전형관으로 들어간 것을 알고, 같은 동네에서 대대로 친분을 쌓고 지낸 것을 믿고 망령지계*를 짜낸 것이다. 이처럼 귀찮은 일에 내가 부응할 수가 없다. 피차간에 언짢은 마음만 크게 남길 듯하여 지극히 불편하나 어찌한단 말이냐? 연수도 따라가니, 이만 줄인다.

　추신———완악한 종놈이 재작년에 소출했던 8, 9섬을 둔 곳이 하나도 없고, 작년에 소출한 것도 모두 환곡하지 않은 것은, 네게도 대단히 면목 없다고는 하였으나 죄를 다스리지 않을 수 없다. 곡식도 징수하지 않을 수 없다만 올해는 이미 시기가 늦었으니 징수를 해봐야 얼마나 할 수있겠느냐? 네가 그곳에 도착하면 쓸 곳도 분명히 많을 것이다. 내 갓도 다 망가져서 처음에는 곡식을 징수하여 바꾸려고 생각했는데, 이번에는 꼭 바꿀 필요는 없고 전에 있던 죽립*을 고쳐서 쓰면 될 듯하다. 고칠 죽립을 보내니 혹시 의령에 갓쟁이가 있거든 수리하여 가지고 오면 좋겠구나. 만약 갓쟁이가 없거든 가지고 갈 필요는 없다. 그대로 집에 두고 갔다가 훗날 가져오는 것이 나을 것이다.

*죽립竹笠: 패랭이 형태의 대로 만든 갓.

書 - 246

3월 15일

안기로 다시 보낸다.

아침에 역참의 노복 편에 편지 한 통을 부쳤다. 의령에 가는 것이 마땅한지 아닌지는 더 말하지 않겠다. 김천이 탐후하여 말한 바는 의심점이 있을 듯한데 중도에서 어찌 처리하였느냐? 이것은 다시 잘 살펴서 처리해야 할 것이다.

단성 댁의 신주는 제사가 비록 바쁘고 촉박하다 하더라도 지내지 않을 수 없는데, 일을 미리 준비하지 않아 뜻대로 되지 않을 듯하여 안타깝고 염려스럽다.

늘 맡기고 부리던 하인이 죽었을 때도 가보지 않았으니 유명을 달리한 사이에도 신세 진 것이 너무 많구나. 세심한 생각이 아니었는데 어찌하겠느냐? 허 생원댁에서 바꾼 것과는 별도로 보내주신 것은 이런 흉년을 당해서 감사하고 다행함이 이루 말할 수가 없구나. 정성을 다해서 전하거라.

오대원에게는 바빠서 별도로 편지를 못 했으니 이런 마음을 전하고, 잣도 조금 올려보냈으니 겸해서 전해드리거라. 말린 꿩 한 마리는 큰 집에 드리고, 고기포 한 개는 공미에게 전하거라. 또 공미의 자는 꼭 고쳐야 하니 물어서 알아 오거라.

이말에게는 군관 자리를 구하는 것이 형편상 어렵다는 뜻으로, 모두 최덕수의 일을 인용하여 깨우쳐 주었다. 그에게 공연히 원망하는 일이 없도록 해야 할 것이다. 나머지는 네가 상황에 따라서 잘 처리하되 굳이 많은 말을 할 필요는 없다.

대개 사람이 평소에 선과 악으로 나뉘는 것은, 모두 재산을 나눌 때 있다. 너도 알지 않으면 안 될 것이다.

추신———안도의 편지에, 권덕기가 집에 심을 홍매화를 구한다는 편지를 안기로 보냈다고 하는데, 전해져 구했는지 모르겠구나. 또 그곳에 생강이 떨어졌다고 하는데 남쪽에서 씨앗을 구해올 수 있느냐?
이번 단오 제사가 용손이 차례인데, 볍씨조차 없어 사채까지 구해보지만 얻지 못해서 답답하단다고 들었다. 네가 김중기에게 편지로 부탁하여 빚을 줄 만한 곳을 구해 보거라. 두세 섬이 아니면 부족할 것이다.
네가 빨리 돌아온다면 돌아온 뒤에 대책을 강구 해도 될 것이지만, 어쨌든 미리 말해두는 것이다.

書 - 247

3월 23일

준에게 안부 편지를 부친다.

어제 네가 팔거*에서 보낸 편지를 보고, 전에 앓던 한증이 평상으로 회복되었다는 것을 알았다. 매우 다행이다. 그러나 그 뒤로는 어찌 되었는지 궁금하구나.

의령의 안부는 또한 어떠하냐? 이것저것 걱정이 끝이 없구나. 이곳 집안들은 모두 여전히 편안하다. 사신의 출발이 만약 6일로 정해졌거든 그 전에 빨리 돌아와서 모든 일을 미리 조처하면 아주 좋겠다. 선문*을 보내지 않아도 전령이 통지할 것이니, 우편 관리가 수령만은 못하고 또 공적인 일로 밖에 나왔다고 하더라도 편치 못한 점이 있으니 모두 헤아려서 잘 처리하거라.

특히 은부가 상납하는 일로 올라갔다고 한다. 네가 그곳에 도착하면 따져 물을 것도 없이 빠진 일이 많을 것이니 한스럽구나. 공미와 대원에게는 바빠서 편지를 쓰지 못했다고 전해 주거라. 이만 줄인다.

추신──감사는 지금 어디에 있느냐? 왜선이 호남에 나타났다고 전해 들었는데, 감사는 가까운 시일에 상주로 올라올 수 없다고 하니, 이런 말들이 사실이냐?
박세현*은 잠시 왔다가 곧바로 영해로 돌아가는 바람에 사직소를 올려보낼 수 없었고, 감사 또한 가까운 시일 안에 오지 않을 것이니 참으로 걱정스럽구나.

*팔거八莒: 현재의 대구광역시 북구 노곡동 인근.
*선문先文: 관리가 지방에 출장할 때 도착하는 날짜를 그곳에 미리 통지하는 공문.
*박세현朴世賢(1531~1598): 퇴계의 문인, 형 이징李澄의 사위.

書 - 248

4월 6일

안기로 부치는 답장

　편지를 받고, 먼 여로에서 무사히 돌아왔다는 것을 알았다. 반갑고 마음이 놓이는구나. 의령의 제반 일들에 관해서도 잘 알았다. 연수가 가져다준 윤렴*이의 편지를 보니, 요즘은 장모님께서 조금 나아지기는 했지만, 음식은 전혀 드시지 못한다고 하니 반갑다가도 걱정이 되는구나. 함창에서는 출산 후에 아직 좋아지지 않았다고 하니 이 또한 걱정이다.
　의령에서 보낸 물건과 함창에서 온 화분도 잘 받았다. 네가 여기 오는 날이 얼마 남지 않았구나. 이만 줄인다.

추신———사직상소를 맡겨 보낼 인편이 없어서 요즘 매우 심란하였다. 변 교감*이 갈 때 부치려고 했는데, 마침 이연량*도 상경하면서 오늘 길을 나선다고 한다. 오늘 아침 상계에 들어가 모두 봉투에 담아 보냈으니 얼마나 다행이냐? 어사가 거치는 곳은 알고 있으나 사신의 행차가 더디니, 기한 내에 사직 요청이 윤허 될지 걱정이구나.

*윤렴允廉: 허사언許士彦의 후명. 퇴계의 작은 처남.
*교감校勘: 승문원承文院의 종4품 관직. 타관他官이 겸임하고 외교문서에 사용하는 문체인 이문吏文을 교육하고, 자문咨文 등 사대문서를 작성하는 관리.
*이연량李衍樑: 농암 이현보의 六子, 퇴계 문인, 어의를 지냄. 퇴계 문록에는 윤량閏樑으로 되어있음.

書 - 249

4월 14일

안기로 다시 답한다.

네 편지를 받고 모두 잘 있다는 것을 알았다. 관장하는 부서에서 행이*한 것이 오늘 우리 현에 도착했다, 다만 관리가 베껴 보낸 내용에는 빠지고 잘못된 글자가 많았다. 의심이 들어 등사해 보낸 원본을 보고서야 의구심이 금방 풀렸다. '예문'에 의거하지 않으면 나도 상당 부분 모르는 것이 많다. 그러므로 대부*에서 처리한 것을 기다렸다가 정하려고 했는데 도리어 와서 물어보니 어찌하겠느냐? 대략 별지에 답해 놓았으니 양관*께 품의 하고 충분히 헤아려서 처리하거라. 이는 큰일이니 잘 모르면서 가부를 결단해서는 안 된다.

베는 진작에 왔기에 우선 그대로 두었다만 여기서 부족한 것이 통째로 한 필은 아닌데 이렇게 보내주다니 미안할 뿐이다. 내게 판관이 보낸 것이 아니고 네가 보낸 것이니, 판관에게 감사 편지를 보내는 것은 안 될 것 같구나. 나머지는 바빠서 이만 줄인다.

*행이行移: 관청에서 문서를 보내어 어떤 사항을 조회하는 일.
*대부大府: 상급기관이나 상관.
*양관兩官: 전임, 현임의 두 상관.

書 - 250

4월 16일

다시 안기에

　편지를 받고서 모두 무탈한 것을 알았다. 여기에 제반 상복들은 진작 갖춰져 있으나 아직 백립*이 오지 않아 염려했더니 오늘 당도했구나. 내일은 일찍 성복할 것이다. 마대*에 관해서는 별지에 말했으니 부관에게 말씀드리는 것이 좋을 것이다. 또 너는 원역*이 있어서 가야 하니 꼭 와서 인사하고 가는 것이 마땅할 것이다.

　다만 근래에 생원 김명을 만났더니, 그가 역참을 지나면서 들으니, 그곳 종마다 모두들 하는 말이, '찰방은 비록 좋은 뜻은 있지만, 본가에 오래 가있기 때문에 역리들이 이때를 편승하여 간섭하고 횡포를 일삼으니, 그 괴로움을 견딜 수가 없다. 임금이 정사를 돌보지 않는 때와 다를 것이 없다.'라고 모두가 한 입에서 나온 것같이 말했다고 한다. 전에도 이런 말을 한두 번 들은 것이 아니다. 혹시 단속하여 다스렸는데도 그 폐단이 없어지지 않고 더욱 심하다면, 이전의 찰방들이 모두 역참에 근무하는 시간이 길었을 때는 오히려 폐단이 없었는데, 지금은 이와 같다고 하니 어째서 그러겠느냐? 지극히 편치 못하구나. 너는 하인들에게 지나치게 너그럽게만 대하고 어렴성 없이 대하니 그런 것이 아니겠느냐? 부디 유념하여 적발되면 매섭게 다스리고, 조금도 잘못을 눈감아 주지 마라.

　해당 부처의 관문을 보니, '삼년제도'는 마음속에 이처럼 의구심이 있었는데 과연 그러하구나. 날이 저물었다. 이만 줄인다.

*백립白笠: 흰 베로 싸개를 한 갓. 대상大祥 후 담제禫祭 때까지 상제喪制가 쓰거나, 국상 때 일반 백성이 썼음.

*마대麻帶: 삼줄로 꼬아만든 허리띠. 상복을 여밀 때 착용함.
*원역遠役: 국가의 임무를 띠고 먼 지방에 가는 것
*삼년제도三年制度: 조부모의 상이 끝나기 전에 아버지의 상을 당했을 경우, 손자가 아버지가 미처 다하지 못한 복을 마저 입어야 하는가에 대한 설에 대하여, 손자는 본래 그 아버지에 대해 참최복을 입어야 하니, "양세에 대해 모두 삼년상의 제도를 생략한다.〔兩世闕三年之制〕"라는 주장을 말한 듯함.

書 - 251

5월 11일

안기로 답한다.

어제 오가 댁 하인 편에 보낸 편지를 받았다. 네가 편히 지낸다는 것과 감사의 행차가 안동에 왔다는 것도 다 알았다.

너희가 중도에 돌아온 이유는 왜선이 형체를 드러내서이니 비록 대단한 것은 아니지만, 사행이 곧바로 내려갈 상황이라 어찌해야 할지 모르겠구나.

내 눈질환은 여러 날 약으로 치료했더니 이제 조금 나아졌다. 오가의 말값은 치르지도 않았는데 역참에다 오랫동안 두었으니 미안한 듯하구나, 헤아려 처리하거라.

書 - 252

5월 14일

　안기로 부친다.
　요즘 안부는 어떠하냐? 내 눈질환은 더하다 덜하다 한다만 대체로 나아지고 있으니 심한 지경까지는 안될 것이다.
　근자에 안동에 보냈던 관리가 먹을 것을 요구하였을 때 양관이 같이 서명한 문서를 자세히 살피지 못하여 판관에게 답을 하지 못했다니 한스럽구나.
　지금 부사에게 보내는 시에 답한 편지를 가지고 사람이 돌아갔다. 거기에 비로소 불민함을 사죄하는 내용을 적었고, 판관에게도 편지를 보냈다. 나머지는 이만 줄인다.

　추신———김성일을 만나 보았느냐? 그 집안의 송사는 어찌 되었느냐? 내 생각에는 그 재상과 화해하기를 권하고 싶으나, 사람들 소문에 의하면 그 문중 사람들이 매우 화났다고 하니 분명히 화해하려 하지 않을 것이다. 그 때문에 나도 화해를 권하지 못했다. 그러나 성일이가 태연할 수 없으니, 끝내는 아마 난처하게 될 것이다. 어찌하면 좋겠느냐? 만일 만나거든 시험 삼아 슬쩍 말해보는 것도 괜찮다.

書 - 253

5월 17일

안기로 준에게 보낸다.

어제 보낸 편지는 이미 보았을 것이다.

다름 아니라, 오늘 아침 수곡에서 일 때문에 동족들이 모였었는데, 갑자기 창원 조 함안* 댁 누님의 부고 소식을 들었다. 놀랍고 참담함이 어찌 끝이 있겠느냐? 다만 이 부음이 성 밖에 있는 집 종에게서 나왔으니 몇몇 사람을 거치면서 비록 정확하지는 않을지 모르나 어찌 거짓 소식이겠느냐? 빙 등이 그쪽에 사람을 보내어 조의를 표하려고 생각하고 있다. 너도 만약 그쪽으로 거쳐 간다면 가서 조문하도록 해라. 사람 일이란 알 수 없는 것이 이와 같으나 어찌 하겠느냐?

전에 온 조보는 보냈으니 이아*에 보내주면 좋겠다.

사상*께서 만약 위로차 물으면, 마땅히 답장에 '네가 동래에서 잠시 의령에 들렀다'는 내용으로 말씀드릴 생각이다.

나머지는 명복에게 말하였다.

*조함안曺咸安: 함안 군수를 지낸 조윤신曺允愼의 부친 조효연曺孝淵 때문에 붙여진 댁호宅號. 퇴계의 사촌 조카 조윤신을 말함.
*이아貳衙: 수령守令을 보좌하는 자문 기관, 수령 다음가는 관아.
*사상使相: 재상이나 관찰사급의 관직.

書 - 254

5월 18일

다시 안기로 답한다.

편지를 써서 부치려고 했더니, 명복이가 편지를 가지고 마침 도착했다. 사신의 도착이 임박했다는 것을 알았으니 네 행보도 어쩔 수 없이 바삐 가야만 할 듯하다.

다만 설사병을 앓고 있다고 알고 있는데, 나은 듯하다고는 하지만 먼 길을 바삐 가야 하니 몹시 염려되는구나. 어찌하면 좋겠느냐? 또 의령에서 온 편지를 보니, 장모님의 증세가 다시 발병했다고 하니 심히 우려된다.

감사께는 사람을 보내서 네가 의령에 가는 내용을 말씀드려야 마땅하나, 상황을 보고 살피는 것이 훨씬 좋을 것이다.

나머지는 앞에 보낸 편지에 다 적었으니 이만 줄인다. 더 나머지 할 말은 부디 조심하고 몸조리를 잘하기 바란다. 갈증이 난다고 해서 냉수와 얼음물을 마시지 말고, 지극히 조심하고 조심해서 잘 다녀오거라.

추신──오대원에게는 바빠서 답장을 쓰지 못했다. 전날 보내준 은혜로운 물품은 감사하다고 전해 주거라.

書 - 255

5월 22일

　아들 준에게 답한다.
　사신이 국경에 들어오지 못했다는 소식을 전해 듣고, 분명히 일이 생겼을 것이라고 생각했다. 내일 본역에 심부름꾼을 보내 물어보려고 하는 참에, 마침 네가 보낸 편지를 받고 무사하다는 것을 알고는 한시름 놓였다. 너는 매사에 서둘러서 기한을 맞출 생각은 하지 않고 항상 느리고 태만하여 말하기를 '어찌 기한 내에 할 수 있지 않겠느냐'고 이와같이 말하니, 이는 매우 불가한 일이다. 이번에 무사하다고 해서 스스로 자만심을 갖지 말고 특히 조심하여 처리하고, 일을 만들어 늙은 애비의 수치가 되지 않도록 해야 지당한 일이다. 대체로 나라의 사신을 대접하는 예의는 지극히 융숭해야 하니, 어찌 태만하고 소홀히 하여 불급한 일로 누가 되어서야 쓰겠느냐? 일의 체모에 깊이 관련하는 자리에 있기때문에 하는 말이다.
　네 설사증세는 떠날 때 생긴 것이고 더구나 더위에 가는 길이니 많이 걱정되었다. 이미 회복되었다니 너무나 기쁘구나.
　네가 의령에 가는 행보는 감사에게 진작 말씀드렸지만, 허락 여부는 아직 모르겠다. 또 의령의 칭념*하는 일은 매우 중요한데, 편지 한 통 안에 두세 가지를 한꺼번에 말하는 것이 미안해서 못했으니 아쉽구나. 나중에 고을 사람 중에 사행 가는 자가 있으면 그에 따라 칭념하려고 하나 지금은 확신할 수 없을 듯하다.
　진보의 일은 이미 알았다. 의령에 보낸 심부름꾼은 아직 오지 않았다. 마침 정 직재가 와서 그와 술 한잔해야 하니, 이만 줄인다.

추신———양산사람의 일도 형세를 보아 처리하거라. 지금은 인편이 없으니 어찌하겠느냐?

*칭념稱念: 어떤 사실을 입에 올려 말함으로써 잊지 말고 잘 생각하여 달라고 부탁하는 말로, 수령들이 고을로 부임할 때, 그곳 출신 고관高官들이 대접을 하며 자기 고향의 노비들을 잘 보호해 주기를 청탁하는 따위의 일.

書 - 256

5월 30일

안기 행차한 곳에 부친다.

하빈*에서 보낸 편지를 본 뒤로는 다시 편지를 받지 못했으니, 그 후에 네 몸은 어떤지 모르겠다. 호위하는 제반 일들이며, 그곳에 도착한 시기, 의령에서 떠난 일 등 모두 궁금하니 걱정이 끝이 없구나. 여기는 모두 별고없이 잘 지낸다. 내 눈병이 지금은 나았다. 이윤량이 가져간 편지는 보았느냐? 창원의 입안 문제와 여러 사람에게 보내는 편지도 함께 가지고 갔는데 전달받았는지 모르겠구나.

의령의 칭념과 옥이의 일은 감사에게 편지로 부탁했으나, 어떻게 시행할지는 모르겠다. 나머지는 앞의 여러 편지에 다 말하였으니 이만 줄인다.

*하빈河濱: 지금의 대구 달성군 하빈면.

書 - 257

6월 20일

안기에 있는 준에게 안부 편지를 부친다.
 전에 보낸 편지에, 11, 12일경에 길을 나선다고 했는데, 여러 날 소식이 없구나. 또 언문 편지에는 배 옆구리에 통증이 있다고 했으니, 혹시 이로 인해 병이 생긴 것이 아닌지 심히 우려하고 있었다. 이제 마침 아전이 가지고 온 소식을 보니, 매우 반갑고 기쁘다. 무더위 속에 가고 있는 여정이 무사한지 모르겠구나. 안동부사가 끝내 대간의 탄핵을 받아 떠났는데, 갑자기 떠나 버려 위로의 말도 하지 못했으니 안타깝지만 어찌하겠느냐? 네가 그곳에 돌아왔더라도 굳이 여기는 오지 않아도 된다. 오랫동안 임소를 비워두어서 분명히 처리할 일들이 있을 것이니 머물면서 점검한 뒤에 들어와도 늦지 않을 것이다.

書 - 258

6월 24일

안기의 행차지에 안부 편지를 부친다.

14일 출발에 앞서 보낸 글월을 본 뒤로, 기다린 지 오래 있다가 17일 출발했다는 사적인 연락을 받았고, 또 기다렸는데 지금까지 7, 8일간이나 보낸 소식이 없으니, 비록 비에 막혔다고 한들 어찌 이처럼 소식이 지체된단 말이냐? 전에 말한 배와 옆구리의 미세한 통증은 혹시 어떤 병이 있어서 그런 것이 아니냐? 괴이쩍고 우려되는 마음을 견딜 수가 없구나. 사람을 역참으로 보내어, '빨리 사람을 중로에 보내서 안부를 알아보고 속히 달려오게 하라'고 지시해서 보냈다. 만일 간 사람을 만나거든, 빨리 사실을 회보해 주어 염려하는 애비 마음을 풀어주면 너무 좋겠구나. 여기는 모두 무탈하다.

書 - 259

6월 25일

　안기로 답한다.
　떠나는 날 다시 안부를 물은 뒤로는 오래도록 소식이 오지 않으니, 한편으로는 성보의 일 때문인가 싶고 한편으로는 다른 걱정스런 일이 있는가 의아하구나. 어제 그런 생각이 들어 오늘 아침에는 심부름꾼을 역에 보내어, 네가 머물고 있을 만한 행차 중인 곳으로 사람을 시켜 알아보려 했더니, 편지를 다 쓰기도 전에 네 편지가 와서 반가운 마음이다. 의령에서 병이 나았다고 했던 뒤로 오히려 먹지를 못했다니 걱정이 든다. 다른 일은 모두 알았다.
　성과 김, 두 관리의 편지도 잘 받았는데, 답장은 나중에 할 생각이다. 어제 스님이 내려와서 '안도는 공부를 일삼아서 하지 않는다.'라고 말하는구나. 그 스님이 올 때는 동촌길을 통해서 선인 나루터를 건너보니 물이 얕아서 건널만하다고 했는데, 산으로 들어갈 때는 신석촌*길을 따라갔다고 한다. 만약에 사람을 보낼 일이 있거든 마을 입구의 나루터를 거치지 말고 그 위에 있는 나루터의 물이 얕은 곳을 따라 건너도록 틀림없이 지시해서 보내야 한다. 동구쪽 나루는 급류라서 두려운 곳인데, 모르는 사람들이 건널만하다고 여겨 함부로 들어가려 하기에 염려되어 말하는 것이다. 이정이네 하인이 어제 왔다가 답장을 받아 도지촌*으로 돌아갔다. 부사께서 부르거든 받아 간 답장을 드리거라. 나머지는 네가 올 날이 얼마 안 남았으니 이만 줄인다.

　추신———의망한 것도 보내고 편지도 보낸다.

*신석촌申石村: 지금의 안동시 풍산읍 노리. 납들마을이라고 함
*도지촌刀只村: 지금의 안동시 북후면 도촌리.

書 - 260

7월 22일

안기로 답장을 부친다.

편지가 도착한 데다가 조보도 받으니 마음이 편하다. 다만 왕대비께서 미령하여 거처를 옮기고, 성상의 체후도 미령하시니 심히 걱정되고 고심이 된다.

제사 지내는 일은 호숙*이 말도 그러하나, 형편이 여기에 이르렀으니 어찌하겠는가? 만나는 날에 다시 의논하여 처리할 것이다. 사또께는 나중에 답장을 써 보낼 것이다.

판관이 단독으로 근무할 때는 관아에 일이 더 많을 것인데, 어찌 출입하는 일을 마음먹은 대로 말할 수 있겠느냐? 오지 못하는 마음도 감감한 일일 테니 뵙고 고하는 것이 좋겠다. 송유경*에 관해서도 뒤따라 실어 보내려고 생각한다. 인편이 바쁘다고 해서 이만 줄인다.

추신———토실 앞 봉화*가 19일에 세상을 떠났다고 하니 놀랍고 애닯은 마음이 그지없다.

*호숙浩叔: 이한李漢(1499~?)의 字. 퇴계의 재종질.
*송유경宋遺慶: 퇴계의 조카사위, 문인.
*봉화奉化: 봉화현감 이문량李文樑(1498~1581)의 동생 이희량을 말함

書 - 261

7월 27일

아들 준에게 답한다.

명복이가 돌아오는 편에 가져온 편지를 받았다. 모자도 물에 젖지 않게 잘 가지고 와서 기분이 좋다. 여기도 모두 여전히 잘 지낸다. 다만 장마가 그치지 않으니 일을 할 수 없을 뿐만이 아니라, 곡식도 분명 영글지 못할 것이니 걱정이 된다.

졸곡*에 복을 바꾸어 입는 예법이 『예기』에는 없는 내용이니, 나도 어떻게 해야 할지는 모르겠다. 만일 짐작한 대로라면, 처음에 성복 할 때 이미 전패*에서 행했다면 지금 상복을 벗을 때에도 처음 행한 곳에서 같이하는 것이 마땅할 것이다. 그렇다면 이른 아침에 최복을 입고 입정하여 꿇어앉아 집사가 향을 올리면 엎드려 곡을 하고 절은 하지 않는다. 자리로 나가서 관복으로 갈아입고 입정하여 사배를 올리고 나온다. 이같이 해야 예법에 합당할 것이다. 만약 부 안에 있는 상청에 나아가면 상관이 하는 대로 따라 해도 괜찮다.

나는 큰물에 막혀 시딩으로 가시 못하고 동청에서 행할 것이다. 사가에서 하는 곡례*는 편치 못하니 단지 입정하여 엎드려 있다가 나올 것이고, 다른 것은 모두 위와 같이 할 생각이다

의령에 편지는 보냈다. 송공*에게 청하는 편지는 바빠서 아직 고쳐 보내지 못하였으니 뒤따라 써 보낼 것이다. 너도 알고 있거라. 나머지는 천근에게 준 편지에 있다.

의령에서 새로 소출되는 전답에서 금년에 타작하는 곳은 그 수확이 어느 정도인지 모르겠다. 석동이에게 어디 어디 타작하는 곳을 분명히 살

펴 아뢰라고 지시하였다. 대체로 지금 여기서 얻는 것이 적지 않을 텐데 내 궁색함이 이와 같다. 네가 자식 된 도리를 하는데, 독단적으로 했다면 의리상 미안한 일이지만 종들에 관해서는 단지 신공을 납부하는 한 명 외에는 내가 묻지 않는다. 타작은 매년 소출한 수량을 보고 수대로 나누어 가져다 쓰는 것이니, 대략 영천에서 하는 예를 따라서 해라. 네가 미리 알고 있어야 처리할 것이다. 구맥*과 면포는 좋을 것을 골라 바꾸어 보내라고 네가 패자*에다 자세하게 적어서 지시하는 것이 좋을 것이다.

졸곡과 제복하는 절차가 비록 『오례의』에는 없지만, 그 '외관 성복' 조항 아래에 '졸곡 후에 개복하는 것과 연상 담제에 개복하는 절차는 경관*과 같다. 또 가례 소상에 변복하는 절차는, 그날 날이 밝으면 일찍 일어나 주관하는 사람 이하는 각기 상복을 입고 들어가 곡을 하고 나오고, 차례에 따라 복을 바꾸어 입고 다시 들어간다.'라고 했으니 이로 미루어 본다면 당연히 그와 같을 것이다.

*졸곡卒哭: 삼우제가 지난 뒤 첫 강일剛日(정일丁日이나 해일亥日)에 지내는 제사.
*전패殿牌: 왕의 초상을 대신하여 '殿' 자를 새겨 지방 관청의 객사에 세운 목패.
*송공宋公: 송유경.
*구맥瞿麥: 패랭이꽃과 식물, 씨앗이 보리와 같다해서 구맥이라하며 약재로 씀.
*패자牌字: 아래 사람에게 일을 지시하는 임명장의 일종.
*경관京官: 서울에 있는 모든 관아의 벼슬을 통틀어 말함.

書 - 262

7월 27일

아들 준에게 부친다.

졸곡과 상복을 벗는 일은 예안 현감도 아전을 보내와 물으면서 『오례의』까지 보내 왔다. 의례를 고찰하여 다시 생각해 보니, 졸곡 후에 모든 관리가 오사모* 흑각대* 상복을 이날에 벗는 것이 아니다. 그러므로 모든 상에 관련된 일은 최복을 착용한다고 한다. 외관은 비록 최복을 착용한 곳이 없어도 만약 일이 있어 서울에 간다면, 혹여 소상*에는 외관*도 경관으로 여겨서 모든 상에는 최복을 입는 것이 의심할 바가 없다. 지금 어찌 상복을 벗는 절차가 되겠는가. 날이 밝은 뒤부터는 최복을 입은 채 오모관과 흑대를 두르는 것이 맞다.

오늘 낮에 알린 것은 예법을 크게 잃은 것이므로, 사람을 청하여 예안으로 달려가서 알렸으니 너도 급히 안동 부에 알려야 될 것이다.

추신———『예기』에 "외관은 모든 연제, 상제, 담제에 경관과 같다."라고 하였으니 그 당연함을 알겠다.

*오사모烏紗帽: 벼슬아치가 쓰던, 검은 깁으로 만든 모자
*흑각대黑角帶: 종삼품 아래의 관원이나 향리의 공복, 오품 아래의 조복과 제복, 상복에 두르는 검은 빛의 띠
*소상小祥: 사람이 죽은지 1년만에 지내는 제사.
*외관外官: 지방의 관리.

書 - 263

8월 3일.

아들 준에게 답한다.
 네 의흥 행차는 긴요한 것도 아니면서, 역참에 있어도 일하는 것이 없기 때문이어서인지 잠시도 역참에 머물러 있지 않으려는 것임을 안다. 이곳은 무사하다.
 이복원에게 전에 써서 보낸 글씨는 크기를 분명하게 기억하지 못하는데, 아마 너무 작아서 큰 빗돌에는 맞지 않으므로 전에 받아두었을 것이다. 지금 다시 열어보니 전에 썼던 것이 작지는 않아서 돌 모양과 크기가 크게 다르지 않으니 그대로 새겨도 무방할 것이다. 꼭 고쳐서 쓰려고 한다면, 그것은 그가 매사에 사치스럽고 큰 것을 숭상하는 병일 뿐이니 몹시 불편한 일이다. 다만 이미 여러 날 받아두었다가 그냥 돌려보낼 수는 없어서, 그가 고치기를 원하는 곳에만 수정하여 보낸다. 혹시라도 또 마음에 들지 않거든, 다른 곳에서 다시 구해 쓰는 것이 좋을 것이다.
 보내준 물고기, 꿩 등의 물건은 받았다. 역참의 객이 번다하여 매우 걱정되지만, 편의에 따라 대하여라. 싫어하고 괴로운 기색을 보이지 않는 것이 좋겠다.
 전날에 있었던 졸곡의 예법은 거의 실례에 가까운 것이었으니 미안하고 미안하다. 그러나 상복을 벗기 전에 그쳤으니 그나마 다행이다. 그날 곡림*의 예를 행하는 것은 부사가 처한 곳으로 나아가 하는 것이 마땅할 것이다.

추신───작암의 제사 때 형님도 가서 참례하려고 하신다.

*곡림哭臨: 곡하는 일.

書 - 264

8월 13일

행차하는 안기의 준에게 알린다.

작암 제사에 형님은 14일 감악에서 묵고, 15일에는 바로 수리동으로 가서 제사 지낸 후 이동하여 증조부의 묘에 제사를 지내고 재암*에서 음복할 계획이다.

너는 옹천에서 묵고 일찍 나아가 참례하는 것이 좋을 듯하다. 다만 이번 제사에 분별 있게 행하는 것은 우리 부자에게 달려 있으나, 내가 나아가기 어려운 형편이니 매우 안타깝구나. 네가 만약 제사에 임할 때 곧바로 제사 지낼 곳으로 가는 것은 더욱 편치 않을 것이니, 내 생각에 너는 14일 밤에 재사에 나아가 제물을 살펴서 진설하고 다음 날 일찍 나아가 행하면 좋겠다. 사람과 말은 역참으로 돌아가 묵었다가 닭이 울면 다시 들어오면 무슨 어려움이 있겠느냐? 만일 아주 어려운 것이 없다면 이대로 하는 것이 마땅할 것이다. 또 제수의 잡다한 용품과 술과 과일 등을 연이의 하인에게 가져가도록 하여 오늘 미리 재사로 보냈고, 포태*도 미리 보냈기 때문에 이같이 말하는 것이다. 나는 어제저녁 고산에서 집으로 내려왔다. 안기 사람이 제물을 받들고 낮에 왔는데 답장을 받지 못하고 돌려보냈다. 다만 온 물건이 제수용으로 쓰기에는 부족한 것이 아쉽기는 하지만 지금 작암에 보낸 것이 더욱 잘한 것이다.

축문 초본을 보낸 것은 네가 미리 알고 있어야 하기 때문이다. 나머지는 형님이 가시니 이만 줄인다.

추신———완 조카가 제육을 받아서 오래 지연할 수 없다. 그러므로 16

일 제사를 지낸다. 형님께서 15일에 돌아오려고 하였으니, 일찍 제사를 지내려고 한다.

*재암齋菴: 제사를 지내기 위해 지은 집.
*포태泡太: 두부를 만드는 데 쓰는 콩.

書 - 265

8월 14일

준에게 다시 알린다.

다른 일은 어제 편지에서 다 말했다. 다만 연이가 가져간 제물이 조금 미흡하게 준비되고, 생각해 보니 음복할 때 나물도 준비되지 않아서 일이 매끄럽지 못할까 염려된다. 축문을 써서 보내니 잘 살펴서 하거라. 그 지방 36매에 쓸 필묵과 신위 양식과 향 등이니, 여러 사람 앞에서 펴놓고 아뢴 뒤에 조심해서 밀봉하거라. 일을 아는 승려에게 주어 잘 보관하였다가 쓰는 일에 대비하라고 지시하면 좋을 것이다. 그 외보*는 연이에게 가져오게 해도 된다.

*외보外袱: 물건을 싸는 겉 보자기.

書 - 266

9월 5일

　안기의 준에게 보내는 답장

　어제 계근이가 돌아오는 편에 가지고 온 편지를 보니, 특히 석동이가 온 일에, 네가 연루된 것이 가볍지 않으니 어찌하면 좋겠느냐? 이미 지나간 일이라도 어찌 때가 없겠느냐? 더구나 네가 마침 다시 의령에 다녀온 뒤에 이런 일이 있게 되었으니, 비단 저들만 네가 공모했다고 여기지 않고 다른 이들도 분명히 의심하고 있을 것이다. 마침 또 네가 역참에 있는 날 불미스러운 송사를 올리러 왔다니, 너는 무슨 면목으로 부의 관원들을 보겠으며 아래 사람들을 볼 수 있겠느냐? 석동이가 가서 김진*을 만나보니 그가 뭐라고 말했다더냐?

　절대로 어사에게 나타내지 말도록 금하여라. 다만 의령에서 대노할 것이 분명하니 걱정이다. 내버려 두려고 하면, 나쁜 소문만 파다하게 퍼져서 우리 부자가 연좌의 누명을 쓰게 되니, 이는 작은 일이 아니다. 어떤 대책을 세울 수 없으니 어찌해야 한단 말이냐? 석동이가 돌아올 때 혹시 올 수 있다면 괜찮겠다. 지금은 나를 만나러 오지 말도록 지시할 테니, 너도 부디 부에 들어가지 말거라. 또 어사가 당분간은 이곳에 오지 않을 것이니 우선은 차라리 집에 피해있는 것이 어떠냐? 왕래가 너무 빈번하니 따르는 사람도 단출하게 하고 편의에 따라서나 오가야 하지 않겠느냐? 잘 생각해서 처리하거라. 마음이 매우 심란하여 대충 쓴다.

　추신———김진은 분명히 잘 처리했을 텐데 정관*을 하기에 이르렀다면 가리거나 피하기 어려울 것이다. 내가 미리 우경선*에게 알리면서, '이 일은 다름이 아니라 여종 은이의 일 때문이니, 부녀자의 성정에 크게 미워하고 화가 나서 여기에 이르렀다. 그만두게 하려고 해도 방법이 없으니, 오직 김공에게 간절히 고하여 종 은이를 출송*하면 무사히 일을 처리할 수 있을 것이다. 김공이 만일 그 여종을 출송하지 않는다면, 상황을 강제로 그치게 하기가 어려워 부끄럽게 될 뿐이다.'라고 말해 뒀다. 너도 이러한 내용을 알고 있는 게 좋을 듯하구나.

*김진金震: 퇴계의 손아래 동서, 忠義衛를 지냄.
*정관呈官: 관청에 소장訴狀을 냄.
*우경선: 우성전禹性傳(1542~1593)의 字. 퇴계 문인으로 서울에 살았다.
*출송出送: 밖으로 내 쫓음.

書 - 267

9월 9일

안기의 준에게 답한다.

인편으로 보낸 편지를 받고, 그곳 소식은 모두 잘 알았다. 김공이 이처럼 처리해도 그쪽에서는 부끄러울 일이 없을 것이다. 이 일은 전에 내가 세심하지 않게 생각했던 것이고 지금에서야 생각해 보니, 나는 전민 가운데 지금 추문*한 기록에 실려있는 전민이 있다면, 그 불미스럽게 된 것이 추문하여 기록한 날에 있지 않고, 문서를 만든 때에 있는 것이다. 이와 같다면 너는 그 일을 함께 도모한 것이 아니지 않는가? 내 이름이 문서에 있는 것은 내가 입을 닫고 모른다고 해도 되지 않겠는가?

이것이 도움은 되겠지만, 불쾌하고 하늘을 보기가 부끄러우니 어찌할꼬? 게다가 모두 다 힐난하는 것으로도 한스럽지 않겠느냐?

석동이가 내일 들어오는 것으로 알고 있고, 안도는 아주 좋아지고 있다. 이만 줄인다.

*추문推問: 어떤 사실을 자세히 캐어 꾸짖어 물음.
*문기文記: 땅이나 집 따위의 소유권이나 어떤 권리를 증명하는 문서.

書 - 268

9월 12일

답장

　석동이가 오면서 가지고 온 편지를 보고 잘 알았다. 시사*를 쓴 글은 대부분 덕에 누가 되니 부끄럽고 후회될 일이 많다. 어제 고숙명*을 만났는데 '9일의 일'을 알고 미안해할 듯도 하여, 오히려 병을 핑계로 못 간다고 할 수가 없었다. 이는 드러내고 할 수 있는 말이 아니니, 어쩔 수 없이 네가 모른다고 할 수 없었기 때문이다. 들어오는 것은 네 마음대로 해도 무방하다. 다만 어사의 행차가 더딜지 빠를지는 예측할 수 없으니 걱정될 뿐이다. 안도에게 보내는 편지는 숙명이 가는 길에 부친다는 것을 깜빡해서 지금 이 사람 편에 부친다. 만약 안도가 이미 떠났다면 뒤따라 인편으로 보내마. 이만 줄인다.

*시사時事: 그 당대 사회에서 일어난 일
*고숙명高叔明: 고응척高應陟(1531~1605)의 字. 호는 두곡杜谷, 취병翠屛.

書 - 269

10월 7일

준에게 답한다.

편지를 받고, 문경으로 방향을 바꾸었다는 것을 알았다. 당연하다고 생각했는데, 마침 아이들을 가다가 서로 만나기까지 했다니 참으로 다행이었구나.

너는 평소에 기가 허하여 쉽게 감기에 걸리니, 이제 막 추워지는 때에 뱃길로 가는 것은 부디 삼가고 몸을 잘 보호하는 것이 좋을 것이다. 갖옷은 보내라고 했고, 옷감*도 골라서 보내도록 네 어머니께 일렀다. 약도 마땅히 보내야 하는데 잊고서 아직 일러두지 못했으나 나중에 또 가는 사람이 분명히 있을 것이니 그때 보내겠다.

의령을 둘러보는 것이 좋을 것 같다. 다만 신임 감사가 처음 부임했을 때에 영명*도 하지 않고 허락도 받지 않았으니 돌아서 다른 길로 가는 것은 몹시 편치 않다. 아주 부득이 한 일이 아니라면 가지 않아도 괜찮다. 혹시 상황을 살펴보고 갈 수 있어서 가게 된다면 하루 이틀만 머물렀다가 즉시 돌아와야 할 것이다.

가지 않은 것이 더 좋겠지만, 절실하게 잘 살펴서 처리하는 것이 지극히 당연하다. 개똥이의 일은 이미 결정되었으니 동요는 없을 듯하지만, 철금이는 기꺼이 머무르려고 하지 않을 테니 데려와서 사환을 시켜도 무방할 것이다. 다만 내가 타고 다닐 말이 없어서 데려오기가 어려우니 어찌해야 하겠느냐? 이 여종은 너희 부자가 당초에 내가 시키는 대로 듣지 않고 하려고 해서 □□아니다.

지금 결정한 것이 뜻밖에 나온 것이라고 할 수는 없다. 의롭게 얻은 것이 아니라 처리하기도 어렵지만 한 가지 방법이 있다. 안도는 생원이 되어 별급*할 것이 마침 마땅한 것이 없고, 지급된 여종도 보잘것없어 나중에 후회할 수도 있었다. 지금 이 여종을 되돌려 주려고 하는데 네 의중은 어떠하냐? 네 생각도 마찬가지라면, 안도에게 데려가게 하는 것이 편한 상황이 아니겠느냐? 문서는 나중에 고쳐 줘도 늦지 않고, 여러 손자들이 적지 않아 별급을 더해 줄 수도 없기에 환급하고자 하는 것이다.

*옷감[衫次]: 차次는 이두로 ~감, 재료이다.
*영명迎命: 외관外官이 임지任地에서 어명御命을 맞이하는 일.
*별급別給: 정해진 상속분相續分 외에 재산을 더 주던 관행 慣行. 대체로 별급의 사유는 과거 급제及第, 혼인婚姻, 득남得男, 은의恩義에 대한 보답, 질병疾病의 치료 등이었다.

書 - 270

10월 16일

준에게 부친다,

네가 떠난 후에 비가 이틀이나 계속해서 오니 두 여정이 어떤지 궁금하던 차에, 덕만이가 마침 초곡에 돌아와 있다고 한다. 그러나 은금이가 먼저 와서 전한 말은 자세하지 않고 다만, '너는 문경에 머물고 있고, 함창에 간 사람들은 13일에 충주 금천에 도착할 수 있다.'고 하니 그것이 믿을 만한 것이냐?

그 뒤로, 사신 행차는 령을 넘어 행보가 지금 어디쯤 이르렀는지 모두 알 수가 없구나. 추운 날씨를 만났는데 부자가 남북으로 모두 먼 길을 가고 있으니 걱정이 끝이 없다. 여기는 다 무탈하다. 가을걷이가 겨울에 접어들었는데도 아직 끝나지 않아서 지금 시끄럽기만 하다.

의령 행차는 끝내 어찌 되었느냐? 감사가 다시 바뀌어, 아직 관내 경계 지점에 오지 않았다면, 가급적 임무를 마치고 갈 때는 잠시 알현하는 것도 가능할 듯하다. 다만 전에 잘못 만들어져 불편했던 문서는, 바빴다는 핑계를 대며 '아직 고쳐놓지 못했다'고 하면 비록 가본들 무슨 소용이 있겠느냐? 내 이름이 그 안에 있는데, 고치지 못한 것을 생각할 때마다 마치 가시덤불을 지고 있는 듯하다. 반드시 형편을 잘 살펴 처리하여 다시 후회하는 일이 없게 해야 할 것이다.

또 개똥이의 일은 어떻게 안도에게 말했느냐? 전에 편지에 말했건만 네 답장이 없으니 어찌 말했는지 궁금하구나.

약 한 봉지를 보낸다. 부디 조심하고 몸조리 잘하거라. 또 도착하는 곳마다 매사에 특히 조심하고, 다른 사람에게 지적을 당하거나 웃음거리가 되지 않기를 바라고 바란다.

書 - 271

10월 25일

준에게 보내는 답장.

최근에 화원*에서 온 편지를 받아 보니, 무사히 내려갔다는 소식이어서 기쁘다. 집안 식구도 모두 무탈하게 잘 있다. 뱃길로 떠난 뒤로는 안도의 소식을 아직 듣지 못해 걱정하고 있다. 의령에 들어가 뵙는 일은 이같이 해도 무방할 것이다. 다만 이처럼 동래에서 곧바로 돌아온다면 제사 때까지는 도착할 수 있을 텐데, 편지에 '아마 도착하지 못할 것 같다'고 말한 이유는 무엇이냐? 그렇지 않으면 돌아올 때, 또 그곳을 거쳐서 오려고 하는 것이냐? 만일 돌아올 때 그곳에 들러야 한다면, 새삼 되돌아가서 들어가 뵈어야 하는데 하필 그래야 하겠느냐?

여종 개똥이는 원래 밖에서 온 것을 주는 것이지만 본디 몫이 있을 것이다. 그러나 이렇게 환급이 불가하다면 어떤 명분으로 준단 말이냐? 만약 명분이 없어서 결국 줄 수 없다면 어떻게 데려가게 하겠느냐? 데려가지 못하면 그대로 두어야 하는데 철금이 처와 불화하여 분명히 도망가서 숨으면 못 찾게 될 것이기에 전날 그렇게 말한 것이다.

약 한 봉지는 전에 편지에 같이 보낼 것이라 말했는데 부치는 것을 깜빡해서 지금 보낸다. 이만 줄인다.

*화원花園: 성주의 속현, 화원현花園縣.

書 - 272

11월 14일

답장을 부친다.

떠나고 난 뒤로 안부 편지가 없는 것은 어째서이냐? 이제 의흥에 도착하여 무사하다고 하니 마음이 놓인다. 여기는 여전히 무탈하다만, 절기가 이상해서 그런지 여기저기에서 사람들이 모두 질환이 있구나. 나도 8, 9일경부터 4, 5일간을 편치 않다가 겨우 조금 나아졌다. 부사가 12일 찾아와 인사하는데 피할 수가 없어서 애써 일어나 대접했는데, 그날이 마침 제삿날이기도 해서 편치 않은 점이 많았다. 그러나 지금 나는 이미 평상과 같이 회복했고, 어린아이와 하인들도 번갈아 병석에 있다가 지금은 일어났다. 모든 사행 일정은 잘 알았다. 나머지는 이만 줄인다.

추신———이정이의 하인이 어제 왔기에 도지촌에서 만났더니, 이정이는 무사하고 안도의 편지를 가지고 있다는데 아직 출발하지 않았다고 하니 염려된다.

書 - 273

12월 11일

안기에 답한다.

편지를 받고, 이미 정회에게 말했다는 것을 알았다. 이곳은 다 무탈하다.

다름이 아니라, 오늘 조보가 안동부에서 오고, 우리 현에서 우 상사가 보냈는데, 거기에는, '김난상이 중도에 이배* 되었는데 충주로 이제 막 정해졌다. 그 현감은 상피*되어 단양으로 이배 되었고, 노수신은 괴산으로 옮겼으며, 유우춘은 은진으로, 한주는 장단*으로 이진은 광주로 각기 유배되었다.'고 한다. 또, '이원록은 풀려났고 이감, 황박은 직첩이 환수되었다.'고 한다. 대패*가 이와 같은데 우리 문중의 일은 그 속에 포함하고 있지 않으니 통탄할 일이다. 두 곳에 가서 전사*올리는 것은 매우 온당하다. 나머지는 이만 줄인다.

추신———다시 곰곰이 생각하니, 내가 내년 봄에 영남으로 내려가려는 생각은, 단지 늙고 병든 것을 염려한 것만 아니고, 오히려 불편한 마음이 있어 결정하지 않으려고 했다.
다름이 아니라, 의령 농지의 연분*이 중등급 이하로 매겨졌다. 정부의 의론을 정하려고 입계*하여 세금을 무겁게 매겼으니 더욱 우려된다. 상납미의 기본은 그 타작한 곡식을 지급하는 조치이니, 역참 사람이 돌아가거든 이말에게 통유*하면 좋을 것이다.

재 추신———전에 민응기의 편지에, 그 사람 부친의 병이 위중하다고 했는데, 어제저녁 시장에서 돌아온 하인들이, 장마당에 온 서원 남쪽 마을 사람이 전하더라면서 '민 생원의 부고가 있다.'고 했다. 오늘 원남*에 사람을 보내어 사실 여부를 자세히 알아보니, 헛된 전갈이 아니었던 듯하다. 사람 일을 알 수 없기가 이와 같으니, 통탄하고 애달픈 마음이 어찌 끝이 있겠느냐?

*이배移配: 귀양살이 하는 곳을 다른 데로 옮김.
*상피相避: 친족이나 같은 관계자의 경우 벼슬살이, 청송, 시관 따위를 피하는 것.
*장단長湍: 현재 경기도 장단군.
*대패大霈: 죄인들을 크게 용서함.
*전사奠事: 시제, 시향
*연분年分: 연분 구등법九等法에 의하여 조세를 거두어들이던 지세 제도. 토지를 그 비척(肥瘠)에 따라 상상전(上上田)에서 하하전(下下田)까지 아홉 등급으로 나누어 거둬들였음.
*입계入啓: 임금에게 글을 올리는 일.
*통유通諭: 행정기관의 말단인 면장(面長 : 執綱)이 이장(里長 : 尊位·尊統)에게 지시·명령할 때 쓰던 문서.
*원남院南: 서원의 남쪽, 영주 백운동 서원을 말함.

書 - 274

12월 18일

답을 보낸다.

명복이가 오는 편에 가져온 네 편지를 보고, 안부를 알았다. 민무경의 죽음은 슬프고 참혹함을 견딜 수가 없구나. 어제 박용 등의 편지를 받아 보니, 이달 27일에 영결식을 하기로 정했다고 한다. 만장 한 폭을 보내왔는데 종이 폭이 너무 좁아 쓸 수가 없어서 두 폭에 베껴 보내려고 한다. 판관에게 청하여 만들어 보내주면 좋겠다. 그의 장례를 빨리 치르려는 이유를 물었더니, '다른 장소에서 초상을 두 번 치르려니 모든 일이 매우 어렵고, 또 먼저 치른 장례와 같은 선영이기 때문에 빨리 장례를 치르고자 한다.'라고 하니, 더욱 슬프고 마음 아프다. 만장 폭은 빨리 만들어 보내 달라는 부탁을 덕원*에게 이미 편지로 써 보냈다.

특히, 오천의 돈서네 집 근처에서 홍역이 생겼다고 들었다. 네 처도 오래 머무를 수 없는 상황이다. 또 너는 위요*하러 금탄에 가는 것이니 오천으로 오지 말고 연원으로 나가 기다렸다 출발해야 한다. 그것이 한편으로는 편한 일이고, 한편으로는 역병을 피할 수 있기 때문이다. 하인 용손이는 살아나기 힘들 듯하다고 한다. 가엾고 슬퍼 어찌할 바를 모르겠구나. 하인 중손이를 보내니, 자세한 것은 중손에게서 듣거라. 이만 줄인다.

*덕원德原: 덕원부사로 있던 권소權紹, 준의 사돈이자 안도의 장인.
*위요圍繞: 혼인 때 가족 중에서 신랑이나 신부를 데리고 가는 사람.

書 - 275

12월 20일

　준에게 답한다.
　편지와 같이 만장 천을 받았다. 가급적이면 서원마을 사람이 돌아가는 편에 만들어 보내면 좋겠구나. 또 하인 용손이 병은 의원의 말처럼 소생할 방법이 있을 듯도 하여 큰 희망을 갖게된다. 다만 '복부에 혹 덩이가 있다.'고 하니 아마 끝까지 없애는 것은 어려울 듯하다. 조문하고, 혼사에 위요를 갔던 일은 잘 알았다.
　다름 아니라, 완 조카가 27일 초례를 치르고 28일 고산에 묘제를 지내면 일이 많고 지장이 있기에, 제사 날짜를 바꾸어 25일에 고산에서 제사 지내고, 26일은 수곡에서 지내기로 했다.
　또 순흥 장례 날에는 우리 일가 중에는 가볼 사람이 없어 크게 미안하다. 그래서 적에게 일찌감치 26일 말암에서 제사 지내고, 그대로 가서 장례를 돕게 할 생각이다. 다만 해가 짧아 시간에 맞추지 못할 수 있으니, 만약 초곡으로 돌아가는 사람이 있으면 일찍 제사 지내도록 통지하여 알려주는 것이 좋겠다. 나머지는 이만 줄인다.

추신———판관을 만나게 되거든 만장을 해 주신 은혜에 감사하다는 말씀을 드리거라. 어제 류운룡의 편지를 보니,『근사록』과『혹문』등의 책을 받았다는 말이 없는 것을 보면, 잊고 전하지 않은 것 아니냐?

병인년
(1566년, 66세)

書 - 276

1월 23일

　안기로 답한다.
　나는 다른 질환은 없고 단지 원기가 허약해지는 것을 느끼는데, 요즘 들어 더 심해지는구나. 길을 나서는 것에 염려가 많다. 애초에 출발하는 날을 알리지 않으려 했는데, 역로*에 통지하지 않을 수 없어서 21일 현으로 들어가는 사람을 통해서 현의 아전과 말 타는 관리를 불렀다. 23일 와서 청령*한 아전이 가는 날을 묻기에 사정상 끝까지 피할 수가 없어서 사실대로 말했을 뿐이다.
　또 처음에는 다만 개인적으로 통지를 보내려고 했는데, 다시 생각해 보니 실례인 듯해서 곧바로 선문*을 보냈다, 절기가 지난 후에 몸조리하고 천천히 가야 하니 기간을 정하기 어렵다는 뜻으로 말했다.
　이번 출행에 새 옷을 만들지 않았고, 옷을 수선하는 것도 이미 끝나서 전에 말했던 무명이 지금은 쓸 곳이 없다. 그러므로 받는 것이 미안하니 잘 사양하여 돌려보내는 것이 좋겠다.
　안갑*은 출타할 때 필요한 물품이고 내가 없는 것이니 받아도 무방할 듯하다. 관리들이 전별*해주려는 생각이 있거든 적극적으로 못하게 하고, 그래도 듣지 않으면 □서울에 올라가기가 몹시 어렵다는 뜻을 슬쩍 말하는 것도 무방할 것이다. 이곳 마을에서도 전별하려는 뜻을 은근히 말하기에, 하지 말라고 요청하였다. 나머지는 이만 줄인다.

　추신―――벼루가 도착했다.

*역로驛路: 벼슬아치가 역마를 갈아타고 숙박을 하는 곳으로 통하던 길.
*청령聽令: 윗사람의 명령을 주의깊게 들음.
*선문先文: 벼슬아치가 출장할 때 그 도착하는 날짜를 그곳에 미리 통지하는 공문
*안갑鞍匣: 안장 위를 덮는 헝겊.
*전별餞別: 떠나는 사람에게 잔치를 베풀어 작별함.

書 - 277

2월 8일

　안기로 답한다.

　어제 도착한 네 편지와 이중임이 보낸 편지를 보고 잘 지낸다는 것을 알았다. 나는 6일 이른 새벽부터 천식과 기침이 갑자기 생겨 종일토록 멈추지 않았다. 오른쪽 옆구리가 당기고 아프면서 그날 밤에는 입과 혀가 전처럼 말랐다. 간간이 기침하는 증세는 대체로 7일까지 여전했다. 기가 매우 약해져 찾아오는 손님도 모두 만날 수 없었는데, 지난밤이 되어서야 기침이 멈추고 옆구리 통증도 그쳤다. 다만 입이 마르는 것이 전과 같으나 오늘 아침부터는 기운이 조금씩 깨어나는구나.

　어제 서울에서 사람이 올 만한데 오지 않았으니, 무슨 까닭인지 몰라 걱정된다. 오늘 오면 비록 늦었더라도 영천에 내려갈 참이고, 만약 이 고을로 오지 않으면 내일 밀양으로 내려가 영명*할 것이다. 오래 머물기에는 번거롭고 몹시 불편하나 금명간은 영천 근처 객관에서 묵다가, 초곡 집을 고쳐 청소하고 거기서 머물며 명을 기다릴 계획이지만, 시기는 아직 정하지는 못했다. 중임이 여기로 오는 것은 폐가 되니 읍내에 머물게 되면 들를 수 있을 것이다.

　안도의 편지를 보고 마음이 놓인다.

　특히, 어제 이조의 관리 2명이 체직이냐 아니냐를 가지고 이곳을 지났다고 한다. 조사경이 공릉참봉 된 것은 비록 기쁜 일이지만, 늙은 부모가 있고 말과 딸린 종도 없으니 출사하기가 분명히 어려울 것이다. 아마 도움도 안 되고 폐단만 있을 것이다. 이조의 관리도 가지 말라고 나무라면서, 가더라도 득이 없을 것이라고 했으나 그 사람이 듣지 않고 갔으니 한편 우습고 한편 밉구나.

*영명迎命: 외관外官이 임지任地에서 어명御命을 맞이하는 일.

書 - 278

2월 10일

　안기로 답한다.
　지금 도착한 편지를 보고 모두 잘 알았다. 지난밤에 적어서 보낸 짧은 편지는 보았느냐? 지금 장계를 가진 사람이 먼저 왔기에 퇴직을 윤허하는 명이려니 생각했는데, 박 승지의 편지를 보니, 한결같이 우대하는 유지라고 한다. 물러날 수 없는 상황이 되었으니 망극하여 어찌할 바를 모르겠구나. 어쩔 수 없이 조령으로 길을 고쳐잡고 사적인 통지를 낸 뒤에 곧 예천에 가서 머무르면서 거듭 사장을 올려 다른 명목으로 시도할 생각이다.
　죽령을 거치면 머물만한 곳이 없으니 네가 빨리 와야 하니, 지정*을 감독하지 않을 수도 없어 일의 상황을 봐야겠지만, 저녁까지 올라오면 좋겠다. 마음은 내일 출발하여 감천에서 묵고 싶다만 지금까지 유지를 받지 못했으니 계획도 정할 수가 없다. 이러한 뜻을 예안에 통지해서 알리는 것이 좋겠으나 정해진 계획이 없기에 우선 머무는 것이다. 의원이 지금 도착한다고 해서 바쁘게 쓴다.

추신───두 가지 약이 모두 왔다.

*지정地正: 산소 등의 땅을 다지는 것.

書 - 279

2월 19일

안기로 답한다.

편지를 받고, 편히 잘 지낸다는 것을 알았다. 다만 역참의 노복한테 그저께 문경으로 편지를 전하게 했는데, 어제 여기로 당연히 돌아왔어야 했거늘 답장을 받아 가서 지금까지 오지 않으니 무슨 까닭인지 모르겠다. 지금 돌아온 현의 아전을 만나서 이 편지를 부친다. 내 여러 병세는 왔다 갔다 일정치는 않으나, 심하게 발병할 것 같지는 않다.

다름 아니라, 영천에서 돌아올 때, 내 갓 사는 대금으로 무명 2필 가지고 가서 교 조카한테 갓쟁이에게 지급하게 전하고 갓을 받아 집으로 보내다오. 그 옻칠 입히는 것은 영천에 말해서 하더라고 괜찮다.

일을 주간하는 종이 늙고 못하니 없는 것이나 다름없구나. 보리 파종하고 지붕 잇는 일들은 어찌했느냐? 엉에게 별도로 검사하고 감독하게 하는 것이 좋을 것이다.

추신———향소*에서 일하는 일꾼들이 만약 지금 그렇게 한다면, 소홀히 하지 말고 하나하나 사람을 내세워 일을 시키도록 해라.

*향소鄕所: 지방 군, 현의 수령을 보좌하던 자문 기관.

書 - 280

2월 20일

  안기로 다시 답한다.
  문경에 갔던 사람이 편지를 가지고 왔기에, 답장을 써서 예안현으로 돌아가는 아전 편에 부쳤다. 어제 또 편지를 보고, 말약*이 가지 않고 곧바로 안기로 돌아간 것을 알았다. 서울에 올라갔던 사람이 23일 오지 않았다면 24일에 정확히 올 것이니, 오는 날 이르게 도착하면 고평*을 들려서 찾아뵙고 풍산에서 묵을 것이고, 늦으면 고평에서 묵고 다음 날 풍산에 와서 머무를 것이다.
  전에 말한 대로 부사와 판관이 모두 풍기 현에서 나오지 않았다면, 내가 부에 들어가서 하룻밤을 묵고 떠날 것이다. 만약 한 명의 관원이라도 나온다면 나는 부에 들어가지 않으려 하니 이 뜻을 너는 꼭 두 관리에게 분명히 말하여 나오지 않도록 하는 것이 좋을 것이다. 연원*을 경유하는 길은 좋지 않은 데다 묵을 곳도 없다는 것을 말해주면 좋겠다. 하늘의 뜻이 어떠할지 알지 못하니 염려될 뿐이다.
  하인 용손의 병이 다시 도졌다 하니, 제사 지내는 일은 어떻게 조처해야 할지 모르겠구나. 어찌할꼬? 나머지는 모두 앞 편지에 적은 것이다.

*말약末若: 무관직의 중견 관리
*고평高坪: 예천군 고평리.
*연원燕院: 안동시 북후면 오산리 제비원.

書 - 281

3월 3일

준에게 답한다.

보내준 편지와 조보를 보고, 모두 편히 지내는 것을 알았다. 그중에 의관이 이같이 입계*한 것은 참으로 기쁜 일이다. 다만 그 외의 예문관 대제학 등의 경우는 크게 걱정할만한 본분이니 내가 감이 나아갈 자리겠느냐? 또 이로 인하여 사직을 윤허 받지 못할 것을 알겠지만 어찌하겠느냐?

봉함 편지 등은 모두 받았다. 네 며느리 초례를 치르는 일은 상대 쪽에서 원하는 대로 따르되, 걱정되는 것은 마을에 불안한 기운이 있으니 만약 미심쩍은 점이 있거든 잘 요량해서 처리하는 것이 좋을 것이다.

관에서 보내온 쌀을 거절하는 처사는 너무 지나친 것 같아서 우선 받아 놓았다. 이만 줄인다.

추신———집에 보낼 편지에, 풍산 제사에 관해서 한 말은, 바로 보내야 받을 수 있다.

*입계入啓: 임금께 상주해 올리는 보고서.

書 - 282

3월 12일

안기로 답한다.

여회*의 부고는 내가 초사흗날 처음 들었다. 다만 여러 곳에 제삿날이 다가와서 제사를 폐하게 될까 봐 염려되어 부윤이 가는 길에 문중에 부고는 하지 않았다. 사람을 시켜 빙에게 편지를 보내, 제사를 지내고 난 뒤에야 부고를 듣게 된 이유를 알게 했다. 특히, 네 처는 상복을 입지 않은 상태이니 3일 날 잔치에 오는 것은 무방할 것이다.

상경할 사람이 아직 6일까지 도내에 있어 그 행보가 매우 더디니, 금명간에 온다고 어찌 확신할 수 있겠느냐? 또 온 뒤에 일이 순조롭다면, 네가 말을 부려 아무 날에 이곳에 오도록 마땅히 네게 통지하여 알릴 것이다. 기다렸다가 여기서 만날 수 있도록 날짜대로 오면 될 것이다. 혹시 일이 순조롭지 못하면 마땅히 여러 날을 기다려야 할 것이다. 사직서를 써 올린 뒤에 돌아가는 것이기 때문에 기일을 미리 점칠 수는 없지만, 통지할 때까지 기다렸다가 짐 싣는 말 2필을 부려서 오면 좋겠다. 두 가지의 경우 모두 미리 오는 것은 마땅하지 않다는 것을 알고 있거라. 부사*가 지금 편지를 보내와 오겠다는 뜻을 보이니, 오지 말라고 간절하게 답장을 써서 보낼 것인데, 따라줄지는 모르겠구나. 이만 줄인다.

추신———재아의 병은 나았다고 하는데, 송의 처는 어떤지 아직 듣지 못했다.

*여회如晦: 퇴계의 재종, 흥양군의 손자.
*부사府使: 안동부사 윤복尹復(1512~1577). 1565년 안동부사로 부임.

書 - 283

3월 13일

안기로

일 처리가 어그러진 것은 당연한 듯하다. 그 기회가 있을는지는 모르겠다. 그러나 이미 작지*를 납부했다고 하고, 손을 쓸 수 없을 듯하니 어찌하겠느냐?

첩의 자식을 사룡의 처가 양자로 입적시켰다고 한다. 이는 더욱 괴이한 일이니 바로 잡도록 알려야 할 것이다.

역참의 노복이 바삐 돌아가야 한다기에 이만 줄인다.

추신———이말에게 적극 조치해서 바꿔 보내주면 좋겠다는 뜻을 알렸다.

*작지作紙: 문서를 작성하는 종이 대금으로 받는 세. 후세에 와서 이 세는 으레 돈이나 곡식을 조세租稅에 덧붙여서 거뒀다.

書 - 284

3월 26일

준에게 답한다.

봉천이 와서 전해준 편지를 보고 집 짓는 일이 마쳐간다는 소식을 알았다. 기쁜 소식이구나. 서울 소식은 오래도록 온다는 기별이 없으니 조금 다행으로 여겨지기는 하나, 지금 이렇게까지 이르게 되었으니 지극히 민망하구나. 이 사람은 곧바로 돌아가게 해도 돌아오는 것이 탐탁하지 않은 듯하니, 이것이 더욱 골치 아픈 일이다. 그러나 앞에 낸 사직서의 처결을 기다린 뒤에 다시 사직서를 낼 것이니, 네가 비록 빨리 온다 해도 별로 할 일은 없다. 의령 가는 일정은 만약 미룬다면, 오운과 서로 어긋날 테니 미루지 않고 빨리 갔다 오는 것만 못할 듯하구나. 요량껏 처리하거라. 가령 떠나지 않으면 근무지에 가서 아일*을 받은 뒤에 들어오는 것도 괜찮다. 나머지는 이만 줄인다.

추신——— 우성전의 편지가 안동에서 전해 왔기에 보낸다.

*아일衙日: 정례적으로 백관이 모여 조회하여 임금에게 정무를 아뢰는 날.
 조선 초기에는 매월 초1일, 초5일, 11일, 15일, 21일, 25일이었으나,
 단종 2년(1454) 3월부터는 초1일, 초5일, 11일, 15일, 21일, 25일에 조참朝參을 받았다.

書 - 285

3월 29일

준에게 답한다.

편지를 보고, 임소로 돌아왔다는 것을 알았다. 역참의 차임이 또, 의령에 내려가는 것은 굳이 늦출 필요가 없다고 하고, 돌아가는 것도 마찬가지라 하니 꼭 오래 머물 필요가 없을 것이다.

다만 조구는 어제 타일러 보았더니 올라가려는 생각인 듯하다. 그러나 너무 빨리 돌아왔다고 조 당상께서 여기고 '부당하게 죄를 줄까봐 걱정이다.'라고 하니 억지로 지시할 수도 없는 일이다. 반복하여 생각해봐도, 내 일이 처리되는 것이 지극히 어렵고 시간이 걸릴수록 더욱 답답하니 어찌할꼬?

정 정랑*이 찾아오는 것이 불편하여, 오지 못하게 통지하려고 했다. 그러나 이는 다른 사람과 비교해서 그러는 것이 아니므로 대면하여 내 뜻을 말할 필요가 있어서, 우선 기다리기로 했다.

전에 온 박 승지의 편지는 환구를 보내고, 환이 만약 답장하려고 한다면 써서 보내는 것도 괜찮다. 또 지금 보내는 신사룡 아내의 언문편지를 자세히 보고, 의성에 갔다 오는 사이에 곡진하게 부탁하는 것도 좋을 것이다. 한번 신옥을 만나서 그 □□ 책망하거라.

*정 정랑鄭正郎: 정랑 정유일(1533~1576). 字는 子中, 호는 文峯. 퇴계 문인.

書 - 286

4월 13일

준에게 보낸다.

  네 행차는 이제 돌아오는 경로로 접어들었는지 궁금하구나. 의령도 안녕할 것으로 생각되고, 여기도 다 편히 잘 있다. 출막*시켰던 병 기운도 잠시 소강상태인 듯싶어 기쁘다. 다만 올린 장계에 대한 처결이 지금까지 내려오지 않아 아슬아슬하다고 생각이 많을 때, 오늘 신섬의 편지를 보니, '초하룻날 조회하기 전에 사직서를 올렸는데 나흗날이 되도록 내려오지 않았으니 어찌 된 것인지 모르겠습니다. 초이레 날이 지난 뒤에 내려올 듯해서 이같이 말씀드립니다.'라고 했고, 또 '우상에게 제가 경연에서 교체할 것을 고했더니, 근간에 영상과 의논하고 처리해서 교지를 내린다고 답을 하니 기쁜 일입니다'라고 하였다. 그렇다면, 여러 날 내려오지 않은 우려가 조정의 뜻을 헤아리지 못한 것이었으나, 경체*되는 상황인듯하니 참으로 다행스럽고 다행스러운 일이다. 신섬과 네게 편지를 보내는 것이니 받아보면 알 것이다. 나머지는 앞의 편지에 말하였다. 빨리 회신해주면 좋겠다.

*출막出幕: 전염병에 걸린 환자를 격리시키기 위해 다른 곳에 막을 치고 옮김.
*경체經遞: 벼슬이 만기되기 전에 다른 벼슬로 갈려 가는 것.

書 - 287

4월 17일

안기로 준에게 부친다.

네 행차는 지금 어디쯤 당도했느냐? 오늘 낮에 도착한 유지*에, '경이 간절하게 사직하는 것을 보니 내 마음이 편치 않다. 우선은 본직과 문한*의 직책을 체임하니 그대로 한가로운 관직은 받도록 하라. 경은 안심하고 조리하여 날씨가 따뜻해지고 병세가 나아지기를 기다렸다가 올라오는 일로 유지하노라.' 하셨으니, 이 같은 천은에 보답할 방법이 없고 너무나 감격스럽구나. 그 사람은 내일이면 돌아갈 것이다. 지중추부사를 체직 받은 것은 민망하지만, 막 은혜롭게 체직 되었는데 곧바로 사직서를 쓸 수가 없어 우선은 중지하였다. 나머지는 앞에 편지에 적었으니 이만 줄인다.

추신———안동 판관이 오늘 오려고 하고 부사의 자제도 봉화에서 오늘 와서 만나려고 했지만 모두 사람을 보내어 사양했다. 사양하지 않았으면 이 사람들이 모두 같이 만나야 했을 텐데, 다행히 사양한 것이 적절했다.

*유지有旨: 승정원의 담당 승지를 통하여 명령을 받는 이에게 전달된 왕명서王命書.
*문한文翰: 한림원翰林院으로도 불렸던 예문관의 별칭.

書 - 288

4월 26일

안기로 답한다.

편지를 받고, 잘 갔다는 것을 알았다. 여기도 여전하다. 보내준 물건은 받았다만 이런 일들이 우연히 그랬다면 모르겠지만, 자주 그런다면 더 불편한 일이다. 하물며 대빈이 들어오는 일에 임하는 관리라면 더욱 삼가야 할 일이 아니겠느냐?

추신———지사라고 다른 사람이 칭하는 것까지 막을 수는 없다. 너라도 잠시 칭하지 말고, 기다렸다가 일이 결정된 뒤에 어찌해야 할까를 살피면 된다. 신사룡 처의 언문편지를 읽고 어떻게 처리했느냐? 만약 회록*을 부친다면 내가 있는 것이 편치 못하여 걱정되는구나.

*회록回錄: 별도의 기관에 회부하는 것.

書 - 289

5월 1일

답장

고을 사람이 돌아오는 편에 가지고 온 편지를 보고, 사행을 대신해서 모셨다는 것을 알았다. 여기는 다 무탈하다만 내가 산속 집에서 주거하다 보니 기가 항상 평온하지 않다. 어제는 제사 때문에 나갔다가 들어왔으나, 앞으로는 나가지 않고 여기 있으면서 몸조리할 계획이다. 영천 제사에는 당연히 적이 갈 것이다. 신섬의 편지를 보니, 대체로 일이 여기에 그쳤고, 달리 한 바가 없다면 심히 잘못되지는 않을 것이다.

사룡의 아내는 분명히 중간에 있는 종놈들의 망언에 현혹되어 급하게 나를 끌어들였을 것이다. 내가 알기에는, 오랫동안 참으며 말하지 않고 두 번 세 번을 말할까 고심하다가, 부득이하게 조금이라도 구하려고 편지를 보냈을 것이다. 그쪽에서 가진 불편한 마음은 상황이 그랬던 것이니 특히 뉘우칠 것이다. 네가 나중에 왔다 갈 때 만일 의성을 지나게 되거든 이런 뜻을 알려주는 것이 좋겠다. 그 문권*을 취하는 것도 불편하니 돌려주는 것은 의성에 말하는 것도 좋을 것이다.

여기는 가뭄으로 걱정하다가, 어제 비가 내려 마을이 다시 살아난 듯이 기쁘구나.

나머지는 이만 줄이고, 매사가 날로 새롭기를 바란다. 조심하고 조심하거라.

추신———조정의 의론은 나를 어떻게 생각하더냐? 어제 박 공보에게 보내온 홍 참판의 별지를 보니, 오지 않는 것이 심히 부당하다고 하였구나.

비록 홍 참판의 생각은 알지만, 본디 나를 부르는 것이 간절하여 이같이 말했을 것이나 내 마음은 심히 편치 않구나.

*문권文券: 땅이나 집 따위의 소유권이나 어떤 권리를 증명하는 문서.

書 - 290

5월 1일

다시 안기로 답한다.

오늘 고을 사람 중에 사행에 가는 사람이 있어서, 전에 왔던 편지에 답장을 부쳤는데, 오늘 또 편지를 받고 네 안부를 알았다.

어제 내린 비는 농사꾼들이 너무나 바라는 것이었는데, 흡족하게 내리지 않아 아쉽다. 아직도 고원에 있는 논은 물을 대지 못했다.

다름이 아니라, 사행이 곧바로 안동을 거쳐 해안 쪽으로 가느냐? 진주목사가 와서 나를 보고 자 했을 때, 사정상 어려울 것이라고 왜 고하지 않았느냐?

나는 근래 앓던 심기가 배꼽 밑이 팽창하는 증세로 발작하여 손님을 만나기 어렵다. 게다가 출막 시킨 여종의 병세도 수그러들지 않고, 명복이의 집에도 병 기운이 있어서, 형세를 보아 가며 산사에 피해있으려고 하니, 진주목사에게는 탈이 있다며 핑계 대려고 한다.

선교 양종*의 내수사에 관한 일은 성상의 결단이 이와 같으니 태평을 바랄 수 있을 것이다. 깊이 경하할 일이다. 나머지는 전의 편지에 다 적었다.

추신─── 다시 생각해보니, 진주목사에게 뵙기 어렵다는 것을 미리 통고하지 않을 수 없어서 편지를 봉하지 않고 보냈다. 본 뒤에 봉해서 역참 노복을 시켜서 전해 올리면 좋겠다.

*양종兩宗: 병인년 4월, 선교禪敎 양종兩宗의 선과禪科가 중간에 폐지되었다가 명종조에 다시 설립된 일.

書 - 291

5월 15일

준에게 부친다.

어제 고을 사람이 가지고 온 편지와 지금 김돈서가 가지고 온 편지를 보고, 무탈하게 수행 길에 있다는 것을 알았다. 마음이 놓이는구나.

다만 안도가 오래 지나도 서울에 도착하지 않아 진작에 괴이했는데, 병이 있었다는 것을 지금 알았다. 권과 동행하지 않은 것이 깊이 우려된다. 비록, '작은 병이니 걱정하지 마십시오.'라고는 하나 그 여정을 멈추고서도 또한 편지가 없으니 우연한 일이 아닌듯하여 몹시 답답하고 걱정스럽구나. 이곳에는 별다른 일이 없다.

내 복부 창만증이 낫지는 않고 있으나 크게 우려할 만한 것은 아니다. 그러나 신손네 집에는 또 병의 기운이 있는 듯하다고 한다.

순천*에 상을 당했다는 소식을 들으니 놀라움이 그지없구나. 마침 낙안 사람은 벌써 돌아갔고, 위로편지라도 써 주기를 바란다고 들었는데, 빨리 전달할 방법이 없어서 안타까울 뿐이다.

너는 송라도*에서 대신 맡기고 돌아왔느냐? 은금이가 수장*하려고 단오 때에 온다고 하는데, 창호 만드는 곳에 의뢰고자 하나 얻을 수 없으니 걱정이다.

지금 인편이 바삐 돌아간다고 하여 나머지는 줄인다.

추신———하인 용손이가 이 참봉의 처방약을 복용하고자 하니, 사행이 지나간 뒤에 지시하여 사주면 좋겠다. 약방문을 기록하여 보내고, 권호문에게 편지를 전달하는 것도 실수 없도록 하여라.

*순천順天: 순천부사 이정李楨이 내간상을 당한 것을 말함.
*송라도松羅道: 경상도 청하清河의 송라역松羅驛을 중심으로 청하-영덕-영해 방면, 청하-경주 방면과 청하-흥해-영일-장기 등으로 이어지는 역로.
*수장修粧: 집이나 기구 따위를 손질하고 꾸밈.

書 - 292

5월 28일

 사람을 시켜 준에게 보낸다.
 안도를 몹시 염려하고 있었는데, 지금 서울에 들어갔다고 한다. 반가운 기쁨을 누를 수가 없구나. 김륵의 하인 송백이 서울에서 돌아오는 길에 여기 와서 말하기를, '자기 주인과 권경룡 생원이 함께 사는데, 자신이 출발하기 임박해서 굿동이의 집에서 짐을 꾸리는데, 우리 집 생원이 서울에 도착했다'고 하더란다. '천근이가 간절하게 자신을 보려고 한다는 말을 들었지만, 자신은 바빠서 가볼 겨를도 없이 돌아왔다.'고 하는구나.
 그때 겨우 도성에 도착하여, 송백이가 돌아갈 것을 생각하지 못하고 이곳에 통신을 보낼 수 있다고 생각해서 편지를 부치지 못했을 것으로 생각이 든다. 염려스러운 것은, 앓던 끝에 먼 길을 간 탓에 성균관에 머물면서 혹시 다른 병이 생기지나 않을까 걱정이다.
 안동에 만일 상경하는 사람이 있어서 출발하는 날을 정확히 알 수 있다면 편지를 부치고 싶다. 안도뿐만 아니라 공보, 예중이 등에게 한 번도 답장을 못 해 간절히 소식이 듣고 싶으니 통보하는 것이 좋겠구나. 또 네가 임지에서 오랫동안 떠났다가 이윽고 도착했으니, 5, 6일 머물며 일을 정리한 뒤에 들어오는 것이 좋을 것이다.

 추신———가문 뒤에 비가 내려 농작물이 조금 살아났으나 아직 흡족하지는 않구나.

書 - 293

6월 3일

안기로 답한다.

임소로 돌아오는 길이 며칠 늦어져서 괴이하다는 생각이 없지 않았는데, 편지를 보고 물에 막혀서 그랬다는 것을 알았다.

안도의 일은 최근에 김성일의 편지를 받아보니, 미미한 병으로 권경룡과 뒤처져 있다가 바로 출발은 했는데 중간에 말이 물속으로 넘어지는 바람에 옷과 소지품이 모두 젖었다고 한다. 게다가 하인까지 아파서 어쩔 수 없이 부로 돌아와 짐을 다시 꾸렸다고 같은 부 사람이 권공에게 알렸다고 한다. 성일이 편지를 썼을 때는 안도가 아직 서울에 들어가지 않았기 때문이라고 한다. 그 뒤에 송백이 안도가 도착했다는 소식을 듣고 아래로 내려온 것이었다.

의령과 박 승지의 편지는 모두 보았는데, 승지의 편지는 3월 20일 자 편지구나. 박 공보의 편지는 당연히 온계에서 쓴 것으로 생각된다.

시제 지내는 일은 시기가 이미 지났을 뿐만 아니라 크게 꺼리는 날이 가까워져서 차리고 지내는 것도 편치 않으니, 다만 약소하게 올리고 네가 나갔다 돌아왔다는 뜻을 고하면 될 듯하다. 특히 여종 막덕이는 명복이네 집 병이 옮아 대엿새 앓다가 나았다고 한다. 그러나 그대로 둘 수가 없기에 명복이의 집으로 보내라고 명했는데 끝내 어찌 되었는지는 모르겠고 심히 걱정된다. 또 명복이가 병을 숨기고 오가다가 전염시킨 것이 괘씸하기도 하구나. 이만 줄인다.

추신———사람을 시켜 보낸 편지는 받아보았는지 모르겠으나, 답장을 가지고 사람이 왔구나. 진작에 역참 사람이 돌아가는 길에 운룡에게 안부 편지를 보냈는데 그 답장은 받지 못했다. 해주에서 간행한 『회암서』 첫 권이 없어졌는데, 아마도 유운룡이 빌려 간 듯하다. 약으로 쓸 맥아를 보낸다만, 맥아의 수가 적어서 충분히 쓸 수 있을는지 염려된다.

書 - 294

6월 4일

안기로 다시 알린다.

내가 오래되도록 지중추부사의 직을 사양하지 못하여 심히 편치 못했는데 최근에야 사직서를 올리려고 한다. 그러나 몹시 바쁜 농사철이고 비록 본현에서 사직서를 가지고 갈 사람을 마련해 놓았을지라도, 안동에서 진상하는 사람을 수행해 가는 사람에게 보내고 싶지는 않구나. 언제 출발하는지, 이 사람은 반드시 믿을 만한 사람이니 그 사람에게 부치려고 한다. 예중이에게 보내서 승정원에 내게 하는 것도 좋겠으나, 담당자를 물어서 찾아 고해야 하고, 이러한 내용을 부의 관리에게 별도로 고하여 알게 해야 하니, 이렇게 하는 것이 가능할는지는 모르겠다.

집에 초석*이 있지만 낡아서 쓰기에 적합하지 않구나. 역참에 새것이 있지 않으냐? 그렇다고 이것 때문에 별도로 하인을 보내기는 어렵겠다.

*초석草席: 왕골, 부들 따위로 짜서 만든 자리.

書 - 295

6월 6일

　아들 준에게 답한다.

　네 편지가 오고, 더하여 우와 유의 편지를 받으니 위로가 된다. 부사가 서울로 가는 것이 17일이니 곁들여 보내려면 의당 16일에 역참으로 편지를 보내는 것이 마땅하고, 와서 얼굴을 보고 받아 가도록 진심으로 주의 주고 오는 것이 좋을 것이다. 역참으로 보내려는 이유는 사가에 함부로 두고 싶지 않기 때문이다.

　초석은 도착하였다. 진작 하인의 약값을 만들어 그 하인을 시켜 역참으로 보냈는데 아직 도착하지 않았느냐? 병든 여종은 비록 낫기는 했으나 그 서방이 사는 집으로 내보내도록 단속했는데, 여종은 저절로 닷새 만에 통증이 멎었다고 들었다. 그러나 명복이네 집 병은 여러 날이 지나도 더욱 심하니 분명히 전염병은 아닌 것 같다. 다 나은 후에도 그 집으로 돌아갈지 걱정된다. 지금 만약 같이 사는 사람이 한 명이라도 병이 있으면 곧바로 출막을 만들어 내보내야 한다는 생각이 절실하지만 차마 늙은 여종에게 말할 수가 없어 고민하고 있다. 우선은 가까운 곳에 있게 하였으나 끝내 어찌 되는지 모르겠고, 걱정이구나.

　보내준 물품은, 이리 많은 물품이 어디서 났는지는 모르겠으나, 매번 이런 일이 있는 것은 결코 마음이 편치 않다. 다 물리칠 수는 없다 하더라도 그 많은 것을 어찌 사양하지 않았느냐? 지금 당장 이웃과 나누도록 하거라.

　만약 그 아전이 출발할 때에 역참에 들릴 겨를이 없다면, 역리가 잘 가지고 있다가 그 아전이 지나갈 때 받아가도록 하는 것도 무방할 것이다. 이런 뜻도 아울러 알고 처리하거라. 유운룡의 병이 매우 걱정되는구나.

書 - 296

6월 7~24일

준에게 답한다.

지중추부사라고 말하는 것은 모두 당연하다. 민씨 집에 사람을 보내는 일은 그곳도 다른 사람과 정한 기한이 있다고 한다. 네가 만약 오래 머물러 결정하지 못하면 서로 어긋나게 될 것이다. 남 생원을 방금 만났지만 머무를지 아닌지는 모르겠다.

다만 내가 추위를 두려워하여 산 집에 나가지 못하지만 여기 머무는 것도 편안하지 않으니 가려는 뜻이 있을 뿐이다.

추신―――반자*를 통해 답장을 보낸다.

*반자半刺: 주州, 군郡의 보좌관, 즉 차석 자사刺史임.

書 - 297

6월 25일

답장

비가 오천에만 내렸고, 너는 무사히 임지에 도착했다는 것을 알았다. 다만 폭우로 밭둑이 무너진 곳이 많아 비가 그친 뒤에는 물 고인 밭에 잡초만 무성하구나.

안도에게 사람을 보내어 아이가 오는지 알아보거라. 오랫동안 편지 한 장 없어 심히 괴이하고 염려된다.

『주자서』는, 이 사람이 말을 끌고 가야 하니 책을 가지고 가기에도 불편하고, 젖을까 봐 염려되어 보내지 않겠다.

書 - 298

4~7월

아들 준에게 답한다.

여기는 다 무탈하다. 다만 종 손이의 일로 마음 편치 않게 보내고 있다. 받은 곡식을 진작에 적과 순손, 연수 등에게 같이 살펴보라고 했더니, 겨우 14~5섬가량 남아 있구나. 비록 면목이 없다고는 하나, 이렇게 심했던 적은 없었다. 대체로 그 처가 본래 멋대로 하고 어느 정도 숨기는 폐단이 있을 것이라고 하는데, 알 수는 없다.

손이의 사람됨을 살펴보고 그때마다 자세히 물었다면 이와 같지는 않았을 것이다. 죽음이 임박한 사람에게 이처럼 박절하게 따지는 것이 차마 할 수 없는 일이라서, 죽고 이틀이 지난 뒤에 처음으로 물어보게 했더니 이렇게 말하는구나.

書 - 299

7월 18일

답장

　편지에 말한 내용은 모두 잘 알았다. 순천에 편지를 전하는 것은, 마침 지체하지 않고 곧바로 전할 수 있는 아주 좋은 인편이 있어서 은부에게 지시하였다. 또 전에 받은 순천 답장은 훈도가 가는 길에 어찌 같이 보내지 않을 수 있겠느냐? 그것도 지시하여 보내는 것이 좋겠다.

　의령이 편치 않으시다니 염려될 뿐이다. 구하려는 약 가운데에는 맞지 않는 약이 있어서 보내지 않는다. 보중익기탕이 합당할 듯하여 이 네 가지 약과 함께 동봉하여 보내니 수일 안에 받을 수 있을 것이다.

　청송에 가는 일은 알고 있느냐? 나는 혹심한 더위를 감당할 수 없지만, 오히려 다른 질환은 면했다. 이만 줄인다.

별지: 혼사에 대해 박록과 유운룡에게는 편지를 보냈느냐? 이 일은 하늘에 달려 있고, 사람의 마음은 각각이니 부디 혐오나 한탄하는 말은 하지 말거라. 다만 다른 의론이 있다는 말이 들리니, 허실을 알아본 뒤에 나도 다른 방법을 구하겠다고 말하면 된다. 조 남명은 화가 나서 약속을 어겼지만 나는 그렇게 하지 않겠다. 계령원* 한 그릇도 같이 보내는데, 이 사람이 미덥게 전달할지 모르겠구나. 정성껏 잘 전달하기를 부탁하여 보내면 좋겠다.

*계령원:桂苓圓: 여름철에 냉습冷濕에 상하여 구토, 설사가 있는 것을 치료하는 처방.

書 - 300

7월 22일

안기로 답한다.

편지를 받고서, 청송 가는 여정을 그만뒀다는 것을 알았다. 요즘 혹독한 더위가 기승을 부리고 있어 출타하기가 편치 않은 때이다. 부득이한 일이 아니면 그만두기를 아주 잘했다. 지금 안도의 편지를 보니, 그 아이 처의 병이 더하다 덜하다 반복한 것이 처음이 아닌데, '아직 평상으로 회복되지 않았다.'고 한다. 몹시 염려되는구나.

대죽리의 역병은 제사를 지내지 못할 지경이나, 제사 지낼 쌀을 미리 전하면 좋을 것이고 그래서 제사를 지낸다면 조금이나마 위로가 될 것이다.

사천에서 다시 편지가 와서 소식을 잘 알았다. 조씨 댁에 위문장을 지어서 보내니 본 뒤에 동봉하여 보내거라. 은금이는 아직 말암에 못 갔는데 내일 보낼 것이다.

안도가 머지않아 올 것이라서 답장을 하지 않았다.

書 - 301

7월 24일

답장

편지 내용은 잘 알았다. 다만 도곡에 앙도*하는 승려가 없다고 하니 어찌하겠느냐? 가을 가뭄이 여름 가뭄보다 더 심한 재앙이 되어 폐해가 이루 말로 다 할 수가 없구나. 진보의 신임 사또가 고을에 부임해 오더니 내일 찾아오고 싶다고 한다. 부임한 지가 얼마 되지 않는데 이처럼 서두르는 것도 타이를 만하지만, 사양하기도 난감하여 애써 만나려고 한다. 이만 줄인다.

*앙도仰塗: 흙을 개어 벽등에 미장을 하는 것.

書 - 302

7월 25일

　어제저녁 네게 답장 편지를 쓴 뒤로, 고을 사람이 전하의 유지를 받들어 전해 왔다. 전하께서는 여전히 사면을 허락하지 않으셨고, 심지어 뜻은 더욱 간절하여, '내가 현인을 좋아하는 정성을 가벼이 여기지 말라.'는 등의 말씀을 하셨으니 지극히 황공함을 이길 수 없구나. 다만 끝에, '병이 낫기를 기다려 올라오라'는 말씀은 짐작하건대 서두르지 말라는 뜻이니, 하늘 같은 은혜를 견줄 데가 없고 사람들의 말에 핑계거리가 있어서 이는 책임을 조금 면했을 뿐이다.
　안도는 길에 도적의 환란이 많아 뱃길을 통한다고 하고, 22일에 출발해서 그믐에는 도착할 것이라고 하여 편지도 보냈다. 기별*의 정목을 보내고 싶으나 고을 사또에게도 보내지 않을 수 없어 아직은 보내지 못했다. 달리 별일은 없다.
　원계검이 원주에서 서울로 올라가다가 도성 근처에서 시사를 엿본 죄로, 양사에서 멀리 귀양보내는 것을 논하여 청했다고 한다. 한 계문*은 멀리 귀양보내는 것은 안 되니 의금부에서 엄히 심문하여 원주로 돌려보내야 한다고 했다 한다. 그 뒤에는 어찌 되었는지 모르겠으니 다시 알려주거라.

추신———도산의 그림이 마침내 완성되어 여위*가 도산기를 넣고, 이정존*에게 그림을 보내어 그 가부를 물었는데, 이정존은 안도와 자중을 불러 자중*에게 물어서 그 잘못된 곳을 바로잡게 했다고 한다. 이 일은 지극히 놀랄 일이고, 분명히 이로 인하여 훗날에 화가 없지 않을 것이다. 안도가 오류를 바로잡는 데에 동참했다고 하니 더욱 편치 않고 안타깝다.

*기별奇別: 조정에서 처리한 일을 적어서 반포하는 것.
*계문啓文: 왕에게 올리는 문서.
*여위礪尉: 송인宋寅(1516~1584).
*이정존李靜存: 이담의 호(1510~ 1574)
*자중子中: 정유일의 字

書 - 303

7월 29일

안기로 답한다.

편지를 보고 잘 알았다. 나는 그저께 음식을 먹은 것이 잘못되어 잠시 복통을 앓았으나 평상으로 돌아와 지금은 괜찮다.

곡식이 다 떨어졌다면 생각한 대로 일을 마치기가 쉽지 않을 것이다. 다만 지금은 묵은 것은 다 먹고 햇곡식은 아직 익지 않았을 때이니 그 시기가 아닌듯하나 여러 사람의 의론을 취합하고 잘 처리하여 일족들에게 원망을 듣지 말아야 할 것이다.

들어오는 것도 계획한 대로 해야 늦지 않게 올 것이다.

하교 받은 유지가 지극히 편치 못하나, 온갖 핑계로 달리할 수 있는 것이 없으니 어찌하랴? 안도는 내일쯤 당도할 것 같은데, 아마 네가 있는 그곳을 지나온 것은 아닌지 모르겠다.

書 - 304

8월 3일

답장

편지 내용은 잘 알았다. 여기는 모두 별 탈이 없다. 다만 안도가 기일이 지나도록 오지 않으니 심히 염려스러울 뿐이다. 비가 내려서 풍년을 바라는 마음에 조금 위로는 되었으나 아직 흡족하지는 않구나. 나머지는 이만 줄인다.

書 - 305

8월 7일

안기로 부친다.

안도가 무사하게 돌아와 기쁘다. 다름 아니라, 부사와 현감이 아직도 초정에 있느냐? 그들이 돌아오는 길에 이곳을 방문할 생각이 있는 것은 아니냐?

안도가 와서 지금 조정의 의론이 매우 분분하다는 소식을 들었는데, 이런 때에 손님을 맞는 것은 더욱 편치 않은 일이다. 나도 더위병 때문에 몸이 매우 좋지 않으니, 이런 뜻으로 바로 부사에게 편지를 써서 전하여 그가 오지 않게 하는 것이 좋겠다.

그러나 반드시 부의 관아 하인에게, 부사가 찾아올 생각이 있는지 물어봐서 알게 되면 편지로 알려주고 그렇지 않다면 하지 않아도 된다.

또 호송관의 선문*이 진작 부에 도착했다고 들었다. 너는 그들이 떠날 때까지 기다리지 말고 바로 여기에 와도 굳이 안될 것은 없지 않겠느냐? 저들은 분명히 추석 전에 올 것이고, 온다면 가이에서 제를 올릴 것이다. 네가 만약 그들의 행차를 기다리며 머물다가 만나려고 했어도, 이런 뜻을 간절히 고하고 서로 만날 생각을 하지 않는 것이 좋을 것이다.

*선문先文: 벼슬아치가 지방에 출장할 때 그 도착하는 날짜를 그곳에 미리 통지하는 공문

書 - 306

8월 28일

안기로 보낸다.

어사는 아직도 소문이 없느냐? 나는 감기가 오히려 낫지를 않고 덜하다 더하다 한다. 다름 아니라, 어제 경방자*의 보고서를 보니, 정원*에서 이전에 내린 유지에 회답이 들어오지 않아, '중추부에서 약을 보낸다는 답장을 예안현 사람이 진작에 받아갔는데 무슨 이유로 전달되지 않았는지 알지 못하겠는가?'라고 독촉했다고 하며, 역시 회답을 독촉하며, '좌부승지 홍과 동지* 신여종에게 보내는 편지도 함께 동봉하여 보낸다'라고 말했다고 한다.

지난번에 들으니, 진상하러 가는 관리를 수행하는 사람이 27~8일이면 의례로 서울로 출발한다고 하던데, 이 사람에게 속히 전하도록 단단히 지시하여 보내거라. 혹여 그 사람이 이미 출발했다면, 즉시 사람을 정해서 가는 곳으로 쫓아가 거리를 따지지 말고 반드시 만나서 부쳐 보내야 한다. 여기는 서울로 돌아가는 사람이 없으니 소홀히 해서는 안 된다.

추신―――호송관은 지금 어디에 있느냐? 앞에 보냈던 편지는 전달했느냐? 이번 행차가 빨리 갔더라면 이 행차에 부쳐 보내는 것도 괜찮았는데, 지체될까 염려될 뿐이다.
신예숙의 편지에, 박 공보가 전라도 순천의 방답첨사가 되어 조만간 내려간다고 하더라. 먼곳이라 매우 안쓰럽구나.

*경방자京房子: 중앙과 지방 관청의 연락을 담당하여 지방 관청으로 보내는 공문이나 문서 등을 전달하는 일을 했던 하인. 지방 관청은 서울에 아전을 파견하여 중앙과 지방 관청의 연락이나 업무처

리 등을 맡겼는데 이들을 경저리京邸吏라 한다. 경방자는 경저리에 속하여 지방 관청으로 보내는 문서 등을 전달하는 일 등을 하였으며 그 문서를 고목이라고 한다.
*정원政院: 임금의 명령을 전달하고 여러 가지 사항들을 임금에게 보고하는 일을 맡아보던 관아.
*동지同知: 중추부의 종이품 관직.

書 - 307

8월 7일

아들 준에게 부친다.

　부사와 현감은 아직도 초정에 있느냐? 그가 돌아오는 편에 여기에 찾아오려고 하지는 않더냐? 안도가 와서, 시중의 의론이 매우 분분하더라는 소리를 들었다. 이런 때 손님을 맞이한다는 것이 몹시 불편한 일이다. 더구나 나도 더위병 때문에 심히 평안하지 않으니, 반드시 이런 뜻을 편지로 써서 부사에게 직접 전하거라. 그들을 오지 않게 하는 것이 좋겠다. 그러나 꼭 부 관아의 하인에게 물어서, 부사가 방문한다는 뜻이 있다면 편지로 알려주고, 그렇지 않다면 보내지 않아도 된다.

書 - 308

8월 29일

안기로 답한다.

편지의 내용은 다 잘 알았다. 네가 감기에 걸렸으면서도 그렇게 쉴 틈이 없으니 염려된다. 내 이런 질환은 오래된 지병이라서 추위에 쉽게 침범당하고 기가 허하여 면역이 약하기 때문이다. 매년 의례적이다시피 발병 하지만 이제는 처음과 같지 않다는 것을 느낀다. 사천 사람이 아직 머물다가 오늘 가게 된 것이 다행으로, 김 정언의 조문편지를 같이 보내게 되었다. 다만 오늘 다시 쓸 수 없으니 저번에 쓴 편지 봉투에, '추도 김정언 위장 병상'이라고 직접 쓰면 될 것이다. 배진사*가 지나다가 또 만났기에 부쳐달라고 전달했더니 홀가분하구나.

어제 저보*를 보니 정자중이 어사로 제수받아 길을 떠나려 한다고 하니, 혹시 이 도를 지나가지 않겠느냐? 이 행차가 아직 지나기 전이니 너는 임소에서 기다리고 있거라. 김윤흠의 일은 기쁘나, 다만 송복기를 잘 뽑았는지는 모르겠다. 지금 송백준에게 낙폭지*를 보내니 정 직재에게 보내주면 좋겠다.

엊그제 김순고를 만났더니, 부사와 내가 만났을 때 내가 말하기를, "『주자대전』에 있는 '널리 행해지도록 지휘하였다.'라는 말은 이 동지*가 그 위 끝부분에 표제한 것으로 안다."라고 했단다. 이 말을 부사가 김순고에게 물으면서 '이는 무엇을 말하는 것인가?' 하기에, 팔원*이 '모르겠다'고 대답했다고 한다. 김순고가 '잘 모르겠지만, 부사께서 무엇 때문에 말한 것일까요?' 하고 재차 묻는구나. 내가 생각해 보니, 정자중*이 옛날에 내 『대전서』와 『당본대전서』를 빌려 가서 비교한 것을 보았는데,

고친 것이 많았다. 일전에 이 항목의 위 끝부분에 써진 것을 내가 보았는데, '송나라 때 널리 행해지도록 지휘하였다.'라는 말은 곧 자중이의 글씨더구나. 나도 그 말이 오히려 궁금해서 훗날 자중이를 만나면 물어보려고 하였다.

 여기에 표시하여 잊지 않으려고 대비해 둔 것인데, 잘못하여 '순거'글자를 바꾸어 썼구나. 늙고 병들어 정신이 혼미하고 착각하는 일이 이다지도 많으니 웃음이 절로 나온다. 만일 부사를 보거든 대략 위와 같은 내용을 말씀드리도록 해라.

*배진사陪進使: 진상하러 가는 관리를 수행하는 사람.
*저보邸報: 관보官報. 지방 장관이 설치한 경저京邸에서 조령詔令 등을 베껴서 각 지방에 알렸기 때문에 저보라 함.
*낙폭지落幅紙: 과거에 떨어진 사람의 답안지. 시험소에서 비변사로 보내면, 비변사에서 분배하여 변병邊兵의 지의紙衣나 군문軍門의 화전火箭 등으로 재활용하였음.
*동지同知: 동지중추부사同知中樞府事, 퇴계를 말함.
*팔원八元: 김팔원(1524~1589), 자는 순거舜擧. 퇴계 문인.
*정자중鄭子中: 정유일鄭惟一(1533~1576)의 자. 퇴계 문인.

書 - 309

9월 2일

다시 안기로

편지 내용을 보고 잘 알았다. 나는 어제부터 평상으로 회복되고 있다. 사천 사람이 더디게 돌아오니 한탄한들 어찌할 것이냐? 안도가 데리고 갔던 사람이 역에서 돌아온 듯한데 달리 가지고 온 물건은 없었다.

『주자대전』앞의 부분 몇 권을 부쳐주면 좋겠지만, 비가 올 것 같으니 책을 보낼 수 없구나. 나머지는 안도 편에 자세한 것은 일러두겠다.

書 - 310

9월 3일

안기로 답한다.

송이버섯은 두 사람을 정해서 영해 경계지역에서 바꿔 오기로 했는데 아직 오지 않고 있다. 마침 상주 판관이 백 개를 보내주어, 겨우 조금 괜찮은 것 40개를 골랐다. 지금 막 보내야 하는 때라 마침 얻은 이 40개도 같이 보냈다. 비록 기준량만큼 납부는 못 했지만, 반은 넘게 채워 납부한 셈이다. 게다가 바꾸어 온 것까지 납부하면 빠진 것은 없을 듯하니 다행이다. 어사는 내 예상대로 정해지지 않았는데, 그 이름은 누구더냐? 이만 줄인다.

추신———40개가 와야 하는데 32개만 왔고 8개는 없으니 어찌 된 일인지 모르겠구나. 분명히 훔쳐 갈 리는 없을 것인데, 아마도 계산을 잘못한 듯하구나.

書 - 311

10월 18일

안기로 답한다.

  사람을 시켜 보낸 편지를 받고, 다 잘 있다는 네 안부를 알았다. 안도는 고개를 넘는 길에 비를 만났다는데 어떻게 가고 있는지 모르겠구나. 걱정에 걱정이다.

추신——이한에게 병이 있다는 소리를 전에 들었으나, 하인들이 짬이 없어 문안 편지를 전하지 못하니 안타깝다. 네가 인편을 구하거든 편지 심부름을 보냈으면 좋겠다.

書 - 312

10월 23일

안기로 답장을 보낸다.

편지와 조보가 와서, 소식을 두루 알았다. 만약 어사가 안동에 도착해서 내가 병 때문에 손님을 만날 수 없느냐고 묻거든, 만날 생각을 하지 못한 듯하다고 하고, 이곳에 와서 안부 인사를 하겠다고 하거든 답을 드리기도 어렵다고 하거라. 내일쯤 임시로 월란암에 가 있을 것이니, 사람들이 혹시 묻거든 절에 들어가 임시 지낸다고 대답하면 좋을 것이다. 양사의 체직에 관해서는, 일이 가라앉으면 분명히 탄핵하지는 않을 것이다.

남명*은 진작에 임금을 분명 알현했을 텐데 소식이 없으니 이상하다.

안도가 타고 올 말이 다리를 전다니 우려되는구나.

보내준 게를 받았다. 송가에게 지금은 답장을 하지 않는다. 매사를 날로 새롭게 하도록 마음을 다하거라.

추신———서원에서 곡식을 거두고 벌목하는 일은 그믐이나 초하루에 한다고 한다. 백산을 벌목할 때에 네가 와서 보지 않으면 안 되는데, 사행을 따라갔다가 오려면 기간 내에 도착하지 못할까 봐 걱정이다. 곡식도 한 달로 한정하여 걷어서 합친다고 한다. 이는 기간을 미루기 어려우니 집에다 미리 알려서 실어다 내야 할 것이다.

*남명南冥: 조식曺植(1501~1572)의 호. 字는 건중健中. 퇴계와 교류하였음.

書 - 313

10월 26일

안기로 준에게 답한다.

 연수가 가지고 온 편지를 보고 안부를 알았는데, 지금 또 편지를 받고 무탈하다는 것을 잘 알았다. 곡식을 보내는 일은 마땅히 문원*에게 알리되, 초하룻날에 내야 하는 일을 개별적으로 미뤄 달라고 청하는 것은 불편하게 여기지 않겠느냐? 답장을 보낸다.

*문원聞遠: 금난수(1530~1604)의 자, 퇴계문도, 호는 성성재惺惺齋.

書 - 314

10월 30일

안기로 답한다.

편지를 받고, 의성에서 상주로 가려고 한다는 것을 알았다. 그렇다면 언제 본 역참으로 돌아오느냐? 서원의 곡식을 거두는 일은 초하룻날에 하고, 선영이 있는 산의 벌목은 엿샛날 하려고 했는데, 모두 네가 와야 하는 일이라서 날을 미루자고 청했는데 가부는 모르겠다. 벌목은 9, 10일 사이로 날짜를 뒤로 미루도록 통지했는데, 이날 네가 올 수 있을지 모르겠구나. 오는 사람을 통해 올 수 있을는지 여부를 알려주면 좋겠다. 조보와 편지는 다 보았다.

신예중*의 일은 어긋나게 되었으니 말할 것이 없다.

추신———천근이와 굿동이가 함께 내일 출발할 것이다.

*신예중申禮仲: 신섬申暹(1539~1594)의 字. 퇴계의 조카이자 문인.

書 - 315

윤10월 5일

안기 행차하는 곳으로 보내는 답장

편지를 받아 보고, 무사히 수행하고 있다는 것을 알았다. 좌도의 점마*는 어디를 거쳐서 의성에 도착하느냐? 잣나무 가지를 벌목하는 일은 보름경으로 미루도록 통지할 생각이고, 수곡의 벌목은 내일 하는데, 마땅히 내가 가서 보려고 한다.

혼사에 관한 일은 저쪽에도 의사가 있으면 의당 빨리 통혼하려고 했으나, 지금까지 늦추고 있구나. 형편으로 보아 참 적당한 곳인데 번번이 어긋나니 심히 걱정된다. 만약 적당한 곳이 있어서, 지금 의견을 맞춘다면 올해에는 혼례를 올릴 수 있을 것이니 빨리 알아보는 것이 좋겠다.

최근에 안도의 편지는 두 번 받았는데, 서울에 잘 들어갔다고 한다. 다만 아직은 사은하지 못했고 중론이 식지 않았다고 하니 염려가 겹겹이구나. 나머지는 이만 줄인다.

추신———벌목하는 일은 매번 뒤로 미룰 수 없으니 보름 전에 어기지 말고 들어왔으면 좋겠구나. 『경현록』에 살펴볼 곳이 있어서, 의흥*에 보관하고 있는 것을 잠깐 보려고 이렇게 편지로 말하는 것이니, 가지고 오면 본 뒤에 곧바로 돌려주겠다.

*점마點馬: 공마를 점검하는 일.《大典會通》「兵典」, 구목廏牧에 "모든 도의 점마관은 문관으로 차임한다."고 하였다.
*의흥義興: 경북 군위군 의흥면.

書 - 316

윤10월 22일

안기로 보내는 편지

계근이 편에 보냈던 편지는 진작에 보았을 것이다. 지금 금협지가 가지고 온 안도의 편지를 보니, '타고 올 말이 오기를 기다렸다가 오면 바로 출발하려고 하는데, 기다리느라 머물러 있는 것이 답답하다.'고 전후의 편지 두 통에 모두 이렇게 말하는구나. 네가 당연히 밖에 나가 있어서, 곧바로 보내는 것을 생각지도 않았을 테니, 이 아이가 기다리는 것이 힘들어서 견딜 수가 있겠느냐? 네가 돌아오는 것은 무슨 연유로 이리 더딘 것이냐? 말을 보낼 대책은 어떻게 하려는 것이냐? 여기서 말을 보내고 싶어도 제 때에 맞게 빠르게 갈 수 없고, 빗속에 삼일 일정을 서울까지 멀리 보내는 것이 잘 간다고 보장하기가 어려워서 보내지 못하고 있으니 어찌하겠느냐? 아무쪼록 빨리 조치하는 것이 좋겠다.

추신———안도에게 혹시 그곳 사람을 보내지 않을까 하는 생각이 들어서 생 꿩 한 마리를 보내니 길 양식으로 삼게 하거라.

書 - 317

윤10월 23일

안기의 준에게 부친다.

　임지로 돌아오는 길은 무사했느냐? 어제 안도의 편지를 받고, 그 아이가 강경*하지 않은 것도 의아하거나 아쉽지는 않으나, 말을 타고 덕원*으로 들어갔다는 소리가 들린다. 그 아이 편지에도, '탈 말을 알아보지도 않고 진작에 사람을 보냈는지 여부 운운' 하니, 전에는 말을 탈 일이 없어 말한 적이 없지만 지금 갑자기 이렇게 말하니 무슨 일인가? 지금 말을 보내도 이미 늦었는데, 하물며 말도 없으니 어찌할꼬? 천근이가 가지고 간 말은 탈 수는 있으나 짐을 실을 수가 없어서 내려오기가 더욱 어려울 테니 걱정만 될 뿐이다. 협지 일행도 때가 되었는데 오지 않고, 매사를 자세히 알 수 없으니 안타깝다.

　특히, 고중명에게 줄 병풍 글씨는 진작에 네게 가는 인편을 통해 전해주도록 했다. 그런데 고공이 와서, '아직 받지 못했다.'고 하니 혹시 중간에 잃어버린 것이 아니냐? 지금 보내는 책지* 세 묶음은 전에 말한 대로 책을 만들어 보내거라. 정언 유희춘의 『속몽구』 4책은 부사에게 보내주면 될 것이다. 일이 많을 테니 답장 쓰는 것은 번거로울 듯해서 부사에게는 별도의 편지를 쓰지 않았다.

　배여우*에게 보내는 김해의 병풍 글씨 담은 큰 봉투와 배여우의 것 봉투 하나, 도사 조유성의 것 병풍 글씨와 서첩 봉투이니, 네가 꼭 편지와 함께 조심해서 전해주면 좋겠다. 조 도사의 서첩은 배군이 받는 것이라 하니 전달하게 하는 것이다.

　진주목사가 안동부를 지날 때 보려고 나를 불렀으나 나가 뵙지 않았다. 부득이하게 네가 뵙게 되거든, 그쪽에서도 그 일은 분명히 입 밖에 내지 않을 것이지만 만일 말이 나오면 그냥 '네네' 대답만 하고 이것저것 다른 말은 안 하는 게 좋을 것이다.

*강경講經: 경서에 정통한 사람을 뽑는 과거에서, 시험관이 지정하는 경서 중의 몇 구절을 욈
*덕원德原: 영해(영덕군)
*책지冊紙: 書冊을 찍는 데 사용하는 종이.
*배여우裵汝友: 배삼익(1534~1588)의 자, 퇴계 문인.

書 - 318

윤10월 24일

안기로 보내는 답장

이제까지 오래도록 돌아오지 않아 의아하게 생각했는데, 지금 무사히 돌아와 있다는 것을 알았다. 안도에게 보내려는 말은 달리 보낼 길이 없어 어쩔 수 없이 계획대로 해야 하니 불편하지만 어찌하겠느냐? 지금 보내는 편지에 어제 보낸 꿩의 마리수도 적어 보내니 길 양식으로 쓰면 좋겠다. 꿩을 받아가는 사람은, 판관이 편지 심부름을 보낸 북문 지기 말년이라는 사람이다. 네 편지에 적힌 여러 소식은 잘 알게 되었다.

진주목사가 이미 지나갔다는 말을 지금 처음 들었다. 아마도 그 사람 스스로가 의심하여 주저했기 때문에, 글씨 한 자 안부 편지도 전하지 않고 간 것 아니겠느냐? 달리 상의해 볼 만한 곳이 지금 없느냐? 염려할 만하구나.

동지 제사를 만약 두 곳에서 모두 전헌*하게 된다면, 전에도 같은 날 동시에 행한 적이 있었는데, 네가 예를 행하고 제사 지낸 후에 옮겨오기 어려울 것이다.

또 김가행이 매우 위중하다고 들었는데, 어느 날 일이 생길지 모르겠구나. 만약 동지 전에 있게 되면, 네 처는 출가한 것으로 따지면 강등하여 복*이 없으나, 며칠 안으로 제사 일을 주관하기는 어려울 듯하다. 아마도 뒤로 물러서 정하는 것이 나을 듯한데 어떠하냐?

감사에게 답하는 편지를 보낸다. 나머지는 이만 줄인다.

추신———근래 이명증을 앓는데 이는 풍 기운*에서 온 듯하나, 질병은 아니니 무슨 근심이겠느냐?

*전헌奠獻: 제물과 술을 올리는 것.
*복: 喪服, 상중에 입는 예복.
*풍기운風氣運: 풍사風邪를 받아 생기는 병을 통틀어 이르는 말.

書 - 319

윤10월 25일

안기로 부친다.

김가행의 일은 마음 아프기가 그지없구나. 지금 보낸 편지는 곧바로 류*에게 보내고 그에게 정주 목사에게 전하라고 하면 좋겠다.

다름 아니라, 전에 배 정자*에게 보내준 병풍 글씨 가운데 김해에 두라고 보낸 큰 봉투 하나는 다시 이종량이 가지고 왔다. 이것은 내가 잘못해서 배에게 보냈으니 웃음이 나오는구나. 이종량은 그의 아우 수량에게 추송*하는 일로 왔다가 말하기에 지금 가는 사람 편에 돌려보내니 찾아서 보내주면 좋겠다.

추신―――진주 목사의 영결식은 어느달 며칠에 있느냐? 만장 하나를 보내고 싶으나 아직 만장을 쓸 천을 얻지 못하였다.

*류柳: 당시 정주 목사가 류중영柳仲郢이었으므로 류의 큰 아들 유운룡을 이른 듯.
*배정자裴正字: 배삼익(배여우)의 직함, 퇴계 문인.
*추송推送: 찾아서 보냄.

書 - 320

12월 9일

안기로 부친다.

사행했던 일행은 무사히 보냈느냐? 어제 영천의 박가네 하인이 와서 그 주인의 편지라며 전했는데, 편지의 내용을 본 뒤에 그 사람에게 답을 줘야 했기 때문에 어쩔 수 없이 열어보았다. 그 말들은 거기에 적힌 대로다.

보낸 의관 등은 모양이나 그 한 솜씨를 보았을 때 정히 딴 뜻은 없다. 그 글은 예안이나 안동에서 사람이 왔을 때 두루 알렸다고 하므로 마땅히 알려서 보게 하라고 온 하인에게 알려 보냈다. 편지 내용 중에, 새로 임명되는 낭관*에게는 본도에서 시험을 보게 한다고 한다. 시험일은 2월 9일에 있으니 돌아오는 상황을 계산하여 아마도 20일 후에 날짜를 정하여 예를 행하는 것이 좋을 것이다. 근간에 날을 택하여 진봉 가는 아전이 서울로 올라갈 때 알리는 것도 좋겠다.

나머지는 그 편지에 적혀있으니 이만 줄인다.

書 - 321

12월 25일

준에게 답한다.
편지가 도착하여, 소식을 모두 잘 알았다. 여기도 무탈하게 잘 있다.
오늘은 박현재 일행이 가고 적적하게 혼자 앉아있노라. 이만 줄인다.

정묘년
(1567년, 67세)

書 - 322

1월 14일

답장

편지 내용을 잘 보았다. 나는 엊그저께 한밤에는 전보다 좋아지는 듯하더니 새벽에 다시 발작하여 오히려 전보다 심했고, 어제 오후부터 좀 나아져서 밤에는 비록 기침하고 침이 마르기는 했지만 크게 심해지지는 않았다. 몸 여러 곳에 아팠던 증세가 점차 줄어들어 이제부터는 차츰 회복될 것 같은 느낌이다.

어제 정 자정*의 편지를 받아 보니, 지금 예조 좌랑이 되었다고 한다. 금방 하인들이 서울에 올라가니 안도에게 병증을 글로 써 보내면, 편지를 보내서 약을 구해보겠다는 내용이었다. 점차 나아지는데 멀리서 약을 구하는 것은, 평소의 지병에 약을 구해 예방하는 것이 가당치 않아서 하지 않았다. 계근이는 마저 남은 일이 있어서 못 갔는데 지금 떠나려 한다. 나머지는 계근이에게 준 편지에 다 말하였다.

*정자정鄭子精: 정탁鄭琢(1526~1605)의 자, 퇴계의 문인.

書 - 323

1월 16일

답장

계근이가 한밤중에 도착하는 바람에 오늘 새벽에서야 막 편지를 보았다. 내 병세는 더했다가 덜했다가 하여 잠깐 편하고는 괴로울 때가 더 많아 한마디로 표현하기가 어렵구나. 그러나 일찍부터 알고 있던 증세이니 큰 근심까지는 가지 않을 것이다. 답장을 요구했던 편지는 계근이가 이번 편지와 함께 가지고 오지 않아서, 네게 갔는지 어쨌는지 모르겠구나. 윤군*의 편지는 편지 가져갈 사람이 바쁘다고 재촉하여 답장을 쓰지 못했으니, 나중에 답장을 보낼 것이다. 지금에야 『사서장도』를 보냈다고 한다.

*윤군尹君: 제자 윤흠중尹欽中을 말함.

書 - 324

1월 19일

답장

내 증세는 하루 간격으로 번갈아서 좋고 나쁘고 하니 일정하게 말하기가 어렵다. 지금은 비록 조금 나아졌으나 밤에는 또 어떨지 모르겠구나.

중국 조정의 일이 저와 같은데 공문*이 더디 도착한 것은 감사가 멀리에 있어서이다. 외관 4품 이상이 최복을 입는 여부는 반드시 공문에 갖추어 있을 것이니 미리 뭐라 말하기가 어렵다. 그러나 의례적으로 미루어보면 내외가 한 몸이니 최복을 입어야 마땅한 듯하다. 내가 처한 입지가 또한 어려운 데다 마침 병세가 이와 같아 현에 들어가 예를 행할 수 없으니 어찌하랴.

절목*의 초본이 도착했다. 영천에 가는 것은 공문이 도착한 뒤, 4일 혼례식을 마친 뒤에나 다른 곳에 갈 수 있다. 그전에 그쪽에 가는 것은 잘못된 일이 아니겠느냐?

생맥산*이 오긴 했으나 근래에 오미자차를 마셨더니 그게 원인이었는지 병이 더욱 발작하였다. 이렇다 보니 오미자 종류는 쓸 수가 없구나.

추신———이진탕*이 다 떨어졌다. 예천군에서 그 약을 잘 짓는다는 말을 들었는데, 심부름꾼을 시켜 구해보는 것이 어떠냐? 만약 이 참봉을 만나게 되면 분명히 더 넣으라는 약재가 있을 것이니, 그 약재도 예천에서 구하는 것이 마땅할 것이다.

*공문公文: 명의 사신과 수응할 제술관을 부르는 임금의 소명
*절목節目: 맏손녀의 혼례를 계기로 고례 등을 참고로 의목들을 집록한 것.
*생맥산生脉散: 인삼, 오미자, 맥문동 등을 혼합하여 만든 한약재.
*이진탕二陳湯: 체내의 비정상적인 담음을 제거하는데 쓰는 처방 약, 반하, 진피, 복령, 감초로 구성되었음.

書 - 325

2월 5일

안기로

몸의 증세는 여전하다. 게다가 식상증이 생긴 듯하니 이는 연석고*를 복용한 것이 위장을 상하게 한 것이 아닐까 해서 이제는 보중익기탕만 복용하였다.

지금 기 사인*에게 줄 편지를 네게 보냈다. 부에서 서울 가는 사람이 있으면 친절하게 보내서 꼭 전해지도록 했으면 좋겠구나. 편지 내용에, 중화군*에서 간행한 『석의』 판목을 태워서 없애도록 부탁하려는 것인데, 그가 관서지방으로 떠나기 전에 전달하게 하려고 이처럼 급하게 하는 것이다.

전에 말해 왔던, 네가 한식 때 증조부 산소에 제사 지내는 일은, 다시 생각해 보니 매우 미안하구나. 네가 나라의 은혜를 입어 관직을 받은 곳이, 선조의 고향 사당 앞을 매번 지날 수 있는 곳이니 다행이다. 종형제들이 번갈아 제사를 지낼 때 너는 비록 자주 찾아가 제사에 참여하지는 못하더라도, 네 차례에 해당하는 제사에도 참례하지 않는다면 어떻게 불편하지 않겠느냐? 게다가 봄가을 두 제사는 고조부의 지방*을 써서 재사에서 함께 모셔야 하는데 적과 아순이 어찌 지방을 쓸 수 있겠느냐?

만약 안도를 보내려고 한다면 안도가 타고 올 말이 준비되지 않을 듯하구나. 내 생각에는, 17일이 국기일*이고 16일이 인일*이니 15일로 앞당겨 행한다는 내용을 미리 이뇌와 절의 스님에게 통보하고, 너도 이날 일찍 와서 제사를 지내고 나서 여기에 올 수 있을 것이다. 이렇게 하는 것이 좋겠는데 너는 어떠하냐?

추신──만약 이대로 한다면, 15일에 위요* 보내는 일은 또한 상대측에도 알려야 한다는 생각이다.

*연석고軟石膏: 위胃에 담화痰火가 있어 트림하는 것을 치료하는 처방약.
*기사인奇舍人: 사인을 지낸 기대승(1527~1572)을 말함.
*중화군中和郡: 평안도 중화군.
*지방紙榜: 종이에 글을 써서 만든 신주.
*국기일國忌日: 왕실의 제삿날.
*인일寅日: 나라에서 매우 꺼리는 날.
*위요圍繞: 혼인 때 가족으로 신부나 신랑을 데리고 가는 사람.

書 - 326

2월 7일

 답장

 편지 내용은 잘 알았다. 추가한 약재와 조복도 모두 받았다. 내 병세는 그저께 밤부터 많이 회복되고, 식상증*도 보중익기탕을 복용하면서 나아지고 있으니 참으로 다행이다. 가끔씩 기침하고 입이 마르는 증세는 그래도 반복되고 있다. 15일에 지내는 작암 제사에 참례하는 일은 아주 좋은 일이나, 이뇌 등에게 빨리 통보하는 것도 잊지 말고 있거라. 오천 윗마을의 병세가 불안하고, 지장을 주는 일이 많아 심히 우려된다만 그래도 거리가 가깝지 않으니 다행이다. 조복*을 돌려보낸다.

 추신———제술관*이 계문을 의논할 때 내 이름이 없었고, 근래 구경서가 보낸 29일 자 편지에도 내 이름을 들어 말하지 않았구나. 이것은 의심에서 벗어 난 것으로 볼 수도 있겠으나 아직은 감히 확신하지 못할 뿐이다.

*식상증食傷症: 음식을 내 몸이나 상태에 맞게 적절하게 먹지 못해서 소화기를 상한 병.
*조복: 문무백관이 입던 관복.
*제술관製述官: 승문원의 한 벼슬

書 - 327

2월 9일

답장

어제 계근이가 가지고 온 편지를 보고 두루 안녕하다는 것을 알았다. 지금 내 병세는 조금 덜하지만 아직은 추위가 무섭고 바람 쐬는 것도 싫어서 밖에 나가 사람들을 대하지 않는다.

부사에게 감사하는 편지는 만들어 보내 전해 올렸다. 매번 후한 은혜를 감당하기 어려울 만큼 입었다. 조복은 올려보냈다.

작암*의 위요는 마땅히 훈도* 형님 집에 머물러야 하지만 그곳에 일이 있어서 우리 집에 머무르고 있다. 14일에 재암으로 모실 생각이다. 내용을 알았으니 일찍 와서 행사에 참석하면 좋겠다.

온계 윗마을에도 홍역이 있다고 들리니 걱정을 견딜 수 없구나.

*작암鵲菴: 안동 주촌에 있는 진성이씨의 주손 마을. 산소가 있는 작산에 재암齋菴이 있어 작암鵲菴이라 함.
*훈도訓導: 퇴계의 둘째형 이하李河.

書 - 328

2월 11일

답장

편지가 도착해서 모두 무고하다는 것을 알았다. 내 증세에 조금 차도는 있다만 기가 몹시 허하고 피곤증이 심하여 약간의 조섭도 힘들구나. 잠깐 좋아졌다가는 또 나빠지기를 반복할 뿐이다.

15일에 제사 지내는 일은 주촌에서 허락했으니 서로 어긋나지 않아 기쁘다. 군위에서는 아직도 오지 않았느냐?

기간 전에 납채*하는 일은 바라는 대로 도달하지 못할 듯하다. 또 여기서 옷을 만드는 일 등은 대부분 지체되어 군색함을 초래할까 걱정된다. 상화*는 세상에서 다들 그렇게 하느냐? 이처럼 사치하는 일은 세상 풍습을 모두 따를 필요도 없고 또 국상 기간 중인데 어찌 꺼려야 하지 않겠느냐?

부사가 또 황어*를 보냈으니 감사할 따름이다. 인편을 통해 사례 인사를 드려야겠구나. 나머지는 이만 줄인다.

*납채納菜: 혼약 후 신랑 사주와 혼인서를 신부집으로 보내면 신부집에서는 혼인날짜를 잡아 신랑집으로 보냄.
*상화床花: 잔치 음식상에 꽂는 조화造花로 수파련, 홍도화 등의 실상화를 만들어 음식 위에 꽂았다.
*황어黃魚: 잉어과에 속하는 민물고기.

書 - 329

2월 13일

안기로

나는 지난밤에 조금 나아지기는 했으나 새벽에 다시 발작해서 아직도 호전되지 않고 있다. 청송 부사가 안동부를 경유하여 나를 찾아오려고 한다는 소리가 들리니, 그 행차를 적극적으로 말렸으면 좋겠다. 남언경에게 보내는 짧은 편지는 판관에게 부탁하여 우경선에게 부치도록 보냈는데, 분명히 경선은 실수 없이 전달할 것이다.

특히, 너는 지금 큰일을 앞에 두고, 네 힘으론 감당할 수 없는 것이 있을 것이기에 부득이 알고 지내는 동료 관리의 힘을 빌리지 않을 수는 없겠지만, 큰 단락은 네가 가닥을 잡고 잘 요량하여 처리하거라. 외람되게 다른 사람들로부터 비방을 듣는 일이 없도록 해야 지극히 옳은 일이다. 더구나 내가 여기에 있으니 너의 잘못은 모두 내 잘못이 되는 것이니 더욱더 조심해야 할 것이다.

성혼하는 일로 휴가받는 것을 사신이 포구에 도착한 뒤에 하겠단다고 들었는데, 그때 가서 하면 늦을 것이다. 혼삿날이 얼마 남지 않았으니 지금 휴가받는 것도 빠른 편이 아니다. 속히 서두르는 것이 좋을 것이다.

書 - 330

3월 25일

답장

　네 편지와 조보를 보고, 두루 일을 알게 되어 많은 위로가 된다. 안도가 풀이를 잘못한 것은 비록 안타깝지만 어찌하겠느냐? 왕대비께서 조금씩 안정되어 가니 온 나라의 행운이다. 지금 행로와 같다면, 사행이 4일 봉화로 갈 때 여기를 거쳐 가겠느냐?　조보는 모두 돌려보냈다. 부디 날마다 조심 또 조심하라는 말밖에 다른 말은 없다.

書 - 331

4월 12일

답서

유곡*으로 가지 않고 도에 체직 되어 오게 되니 위로가 된다. 사상께서 전하는 말은 잘 알았다. 나는 어제 재사에 가서 제사를 지내고 오늘 잘 돌아왔다.

건은 병이 낫고 나서 호전된 상태를 잘 유지하고 있고, 대피소에도 별 일이 없어 조금씩 걱정을 내려놓고 있다. 여러 곳에서 전해온 편지를 받고 두루 소식을 들었다. 다름이 아니라, 이 순천*에게 전할 편지가 있는데, 사천 현감에게 그 관아 사람이 기일에 올 수 있지를 물었더니 올 수 있다고 한다.

고응척 정자*에게서 근래에 편지는 받았으나, 병풍은 아직 돌려받지 못했다고 하니 어떻게 까마득히 잊을 수 있단 말이냐?

문도에게 상경하는 날짜가 다 차서 보냈다고 하니 다시 바꾸지 못할 것 같아서 아쉽다. 이만 줄인다.

추신———가뭄 때문에 걱정이 이루 말할 수 없으니 어찌한단 말인가? 의령에 사람을 보낸 일은 어떻게 되었느냐?

*유곡幽谷: 현재 경남 의령군 유곡면, 유곡역참幽谷驛站.
*순천順天: 순천부사를 지낸 이정李楨(1512-1571)을 말함. 퇴계의 문도.
*정자正字: 고응척高應陟(1531~1605)의 직함, 홍문관·승문원·교서관에 두었던 정9품직.

書 - 332

5월 10일

아들 준에게 답한다.

편지를 받고 두루 소식을 잘 알았다. 조보는 보고 나서 다시 보내니, 돌려 드려도 괜찮다. 중국 사신은 아직 정해진 기별이 없으니, 분명히 가을이나 추운 겨울에 올 텐데 어찌하랴.

아경*이 책을 읽고 글자를 익히는 것은 이렇게 해도 좋겠다.

다름 아니라, 어제 영해 부사의 두 자제가 와서 머물러 있고자 하였다. 그러나 내가 진퇴를 결정하지 못하고 있고, 병까지 심하게 더해져서 완고하게 사양하였다. 오늘은 비 때문에 머물게 하였다만 내일은 돌아가게 하려고 한다. 이미 왔는데 사양하여 물리친다는 것도 마음이 매우 편치 않구나.

윤중일*도 다음 달에 주역을 읽은 뒤에 질문하러 온다고 들었다. 비록 온다고 해도 머무를 수 없다는 뜻을 네가 분명하게 미리 알려, 그를 오지 않게 했으면 좋겠다. 만일 중일이가 절에 들어가 아직 나오지 않았다면 인편을 통해 부사*앞으로 편지를 보내는 것도 괜찮다.

영해의 자제 가운데 한 사람은 금씨가문의 사위 이서이다.

*아경阿慶: 퇴계의 셋째 손자 이영도의 아명.
*윤중일尹仲一: 윤흠중(1547~1594)의 자. 퇴계문도.
*부사府使: 부사를 지낸 윤중일의 아버지 윤복尹復(1512~1577).

書 - 333

5월 13일

안기로 답한다.

보내준 조보는 본 뒤에 다시 돌려보냈다. 박가가 다른 사람을 고용하면서 고집하여 듣지 않고 이미 정했다면, 구태여 번거롭게 한들 무슨 득이 있겠느냐? 다만 박력은 가서 만나지 않을 수 없으나 그는 분명히 내 편지를 받고자 갈 것이다. 내가 처음에는 허락하지 않았으나 다시 생각해 보니, 기인*이 받은 것이 올해 정역이었다면 이미 나눈 것을 분명히 봉납하지 않고 방기했을 것이다. 그러므로 이렇게 편지를 보내 우선 정지시키려고 '내년을 기다렸다가 후에 정역하는 것이 어떠냐?'라고 하여 박력에게 부쳤다. 만약 그쪽에서 완고하게 고집하고 들어주지 않으면 그 편지를 주되, 듣는다면 줄 필요는 없을 것이다. 오늘 이미 보냈다.

추신──16일은 조부님의 기일이니 염두에 두어라. 민도*가 또 병을 얻어 아직도 낫지 않았다고 하니 염려될 뿐이다. 형님은 원평의 우소*로 가셨다.

*기인其人: 향리에서 경저로 차출되어 잡무를 보면서, 출신 향리의 공물을 납품하는 역할을 하였다. 기인의 입역에 드는 비용이 새로운 민역의 부담이 되어 폐단이 컸음.
*민도敏道: 퇴계 맏손자 안도의 초기 이름. 아명은 아몽이며, 안도가 13세 되던 해 민도로 지었다가 다시 14세 되던 해 안도로 개명함.
*우소寓所: 임시로 몸을 붙여 살고 있는 곳.

書 - 334

6월 9일

안기로

지금 들으니, '주상의 명으로 내의원정* 연 아무개가 병을 살피기 위해 파견되어 어제 단양으로 들어갔다.'라고 한다. 네가 다른 곳에 있어서는 안 되니 빨리 집으로 달려오도록 하라.

*내의원정內醫院正: 궁중의 의약에 관한 일을 맡아보던 관아의 정3품 벼슬.

書 - 335

6월 18일

준에게 보내는 답서

풍기에 있을 때 네 편지를 받고 소식을 잘 알았다. 특히 네가 승차*받아 하필 외방으로 나가게 되어 며칠간의 행차도 수행해 주지 못한 것이 진실로 아쉽구나.

마음은 급하게 갔지만, 혹여 기한 내에 그쪽에 도착하지 못한 것 아니냐? 오늘 연원 찰방을 만나 왜국사신 행차의 노정 속도를 물어보니, 충분히 따라잡을 수 있을 것 같아서 마음이 가볍다.

내가 비록 간간이 불편하기는 하나, 다행히 다른 큰 병은 생기지 않았다. 지금 수산*에 도착했고 내일 황강 쪽으로 떠난다. 다만 피곤하고 기가 몹시 허하니, 혹시라도 생각지 않은 병이 생길까 염려하여 늘 위태롭고 답답하구나. 또 어린 여종이 더위에 병이 생겨 중간에서 조치를 못 하니 같이 데리고 가기가 어렵구나. 여종을 함께 말에 태웠으나 아파서 먹지 못하고, 타고 가는 검은 말도 복부에 상처가 나서 어쩔 수 없이 여기서 모두 돌려보낸다. 일이 이렇게 많이 어그러져서 걱정이 크다. 보내준 쌀 4말과 서울서 온 편지는 전달받았다. 허 도부장이 부장을 만나서 당연히 알려 주어야 하나 일이 이미 늦었을 것이다. 아마 얻기 어려울 듯하다.

*승차: 왕명을 받들어 지방으로 차견함.
*수산: 현재 충북 제천시 수산면.

書 - 336

6월 27일

  준에게 부치는 편지

  무더위 속에 먼길을 잘 갔느냐? 나는 25일에 서울에 도착하여 죽전동 집에서 묵고 있다. 다만 그저께부터 성상의 옥체가 편치 않아, 열이 높고 지극히 위태로워서 온 나라가 놀라고 당황하고 있다. 게다가 중국 사신이 오는 날이 임박했는데, 나라에 이런 근심이 있으니 황망하여 끝내 무슨 일이 있을지 가늠조차 할 수 없구나. 내가 한편으로는 크게 불행한 일이라는 것을 더욱 알게 되었다.

  안도가 떠난 뒤에 내게 보낸 편지를 보니, '다음 달 10일 이후 아내를 데리고 올라오려 한다.'라고 하였다. 만약 이 계획대로 된다면 좋기는 하다만 안도 처가 병중이니 먼길 행차를 확신하기는 어려울 듯하구나. 너는 도목*에서 장악원 직장의 말망으로 들어갔지만, 낙점받지는 못하였다. 나는 뱃길로 가던 중에 더위로 인한 설사병이 생겨 거의 먹지도 못했으나, 서울에 도착하여 이내 약을 지어 먹었더니 나아졌다. 궐에서 밤늦게 돌아왔더니 몹시 피곤하구나. 나머지는 이만 줄인다.

*도목都目: 매년 음력 6월과 섣달에 관원의 성적을 평가하여 면직 또는 승진시키던 일.

書 - 337

8월 26일

아들 준에게 답한다.

　네 편지와 예중이의 편지, 조보 등을 다 받아 보았다. 위로가 되는구나.

　다만 사람들이 모두 나를 옳지 않게 여기니, 특히 마음이 편치 않다. 후일에는 세상 사람들이 내 마음을 분명히 알아줄 것이니, 지금 입을 열어 밝힌 들 무슨 득이 있겠느냐?

　우경선이 지어준 평위전을 복용한 뒤로는 내 증세가 차차 나아지는 듯하다. 서울에 있는 동안 진작에 이 약을 복용했더라면, 이런 중병과 낭패에 이르지는 않았을 것이다. 지금 깊이 후회하고 있다.

　만사*는 늦게 보낼 수 없어, 지금 온 사람에게 보낸다. 배진하는 아전을 직접 불러서 즉시 신 주부*에게 전달하게 하거라. 다른 사람들이 제출한 것을 알아보고 곧바로 도감*에게 올려야 한다는 것을 틀림없이 지시하여 보내야 할 것이다. 아경에게 큰 글씨로 된 『맹자』를 읽게 하려고 그 책을 아순에게 찾아보라 했더니 못 찾겠다고 한다. 어떤 사람이 빌려 간 것 같으니, 뒤에 오는 사람에게 알려주면 좋겠다.

추신――― 류중엄이 집에 보내는 편지를 네가 받아 왔느냐? 가죽 상자 안에서 발견되거든 마침 용손이가 와 있으니 지곡으로 부쳐 보내거라.

---

*만사挽詞: 명종의 서거에 따른 만사를 지어 올리는 것.
*신주부申主簿: 신섬申暹(1539~1594)의 직함. 자는 예중詣仲, 퇴계문인.
*도감都監: 국장도감國葬都監.

書 - 338

9월 1일

답장

편지를 보고 안부를 잘 알았다. 언제쯤 들어오게 되느냐? 아경이가 『중용』을 다 읽은 지가 벌써 여러 날 지났다. 큰 글씨로 된 『맹자』를 찾지 못해서, 중용을 먼저 읽게 하는 것도 무방하기 때문이었다.

書 - 339

9월 18일

준에게 부친다.

지금 서울에서 온 편지를 보니, 뭇 의론이 시끄럽다고 하는데 영상대감과 오 이상*대감이 더 분노했다고 한다. 아마도 추치*하는 일이 있을 것이고, 마땅히 그것을 감당해야 할 일이다. 네가 이러한 내용을 미리 알 수 없었기 때문에 말하는 것이다. 춘산*이가 돌아가는 길에 네게 들러 답장을 받아가려고 하니, 이 사람에게 답장을 전해주도록 해라. 일부러 여러 편지와 조보도 같이 보내니, 조보는 본 뒤에 다시 돌려주면 좋겠다. 바빠서 자세히 생각해 보지 못했지만, 다시 생각해 보려 한다.

*이상貳相: 삼정승 다음 가는 벼슬. 좌우참판.
*추치推治: 죄를 따져서 다스리다.
*춘산春山: 김취려(1526~ ?)의 종.

書 - 340

9월 21일

준에게 답한다.

편지를 보고 무탈하게 잘 지낸다는 것과 또 24일 행차가 있다는 것도 알았다. 빨리 갔다 와서 새로운 사신이 국경에 도달하기 전에 왔으면 좋겠다. 부사가 보낸 조보는 받았다만, 이화중이 논박을 당할 때 분위기상 분명히 멈추지 않았을 테니 참으로 한스럽구나. 내가 비방을 받는 것이니 감수할 뿐 어찌할꼬? 네 사령장을 일전에 보냈다고 하는데 보았느냐? 춘산이가 편지심부름 하기 위해 왔으니 길 양식이라도 보내주면 좋겠다.

書 - 341

9월 23일

안기로 부친다.

내일 출발할 테냐? 지금 안도와 권경룡*의 편지를 보니, 덕원*은 사직하고 귀향하기로 결정 지었다고 한다. 손부의 병이 완전히 낫지는 않았지만, 나아지는 단계에 있으니 모두 기쁜 일이다.

오늘 용수사에서 도산으로 왔다. 박랑*과 아순은 곧바로 그쪽으로 갔고 나는 김 정언*이 부친 순천*의 편지를 찾아서 보내야 하는 일 때문에 계상에 와 있다. 산 집을 나온 것은, 서리 내리고 추운 탓에 그쪽에 오래 머물기가 어려웠을 뿐이다.

순천과 내 것을 포함하여 편지 두 통이 그쪽에 도착할 것이니, 답장을 받아 오는 대로 바로 보내거라. 『계몽전의』를 보내도록 내가 편지에 말했으니 너도 한 번 더 청해서 올 때 가지고 오거라. 내가 출타 중이므로 공미에게 편지를 쓰지 못했다는 것도 말해 다오.

*권경룡權景龍(1537~?): 안도의 처남, 퇴계 문인.
*덕원德原: 현재 함경남도 원산시, 장인 권소權紹의 근무지.
*박랑朴郎: 박려朴欐(1551~1592), 퇴계의 맏손서, 준의 사위.
*김정언金正言: 김난상金鸞祥(1507~1570)을 말함. 字는 계응季應, 호는 병산餠山.
*순천順天: 순천부사였던 이정李楨(1512~1571)을 말함. 字는 剛而, 호 龜巖.

書 - 342

9월 29일

안기의 준에게 부친다.

가는 길에 불편한 것은 없었느냐? 의령의 안부는 어떠하다더냐? 여기는 다 무고하다. 내가 일이 있어 엊그제 계상에 갔었는데, 특히 그곳 제사 비용을 단성댁에서 타작한 것으로 대는 것을 보고 편치 않았다. 올해 타작한 가운데 한 섬을 제수 비용으로 지출하고 또 잡비를 뺀 나머지는 전에 지시한 대로 무명으로 바꾸도록 여쭈어 허락을 받았으니 너는 가는 길에 가지고 가면 좋겠다. 인편이 와서 바삐 간다고 하니, 공미와 태원* 등에게는 편지를 쓰지 못하였다.

*태원太源: 오운吳澐(1540~1617)의 字. 퇴계와 남명의 제자. 호는 죽유竹牖.

書 - 343

10월 14일

준에게 답한다.

그저께 받은 5일 자 편지를 보고, 제사가 8일로 미루어졌다고 알았는데, 지금 온 편지에는 출발도 미뤄져 9일에 했다는 것을 알았다. 명분이야 비록 공적인 행보지만 새로운 사신이 국경에 도착하는 때에 서로 맞지 않는 일이 될까 염려했는데 지금 이미 무사히 왔다고 하니 기쁘다.

의령의 큰댁과 작은댁도 모두 편안하다고 하니 역시 기쁘고 마음이 놓인다. 무명 바꾸는 일은 의령과 사천에서 보낸 편지를 보고 다 잘 알고 있고, 보낸 무명과 『전의』 책도 잘 받았다.

부사*의 사직 행차는 양쪽이 다 상견하기 어려워 보지도 못하고 떠났다. 아쉽다는 마음을 꼭 전해주었으면 좋겠구나.

추신———개손이는 그의 아들 개석이가 병을 앓아 약을 구하러 오늘 새벽에 안동에 나갔다. 네가 올지 어떨지 모르고 또 바빴기 때문에, 네게 편지를 못 쓴 것뿐이다. 분황 제사는 이미 10일에 지냈다.

*부사府使: 안동부사였다가 사직한 윤복尹復(1512~1577)

書 - 344

10월 15일

안기로 답을 보낸다.

어제 금의순*이 단양에서 서울 소식을 보내줬는데, 너무 간략하여 보지 못하였다. 형님의 일은 온 가문이 낙심과 고통을 품고 살고 있는데, 네가 보낸 이런 기별을 뜻밖에 받고 보니 너무 놀랍고 기뻐서 감동의 눈물이 저절로 나와 막을 수가 없구나. 즉시 온계로 달려가 소식을 전했으니 문중의 경사가 이보다 더한 것이 어디있겠느냐? 감사가 보낸 보답은 가져온 사람에게 돌려주어 현에 가져다주게 시켰다. 신예중의 일은 매우 안타깝지만 어찌하겠느냐? 여기서도 진작에 들었다. 이만 줄인다.

*금의순琴義筍(1543~1592): 字는 우경友卿, 호는 취암翠嚴. 퇴계 문인.

書 - 345

11월 4일

안기로 답한다.

편지를 보고 내용을 잘 알았다. 제삿날과 서로 겹쳐서 사정이 마침 그러하니 아쉬운들 어찌하겠느냐? 네가 간 뒤로 부인의 상복에 관해서 전에 국상 때 있었던 해당 관서의 이문초를 찾아보니, 비록 대왕의 상과 경중의 차이가 있었지만 대체로 미루어 알 수 있었다. 지금에 이것을 또 보니 졸곡 후에는 흰색 소복인데, 이는 당상관 처의 경우에 그렇다는 것을 알았다. 그 이하 관직의 처에게는 해당이 안 되는데 일전에는 깜빡하고 분별하여 말하지 못했다. 건망증도 역시 일을 심하게 해치는구나. 이전인*이 요청한 것에 응하지 못하고 깜빡한 것도 마찬가지다. 나머지는 이만 줄인다.

*이전인李全仁: 이언적의 서자. 호는 잠계, 생몰년 1516~1568, 퇴계의 문인.

書 - 346

11월 10일

　안기로 준에게 답한다.

　편지를 받고 별 탈 없이 수행하고 있다는 것을 알았다. 여기도 여전하다만 사직서의 처결을 기다리기가 어렵고 어렵구나. 사행은 나 때문에 추위를 무릅쓰고 어려움을 겪고 있어서 오지 않았어도 도리어 미안하구나. 사정이 이와 같으니 어찌하랴?

　다름 아니라, 이 고을 서원에는 노복이 없어서 앞으로 폐쇄될 지경까지 되었기에 감사에게 공노비를 정급*해 달라는 부탁 편지를 썼으니 즉시 전달해 주면 좋겠다. 혹시 감사가 이 일에 관하여 묻는다면 당연히 미리 알고서 대답해야 하기 때문이다.

　봉화에서는 중국 사신을 지대*하는 물품을 수납하는 관리로 파견하는 것에서 제외해달라고 감사에게 청하고자 한다며, 어제 심부름꾼이 와서 고했다. 감사는 분명히 병을 핑계로 듣지 않고 도리어 화를 낼 것이므로 의도대로 하지 못할 것이다. 의도가 몹시 한심하다는 뜻을 알려 주었다.

추신———관부*와 예중에게 보내는 편지 두 통은 굳이 편지 심부름하는 사람을 구하지 말고 편의에 따라 전달하면 좋겠다.

*정급定給: 고정적으로 정하여 둠.
*지대支待: 공적인 일로 지방에 나간 고관이나 외국 사신의 먹을 것과 쓸 물건을 그 지방 관아에서 바라지하는 일.
*관부寬夫: 조언박(1509~1547)의 자. 퇴계 문인, 황준량과 동방급제하였다.

書 - 347

11월 11일

편지를 부친다.

여기에도 가끔 웃을 만한 일이 있다. 경주 이생이 감사의 편지를 전해주러 왔기에 그를 앞에 두고 편지를 뜯어보니, 단지 낱글자 쓰인 두 번째 종이만 있고 그 안에 정작 편지는 없었다. 이생에게 돌아갈 때 써 준 답장에는 낱글자의 말과 이생이 입으로 전하는 말일 수밖에 없었다. 오늘 우연히 다시 열어보았다가, 그 편지는 종이 안에 있는 것을 찾았다. 감사의 편지는 그 내용이 종이에 가득했는데 대부분 답장으로 써 보내지 못한 것이어서 놀랍고 부끄러웠다. 하는 수 없이 다시 답장을 써서 고을 사람을 시켜 올렸으니 너도 이러한 내용을 알고 있기 바란다.

추신———16일 완 조카가 시제를 지내기에 앞서 보낸 사모*를 15일에 도착하도록 보내거라.

*사모紗帽: 문무백관이 관복을 입을 때 갖추어 쓰던 검은 모자.

書 - 348

12월 5일

안기로 답한다.

편지를 받고 두루 잘 알았다. 추운 길에 조심하고 몸 건강을 챙기거라. 가는 곳마다 매사에 조심하고 경계하거라. 의흥*에 보냈던 『경현록*』을 감사또에게도 보냈다. 돌아오는 대로 조만간 모시고 돌아온 것을 알려다오. 답장을 보낸다.

*의흥義興: 경북 군위군 의흥면.
*경현록景賢錄: 구암 이정李楨(1512~1571)의 청으로 정여창을 비롯한 선비들의 글을 모아 퇴계에게 보낸 자료를 바탕으로 퇴계가 개정, 편찬함.

書 - 349

12월 15일

준에게 보낸다.

　네가 이미 돌아왔는지 모르겠다. 안도가 지금 서울에 도착했다고 하는 반가운 소식이다. 감사또께서는 해를 쇠고 나서 곧 돌아온다고는 했으나 현에 들어오지 못할 듯하고, 영천 등지에 머물면서 기다렸다가 인끈*을 교대하고 떠난다고 한다. 그래서 내일 간단하게나마 도산 서당에서 작별인사를 하려고 했으나, 미리 준비하지 않았던 일이라서 장만한 것이 어긋나고 온전하지 못할 듯하다.

　너는 아직도 들어오지 못했느냐? 오수영* 딸의 행차가 내일 그 우역*에서 묵을 것이라는데 네가 와서 만나볼 수 있겠느냐? 그 가마꾼이 판관에게 직접 부탁도 하고 또 편지로 부탁한 일이다만, 짐작되는 판관의 생각은 아주 흔쾌하게 받아들이지는 않는 것 같다. 일꾼에게까지 제공하는 것은 판관의 일이 아니라고 생각하기 때문이다. 비록 판관은 억지로 수긍한다손 처도 하인들이 마음을 써 주지 않아 군색하게 될까 염려되는구나.

*인끈〔印綬〕: 관인 따위를 몸에 찰 수 있도록 인꼭지에 묶은 끈. 관리직을 뜻함.
*오수영吳守盈(1521~1606): 호는 춘당春塘, 퇴계 문인.
*우역郵驛: 공문서를 중간에서 이어 전달하고, 공무로 다니는 관리에게 마필을 제공하던 곳. 역참.

書 - 350

12월 21일

  안기로 답한다.

  오래되도록 말이 오지 않아 내일 사람을 시켜 용손이에게 보내려고 했더니, 이제야 끌고 왔다. 잘 먹여야 잘 달린다더니 과연 그게 맞는 말이구나. '파견되어 가는 일'이라는 네 말도 그릇된 것이다. 저 우관*과 약속한 이야기는 개인적인 일이 아니고 무엇이냐? 기왕에 어렵게 나가기는 했으나, 후일에는 마땅히 이러한 일로 경계를 삼아야하기 때문에 말한 것이다.

*우관郵官: 우편에 관한 일을 맡아보던 벼슬아치.

원문은 퇴계학연구원에서 지원사업으로 이루어진 중간 성과물로 교감, 표점 등을 그대로 전재하였음.

● 을묘년(1555년, 55세)

書 - 146 (4월 2~8일) P.10
【寄寯】
【從馬之還, 得書, 知無事到惟新, 深喜深喜. 但水卜陸行, 奴又迷劣, 何以達京? 且未知能及限謝恩與否, 深慮深慮. 新出之官, 適値事煩之司, 凡事想必多難處, 何以爲之? 日夜念之不置. 余濕證, 比汝在時, 漸似向差, 然猶未殄絶, 本是重證, 故疑慮耳. 前云藥易求則求送, 不易則姑徐不妨. 今聞'因有啓達, 有旨下送'云, 不知信否? 若信則甚爲驚惶罔惜之事, 奈何奈何? 以病永廢之人, 安有虛蒙上恩之理? 其間計慮則素定, 只以過越分外, 故惶恐耳. 適因客煩人忙草草.】
【乾雉二首送去. 汝孥則皆安, 詳在諺書.】

書 - 147 (4월 11일) P.11
【寄寯[乙卯 西小門內]】椊䨲
【尙未知到京後音信, 凡事未知何樣爲之? 遙念不已不已. 今日見李鶴壽, 聞西小門家, 朴琮倍入. 雖云不過數日, 當移他處, 然豈可必乎? 然則汝寓何處? 他事姑不論, 婢子率移, 事多未便, 如何如何? 且謝恩及上任等事, 皆無事爲之否? 每事須詳問而審處之, 無爲人所笑, 至可至可. 此處皆無恙. 余證雖不大發, 尙未差愈, 不無疑慮. 安道初九日加冠, 其容貌比總角時似爲端實, 但身未長耳. 雨澤當時適中, 但麥秋尙遠, 公私匱竭, 大可悶也. 公簡時未上來, 可恨可恨. 烏川金生員證, 尙無減歇, 龍宮則初八日捐世云. 前送書簡皆傳耶? 前聞有旨, 且付僉知, 不勝驚悚之至. 有旨則時未到矣. 吾事如此, 無奈有人言乎? 近得見韓生員·南生員兩簡, 深慰深慰. 但今以忌祭事, 到孤山齋舍, 未及修答, 恨恨. 隨後當答, 此意告于鄭靜而處, 則可傳矣. 餘在金惇敍從馬人持書, 只此.】

書 - 148 (4월 15일. 첩재) P.13
寄子寯
【鄕所人永弼來傳公輔書於溫溪, 因其所報, 知汝無事到京謝恩, 喜深喜深. 但右人尙不傳汝書於此, 故凡事未詳知, 亦未回答, 想汝心亦必缺然, 恨恨. 當伻人取來爲計.】 近日汝安否? 司中公務, 稍可堪當否? 昨得松岡書, 自安東貳衙送來, 其書乃汝未到京時所修也. 書末云, "濟用非儒生所欲, 然換他亦不難"云云, 此固可喜之言. 然纔得便圖他移, 於義未安, 人言亦可畏, 須勿圖換爲可. 聞有降旨, 不勝惶惕. 且其書狀, 至今未到於此, 回謝之事太遲緩, 亦深未安. 【聞'公輔得其有旨, 草送汝處'云, 想永弼持來, 亦時未見, 此人可謂頑習也. 吾證往復, 殊不可慮耳. 他事, 仇叱同受書已悉, 不復云云. 但景福宮重新記, 曾聞用洪相所製, 昨見吳察訪書內所用非洪相云, 傳聞未可憑也. 徐而聞見通報爲可. 但汝不須煩問於人, 只告詣仲輩泛問亦可. 兒輩皆安, 雨澤時洽, 兩麥亦向茂. 但公私竭絶, 飢難接濟耳.】

【宙代番, 何人爲之乎? 其點考闕圖減事, 兄主敎之, 故不得已魚參知前修簡, 送于公輔處, 然退人請簡于朝官, 甚未安. 勢可不呈, 則不呈甚佳, 若呈則呈于入直處乃可. 此事莫同知之, 好處之.】

書 - 149 (4월 18일) P.15
【寄宏姪寯男】 楷黜
【他事具前書. 寅姪得病二日, 今夜奄至不救, 痛哭罔措罔措. 自去冬落馬後, 漸成憊弱, 二月以後, 喉閉聲嘶, 然不以爲病, 與寯來寓命福家讀書. 自十六日, 似少不平, 上溫溪, 其翌日嘔吐, 上氣內熱, 水漿入口輒吐, 今夜二更, 遽至於此. 吾門何負於天而迺有此事? 不祥之甚, 痛哭無涯, 痛哭無涯. 況如彼孕婦何, 孕婦何? 夜往臨哭, 畏病發還家, 迷眩草草.】

書 - 150 (4월 28일) P.16
【答寯】 楷黜
彦遇來傳書, 知爾無恙從仕, 喜慰喜慰. 聞戒斤者受爾書而來, 至今不到于此耳. 入京後凡事全不聞知, 慮悶之際, 得右書, 始聞其略, 右書以前之事, 猶未聞之, 恨恨. 余證漸似向差, 今又得兩種藥, 猶可治療, 爲幸爲幸. 但寅姪訃音, 已付書于仇叱同久矣. 今聞右人尙未發程, 故再告, 今月十七日忽嘔吐熱悶, 翌日十八二更, 奄然逝去, 天下安有此事? 家禍仍疊, 痛慘罔措罔措. 餘具前書矣. 濟用多務, 易生事, 非不知也. 但汝之得官, 本爲未安, 纔未閱月, 又圖換任, 以從己欲, 人言甚可畏也. 故吾意姑徐以待秋冬間, 圖代李苞則爲當, 故曾自安東判官處, 傳吏判書來, 其答狀已言姑徐圖換之意. 今見爾書, 不計其難, 已白于判書, 殊非吾意. 大抵凡事莫非天也, 何不待天而自擇便好不顧人言乎? 業已于請, 雖悔莫追. 自今勿再進煩瀆, 以待判書之自處, 爲可. 舟中三絶, 判書欲見則書呈, 無害於事. 但其間多有改字, 而汝未及知, 爲可恨耳. 有旨書狀十九日祗受, 謝恩箋及辭職書狀, 已修上于監司. 監司近在安東, 不久必達于政院矣. 吾不得已退來及今後勢不得上去之意, 略具于箋狀中兩草, 今忙未書送, 出於奇別, 則汝可見知矣. 吾意非徒今不得上去, 後雖有如此之事, 吾忝竊已極, 何顔更上去以取譏笑乎? 吾意已決, 而事出慮外, 令人狼貝, 是爲可悶耳. 宋參判令公, 惠書勤懇, 且令劑送兩藥. 厚意, 不勝感仰感仰. 答謝狀, 親呈致謝爲可. 趙令何遽至此, 善人未享遐壽, 痛怛不已, 痛怛不已. 吏判令前答簡, 不封而送, 汝見後謹封而送, 亦可. 重新記事, 此亦於我不好之事, 竦然竦然.
【方書此簡而戒斤來到, 故又修別簡, 同封而送.】

書 - 151 (4월 28일) P.19
【答寫】棣甍

戒斤來, 得書, 知汝初到曲折, 且得宋參判·丁參判諸書, 深以慰喜慰喜. 今見宋參判書內, '欲圖換汝任未及爲, 而汝已到, 遂未成, 可恨'云云. 若不待汝圖而換之, 則好矣而未焉, 雖若可恨, 是亦天也, 奈何? 遠道四十日三十日之限, 從前互相異云, 亦不可恃之言也. 申校理上達之言, 乃壞我平生事, 驚悚悶極, 奈何奈何? 吏判令公, 徒有哀我之意, 全不計我進退狼狽之勢, 非徒不聽, 吾言亦不聽. 宋參判之言, 惡在其相知之深乎? 不勝恠悶. 前來詩不可不和, 故和成幷答狀送去, 汝可往則往呈, 無暇則不必親呈也. 兒輩皆無事, 鄕間雨澤周足, 兩麥甚茂, 人心稍蘇. 但麥成尙遠, 其間尙艱過耳. 諸處答簡, 謹傳爲可.
【南生員彦經·韓生員允明兩簡, 付鄭靜而則易傳矣.】

書 - 152 (5월 22일) P.21
【寄寫】棣甍

近無來人, 未知從仕安否何如, 日深慮慮. 予證連服前來之藥, 大勢向差.

但病根時時輒發, 爲慮爲慮. 金生員竟至不救, 痛怛不已, 痛怛不已. 就中湖南倭變, 傳聞不一, 本道亦因而騷動, 不勝驚駭萬萬. 兵羸糧竭, 彼若東西出沒, 不知何以支當? 國事至此, 奈何奈何? 且汝換任事, 何以爲之? 慶州乃海徼且近南, 汝若換之, 則失計莫甚於此. 汝在彼危地, 吾何以憂煎? 然業已爲之則無可奈何, 不然則須圖勿換, 至切至切. 此處能射軍先起送, 奴哲孫今已下去, 其他搔動亦多, 不忍言不忍言. 且前上謝箋事, 厥終如何? 聞見細示爲可. 明日行祭于祠堂, 來溫溪, 忽聞有歸京人, 忙草不二.
【汝若換則下來從馬, 何以處之, 未知所處, 徒慮而已.】

書 - 153 (6월 22일) P.23
答子寯㭗㮈

頃見新寧, 聞汝無事過彼, 但未知其後如何? 今見伻書, 始知好去上殿, 深慰深慰. 余因此暑霪, 時有濕證之發, 別無他患. 但知事先生竟至捐館, 邦家不幸, 我輩無所依仰, 慟慘之至, 無以爲心. 今年一鄕三處有喪, 是何運時之不祥耶? 近得監司書, 亦云, "此道時無警急"云, 實爲大幸. 但狡虜挾憤於湖南之敗, 出沒他境, 未可保無爲慮耳. 參奉相待出入, 吾亦聞之, 然不可以此而肆意出入. 七月上來事, 與同僚好爲議處爲可.【銀丁還自宜寧, 卽須送來, 欲知彼處安否爲切耳. 卜馬送去, 第未知此人可信與否. 且中汝婦時發偏頭痛, 來月欲往椒井治療爲意, 時未定日耳.】 凡事千萬謹愼, 無貽羞悔, 大抵身在冷官, 若不恬靜苦淡爲心, 必有爲所不當爲之事, 更須戒之戒之.

書 - 154 (7월 5일) P.25
答子寯【乙卯】㭗㮈

書來, 知安穩, 喜深喜深. 予濕證幸不大發, 但病根非輕, 間間發見, 尋常疑慮耳. 湖南倭變又有之云, 深可慮也. 此道時雖無事, 豈可必料? 今年旱徵又現, 不知終如何. 每念時事與鄕中喪, 患愾歎無已, 銀丁, 難待而尙不來其處云, 可怪可怪. 汝望間上來則好矣. 但秋夕殿有祭事, 則過後上來, 無乃可乎? 與李君量勢好處爲可. 銀唇出處, 知爲無妨, 故受之. 大抵爲親之心雖切, 若少有非義苟得之物, 不可耳. 烏川送魚, 如數送之. 汝婦療病之行, 望間定送爲計. 但安奇察訪等數員, 今方去浴云. 待彼出去而後可歸, 恐或時晩爲慮耳. 就中阿淳, 實妻切欲乳哺, 每以大宅之言來欲抱去, 此事情義雖切, 越次之事, 事又非輕, 不欲輕許, 時不許矣. 汝意如何? 卜馬初不至甚憊, 必道中失飼而然也. 餘不一.

書 - 155 (7월 20일) P.27
【答寓 慶州集慶殿】 楀㸤

前日銀丁持來爾書及宜寧書, 知兩處消息, 爲慰. 今又見十七日書, 益慰益慰. 爾到任後未行一祭而來, 似未安. 今欲秋夕後上來甚當, 何晩之恨? 銀丁持來雜物, 皆依受, 卽欲還送. 但以汝婦椒井之行, 緣違延退, 至今日始向奉化, 明到椒井, 明明始浴爲計. 欲知此行安否而後送之, 故遲遲耳. 應燻及安道隨行無事到奉化事, 卽刻從馬人還報矣. 阿淳事, 烏川之意, 甚切, 以此處不肯許, 深以爲未便. 但卜者云, 九月間取養爲吉云, 故姑緩取去之意, 今隨母往椒井耳. 此間雖時無嫌怨之言, 越次事, 殊無可願, 汝書所言, 誠然誠然. 但實妻情切哀矜, 拒之亦甚難, 奈何奈何? 竢汝上來而處之. 『三國史』印出事, 甚好不可失, 但恐其紙不足, 奈何? 欲送此處之紙以補之, 未知厥數幾何而妨足故停之. 所入紙數, 問而知來爲可. 府尹前答狀修送, 傳上爲可. 聞'府尹於汝, 賜以厚意'云, 尤宜凡事操心爲當, 不可恃此而自作過失也. 騰送邊報, 見悉. 就中朴公輔爲蔚珍, 昨昨到此云. 濟州倭舡七十餘隻到泊下陸, 結陣接戰. 州牧金秀文以爲'彼衆我弱, 緩則不可勝', 乘其不意, 出而突陣, 大放炮射矢如雨, 倭賊大亂遁走, 爭先上舡, 自相擊殺者, 無數, 又射殺其大將, 大敗退散, 朝廷喜甚云. 今此膽奇, 必是未聞此捷音之前所傳也. 自聞此言, 喜而不寐. 宜寧以吾不稱念, 深懷怨望, 可笑可恨. 然吾不欲以蹴爾之食, 謬奉於親前, 豈知反招憎怨至是耶? 公簡答狀則付其奴來草谷, 故不付銀丁耳. 傳聞今冬爲遷葬計, 然則吾家亦不可不爲, 凡事何以處之? 慮慮. 晦間椒井行還, 卽送銀丁, 其時當細悉, 姑草.

【公輔持來加隱非諺書幷送. 爲待變事府段海邊受敵之地, 今如邊警之時, 萬一變起倉卒爲在如中, 呼吸之頃, 迫近城邑, 難保必無白去等, 御容移避與否乙, 自下擅便不得叱分不喩, 臨時報稟, 不及丁寧絃如至爲寒心爲白良爾, 萬或不測之事, 有去等, 御容護衛移安內地何如爲白良喩, 行下向教事云云.】

書 - 156 (8월 5일) P.30

寄子寯棣甝

州人還後, 未知安否, 日以縣念. 吾與兒輩, 皆依舊. 吾證時時往復, 猶不大發, 不能無疑慮. 然以助熱, 故前來藥亦不敢長服耳. 椒井之行, 無事往還. 旣還奉化家後, 雨作, 尤幸尤幸. 安道亦以多熱願浴, 故同往. 還時皆未知驗否? 以無事爲喜耳. 此中旱焦已甚, 去月十七始大雨, 禾雖蘇, 損亦多矣, 而木花尤損, 木麥晩苗, 似不及食云. 宜寧近日消息如何? 公簡尙未上來, 得非慈候尙未寧而然耶? 不然, 何無意之甚耶? 且乘吾不稱念之事, 大爲構怨, 至發路人之說, 一笑一畏. 古人不云乎. "嘑爾而與之, 行道之人不受, 蹴爾而與之, 乞人不屑也." 吾不爲稱念者, 不欲以嘑蹴之食, 進於慈前, 而簡也反構此怨, 豈讀書人所爲耶? 且宜寧來人言, 今年欲遷葬定計, 而公簡書中, 不言其事, 此亦外之之意, 尤爲未安. 若定爲則兒亦當遷, 而槨板灰等事, 何以爲之? 可悶可悶. 【姑待汝上來後議爲, 今日吏報南海倭船一隻來接戰云, 軍士卽日發去, 雖云一隻, 安知又有繼來者耶? 慮深慮深, 朴公輔爲蔚珍, 已赴任. 寯也往迎其妹, 今日與寯發向京城, 宙則今赴戰場, 憂悶奈何奈何? 汝家初二還家, 初三卽遣銀丁, 而右奴獨行阻水爲辭, 要與官吏赴州者作伴行, 故延至今日發送. 知汝苦待, 勢使然耳. 前云『三國史』印紙幾何? 近又聞李貳相所抄『家禮』板亦在州, 幷欲印見. 但以雨水, 故紙卷未得付送爲恨. 待汝來還時, 持去亦可, 但須知所入幾卷而來可也. 來時路由靑松耶? 靑松府使非常人, 吾所敬畏, 爲我問安, 汝須操心謁見. 凡所過皆當謹愼, 而此府尤所愼也. 餘在諺書及還奴, 只此.

【李貳相所著『中庸衍義』, 今在何處? 須尋問求取以來. 汝在州時, 不得推見, 則後日無由得見矣. 前云奠事, 勢必不易, 姑且停之, 以待後便, 亦可.】

書 - 157 (8월 18일) P.33

【答寯】棣甝

人來, 得見書, 知汝好在, 慰念慰念. 在此大小竝安. 銀丁之行, 已爲稽晩, 而阻水還來, 至初旬乃去, 固知汝苦待, 事勢然也. 又未知無事到彼與否, 慮慮. 且李參奉留滯之故, 汝未得上來, 可恨可恨. 萬一參奉病親未速差, 則交代遲速, 未可必. 汝雖欲此月內上來, 恐未如意, 奈何奈何? 政目受見

之, 關東得免幸矣. 未知此後如何耳.『三國史』, 入紙殊多, 雖非汝干請,
而無異干請之煩, 未爲安心. 遷葬事, 正如汝言, 深用慮悶, 姑待汝來矣.
倭到南海者, 又見敗歿, 可喜可喜. 溫溪兩書, 卽已送傳, 答簡則未及受去,
幷知之. 餘具前書, 只此.
【溫溪時祭, 昨日行之. 甯書昨來, 好在云.】

書 - 158 (8월 30일) P.35

答子寓

久念書來, 具知安好, 慰情深矣. 余證有時往復, 近似腹中積聚, 恐遂因而
成病爲慮. 然飮食起居則與平時無異矣. 李參奉之行, 曾因人傳聞'今月念
五間欲下歸', 近又聞'來月初欲歸', 余意亦慮. 彼拘於親病, 行止未定, 則汝
來亦未卜期, 甚以爲念. 今來殿人路逢李參奉所遣人, 云往取從馬來, 欲下
去. 果然則汝來亦不遠, 喜佇喜佇. 宜寧平信, 深喜深喜. 傳聞其成造方張,
無乃緣是未定遷葬計故不言耶? 不然何其隱之耶? 恠恠.『三國史』『家禮』
皆印, 何喜如之? 府尹令公, 箇滿當遞耶? 向聞著『中庸衍義』, 疑其全篇衍
義之規模似難, 今聞只著『九經衍義』, 如此則果爲善矣. 須多方懇求取來,
爲佳. 靑松之路雖險阨, 然多山水處, 必多佳景, 觀鉅海見賢人, 豈不好耶?
況永川之路, 兩參奉相繼往來, 亦有厭煩之勢, 吾意如無他礙, 由靑松似可,
量處之. 時祭非徒汝未來, 連行大祭又多他故, 迨未設行, 而仲月已過, 心
甚未安. 斜廊始役, 今已數日, 神主移安于內大廳西偏, 以簾及屛截隔而爲
之所耳. 莫只家則俟秋收後撤下. 大抵農事不實而用煩事擾, 終必大窘, 爲
可慮耳. 蔚珍衙眷來留二日, 明將發向. 餘不一. 行路凡百謹愼.

書 - 159 (11월 24일) P.37

【答子寓[乙卯]】 楕䚡

意外連守奴來, 見書, 具知. 但諗書內有患鼻火之語, 慮慮. 予證有時往復
如前耳. 兒輩時無恙, 門中皆安. 凝葬十五日已行矣. 但汝宜寧之行, 晦時
卽發, 猶爲晩矣. 今聞李參奉不聽徑歸之計, 勢甚難處, 奈何奈何? 參奉及
府尹前再修狀懇控, 若猶不得回, 則都事前呈吾簡而請受由爲可. 然此出
於甚不得已也. 恐拂監司意, 其得由, 未可預必. 如是不得去, 則遷事極難
處之, 悶莫大焉. 且若泛稱成婚, 則監司恐以謂託辭不繁之事, 別紙實書其

事, 見而封呈, 於汝意如何? 又有一慮, 監司在近則好矣, 若遠去, 則往復之際, 時已過矣, 尤可悶也. 公簡以二十日發行云, 亦未知定發與否, 此亦太晚. 黃石則卄六定發送爲計. 挽辭三章草去, 其餘以其處舊挽量用爲可. 大墓挽三章, 已書送于公簡. 吾至日過祭後宿于孤山, 翌日携安道入淸凉, 歲時方出. 隆寒, 遠去看葬, 千萬愼保, 以副予望. 餘在還奴.

書 - 160 (11월 26일) P.39
【寄子寫】 梯黽

連守歸後, 未知汝行何決? 苦慮苦慮. 若不得已受由, 則使道往復之際, 必至稽緩, 又恐終不得由而不得去, 則遷事無託, 莫甚難於處此, 不勝憂念憂念, 且考禮文, 曾子問曰, "幷有喪, 何先何後", 孔子曰喪先輕後重. [如幷有父母喪, 則先葬母, 後葬父.]以此推之, 同日發引, 初十日或十一日中, 先葬汝弟, 正合先輕之義, 須依此爲之事, 禀于生員而處之. 禮又云 "其奠也. 先重而後輕."[謂"雖先葬輕喪, 虞祭則待葬重喪後, 先重, 後虞輕.'] 虞祭亦須依此爲之, 可也. 長桂果四斗造送, 量分用之. 新製紬襦貼裏一領及團領一半臂一送去, 若不開棺, 則只入於棺槨之間, 可也. 淸密五升送上, 白獻于大宅. 灰炭預備與否, 未可知, 亦所深慮. 大抵卜日促迫, 汝行又拘緩, 恐凡事不得如意. 汝弟生前死後, 事事差違如此, 不勝痛恨痛恨. 力所可及者, 在汝盡心而已. 軍人若不給, 則其勢尤難, 奈何奈何? 餘在黃石口報. 惟冀汝愼保萬萬. [靑魚當以薦新. 彌魚亦領.]

【打作幾何? 觀用後餘數, 依黃石所言處之. 此處用度, 必甚窘, 換穀與貿木, 皆不可無也. 銀夫貢徵送, 且或有輸物, 而馬弱難輸, 則令他奴等同力輸來事, 敎之, 不從者, 治之.】

書 - 161 (12월 9일) P.41
【寄子寫】 梯黽

去月卄四日, 奴黃石等還, 得書, 知宜寧大小皆安. 但汝於十七八間發向咸安云, 而昨得完姪去月卄七日書云, '汝尙未還慶州.' 何其遲遲耶? 李參奉必苦待汝行, 無乃不可於意耶? 且遷葬事, 竟至於不成, 習讀之循私忘義, 固不足道, 公簡若能還其退畓, 盡誠求懇, 則猶可冀於萬一, 今乃不然, 反有爭訟之計. 家門事事不美, 可勝嘆哉? 況後日雖使得遷, 汝若在京, 則難可如意來遷汝弟, 尤恨無如之何. 黃石等持來物, 依數領納. 換穀留穀亦已知之. 汝到咸安, 及見景陽否? 銀丁卽欲遣去, 待製衣而送, 故延退耳. 此與烏川, 時幷安. 予留淸凉十五餘日, 以凍險, 出入人甚艱, 且蓮臺等穩平處皆有故, 移寓淸凉庵太峻絶處, 於我病軀, 頗未安, 便不得久留而出, 恨恨. 脹證間發, 痰證亦時作, 幸不至甚耳. 加仇伊朴忠贊舅母氏, 前月卄五日捐世, 兄主及舂往見歛殯, 予畏寒不得往, 令安道往還矣. 窮喪, 憲姪獨當, 葬事難辦, 甚可慮也. 命福近往京回, 『書傳』具帙持來矣. 羔毛筆二柄送去, 黃毛筆則分送, 書『晦菴書』諸人處. 且貿來二柄去, 故不別送耳. 銓曹全遞, 而松岡公重被物論云, 深可恠嘆恠嘆. 賜馬, 崔掌苑受出留占, 而其馬送來. 傳聞'此馬性驚不馴, 似難騎者'. 但專人送來, 不可還送, 故留之. 大馬數匹, 養豆爲難, 奈何? 新參奉已到任耶? 姓名居止, 示來爲可. 安道所讀, 今始『論語』. 前留紙幅書送. 餘在銀丁.

書 - 162 (12월 13) P.44
【答子寯】梯艷
自汝離宜寧後, 久未聞信書來, 始知平善已還任所, 爲慰爲慰. 予凡百如前. 銀丁奴以製衣之故遲送, 恨恨. 今想已到矣. 兒輩在烏川, 皆安好, 安道亦以金生員葬事往彼未還耳. 予出山之由, 前書盡之. 曺南冥上疏及初下旨, 偶得見之, 玉堂救箚及旨今始見之. 山中雖未知時事不妨, 然如此等事, 豈可不知? 後亦有關重奇別, 因便略報爲佳. 但聞倭人明年將大入寇預報云, 不勝時事之憂. 汝在彼亦甚可慮, 奈何? 『晦菴書』, 其始書耶? 大抵謹愼勿虛度光陰. 餘具前書, 不復一一.

● 병진년(1556년, 56세)

書 - 163 (1월 4일. 합편) P.46
答子寯[丙辰]梯艷
銀丁等來, 得書, 具知汝安在, 以慰懸念. 予及門中, 皆無事迓新. 兒輩在烏川亦安云. 但奴仲孫·義山家皆有病氣, 爲慮耳. 汝以寒食上來, 似爲期遠, 但離任所每出, 至爲未安. 寒食後同官交直而來爲當. 殿齋無事, 或讀書, 或寫書, 儘好做工夫也.『晦菴書』, 不但寫之, 兼須尋究甑味, 有未曉處, 付標待問可也. 完所受五冊, 今已寫來, 道谷亦幾畢寫云, 可喜可喜. 府尹令公遠惠過厚, 感怍之餘, 謝狀修上, 進呈致謝爲可.】 就中汝所送雜物, 亦幷受, 但以官本淸冷, 雖或有俸食之餘, 亦必不多. 今此貿物駄送, 於我心, 至爲未安未安. 蓋小小食物則無害, 若勉强過爲, 則非徒聞見不好, 亦非居官者淸心省事之道, 切恐習慣如此, 後日難收拾也. 今後須勿强爲, 至佳至佳. 近見門蔭之人, 至爲守令, 無知妄作, 專利一己, 不顧其他, 令人瀇悶. 人心至危, 眞可戒也. 且倭寇聲息甚惡, 凡食祿者, 皆當思效忠節, 不可萌規避之心. 但參奉以護衛御容爲職, 萬有警急, 不可不預稟而擅便爲之, 未知汝同官及他人議如何? 卞君自京來時, 不稟議諸相而來耶? 若當稟則牒呈草, 如別紙爲之, 何如? 令前稟定亦可. 然莫言于草送也. 餘在還奴. 京來馬送去, 此馬不馴性驚, 然姑可騎行, 但蔚珍馬還送, 未安耳. 汝如得食物, 李貳相宅, 須稱吾意, 伻送問安, 至佳至佳. 聞'其臨終有疏, 草草未上'云, 可得傳來耶? 聞周丈之甥, 與汝同官, 愴感不已不已.

書 - 164 (1월 9일) P.48

【答寫[丙辰]】

意外伻來, 得見平書, 深慰懸念. 予依舊. 但仲孫家三四人, 痛後少似寢息, 而黃石妻子自歲前頻頻臥病, 皆諱言他病, 今則黃石猛痛後, 其妻與栗婢力痛, 必是傳染之病, 欲出送, 則口衆難處, 何慮如斯, 何慮如斯? 若又傳染, 則當盡出送爲計. 然後事未測, 且溫溪兄宅近處, 疫疾亦來, 兒輩在烏川, 近欲來此之際, 閭閻如此, 未知所向之利害, 深悶深悶. 又聞烏川, 亦有病氣, 尤悶尤悶. 萬一不熄則吾當避出爲計耳. 然家中不可無主, 盡出亦難, 莫難於此, 奈何? 送物皆受. 府尹令前, 汝須爲進致謝. 銀丁等歸時, 已拜書狀, 續續拜書, 似煩瀆未敢也. 幷達此意. 杏石事, 彼若欲之, 則汝雖不來, 可爲, 而時無可否耳. 餘具前書. 人忙草草

書 - 165 (2월 5일) P.50

【寄寫】棣甎

魚呑僧齋書, 具悉, 深以爲慰爲慰. 在此時皆依舊. 但黃石家病不熄, 每每

諱隱, 細聞之則甚猛痛云, 未知終何如. 以此兒輩尙未來此. 烏川病氣則近似寢息云, 溫溪大疫方張, 尤爲未安. 寒食祭, 樹谷行之, 勢難, 欲行於孤山齋舍事, 議定耳. 汝於寒食後, 卽當上來. 黃石家近若無繼痛者, 則兒輩當來于此, 預變取稟事, 令公之意亦當, 當依令敎可也. 就中鄕居事事多難, 今又以納炭事騷動, 一石之納, 至木五六疋·米五斗. 他人所捧如此, 不得已令奴哲孫, 持木三疋貿納于本處, 猶未知彼中貿價之高下, 其有餘不足, 未得遙度, 慮慮. 慶州距彼不遠, 必有聞知, 指敎而送爲可. 命福亦往, 但觀此奴輩之意, 欲依汝圖貿於慶州地輸納, 此甚非便, 故禁叱而送, 汝亦勿聽. 所以然者, 恐藉口作弊耳. 末叱山還自寧海, 已往宜寧耶? 遣在穀貿好品木急速急速持來事, 銀夫處嚴敎, 至可. 凡事如此, 家用甚窘故云. 餘在進奴. 若如前不用木貿來, 則雖來何益? 或價猶不足, 則某條措圖不妨. 此戶所納, 只一石也, 其粮米二斗半給送, 非不足也.

書 - 166 (2월 14일) P.52

【答寫】 梯孺

銀丁來, 見書, 知汝安穩, 且得府尹令公問書饋物, 深慰深慰. 此處及烏川家內則皆無事. 但黃石家病, 雖近日似熄, 未知厥終, 且溫溪疫熾, 其禍甚酷, 川沙村亦有疫, 雖禁不往來, 不可勝禁, 至爲憂慮萬萬. 樹谷祭, 合行於孤山. 但皆以拘忌, 不能參祭, 安有如此之事乎? 汝婦以二十日間, 欲來于此, 而猶未定計, 汝須先入烏川, 議決其行止, 且俟卄日過忌祭而後入來爲可. 汝雖來此, 勢不當行祭, 不如過後入來故云耳. 愼仲及朴思訥皆入講云, 可賀. 因州人之還, 略示消息. 必路中相見, 不暇一一.

【令前謝狀, 當俟汝率人之還, 修上.】

書 - 167 (3월) P.54

【寄寫】 梯孺

【縣人傳書, 知好去及迎使行, 深慰深慰. 在此大小幷依舊. 但溫溪疫尙熾於憑家等處, 爲可慮. 以是, 此日忌祭行於辛參奉宅, 端午祖墓·孤山墓祭, 皆當次於此, 亦不得於樹谷行之勢當行於孤山, 而事多未安, 如何如何? 倭變不知終如何, 至爲憂虞. 憑·宙等皆不免赴防, 兄主以鄕任當率軍以行, 而宙也適歸, 故令代答, 然此後此等事必多, 尤悶奈何? 宜寧消息得聞耶?

前日與公簡書, 雲英母事, 忘不言之, 汝若寄書, 無忘報知爲可. 端午後行止如何? 吾意不可遠來, 千萬審處. 天門冬, 問否? 勢難則不須求也. 只此.
【當此危機交急之際, 凡事百分計度, 無忝所生. 石乙孫妻同生申芿叱石者, 被訴定軍役時, 退溪宅依仰云, 此等事, 汝知而吾不知, 可乎? 今日下霜, 亦大異事.】

書 - 168 (5월 17일) P.56

【答寓】 橗驃

【連壽奴來, 見書安穩, 慰念慰念. 予前證往復, 無他患. 安道等瘡處, 今皆差歇矣. 但溫溪疫酷, 憑男女兩兒相次失去, 不祥莫莫甚甚. 上下里方行者猶多. 以此, 行祭極爲未安. 然吾家則時平, 不可以闕祭, 故欲於孤山, 吾家專辦行之, 而勿預他宅爲計. 且寗也定婚於琴應碩家, 明日成禮, 似亦未安. 只爲琴家有病親, 勢不可緩故耳. 公簡已到榮川, 近當還下云, 其爲來之事, 未知何事也. 宜寧證候差復云, 是深喜賀, 而習讀自取縲絏, 非徒老年可悶, 門中每有此聲, 豈不歎恨? 邊事時雖無急, 豈可保乎? 簡滿後留俟交代者見譏, 此乃平時事也. 若有事變時, 難以此託辭以自解也. 然其前幸而無事, 則依汝所言, 上來觀勢可也. 申暹書簡送去, 知之. 天門冬廣魚皆承領, 修謝于令前, 傳上稱謝, 爲可. 餘未一一. 當遞來時, 凡擧措百分詳審操心, 毋爲人笑.】

書 - 169 (7월) P.58

【寄寓】 橗驃

鄭必等來, 見書, 知安好, 深慰遠念. 邊警無之, 是爲大幸. 但此正可畏之時, 未知終如何, 日夕向慮向慮. 或云 "國王使臣來, 勢將無事", 然此未可信也. 汝旣滿遞, 依前例, 不交代而上來, 無疑矣. 但時事未可知, 故爲慮耳. 受由事, 勢難耶? 受由則猶勝, 徒來無乃以頻數爲礙耶? 府尹令公前日拜書, 故未敢屢煩致書, 詮達問安. 自此亦難得書信, 不任惆悵惆悵. 溫溪疫方行於謙仲家, 已過處尙有餘燼, 而烏川府尹宅, 亦始入疫云, 皆可慮也. 且中前月得申詣仲書, '恐汝換部, 參奉欲於銓官處圖囑'云云. 其書欲送于汝, 而偶失所在, 未果耳. 安道有聞於烏川, '厚陵參奉與李容同官者, 有勢圖換丁寧, 容也亦欲換之而未得云云, 未知信否. 烏竹杖及釣竿, 可易得則求來, 難則勿强求也. 炎程, 愼之愼之. 餘在還奴.

書 - 170 (8월 11일) P.60
【寄寫 西小門內】
去後未知行路安否, 念無少輟. 昨宏侄來言'汝到京遲緩, 殿員以入省記爲難'云, 聞之甚未安. 無乃以此啓遞換他耶? 吾旣未赴, 汝又遲行, 人之非之也, 固宜矣. 宏又言當予辭職時, 物情洶洶之狀, 亦殊爲凜凜, 若非天恩許閑, 幾乎難免. 此處立齋事, 以此尤未安, 欲固止之, 時未知諸人之意如何耳. 又玉堂人持來崔掌苑書, 其人還時答送. 今聞掌苑以我不答書爲咎云, 不知其書何故不傳? 可恠. 問于哲金爲可. 億必若未回, 紗帽付送, 未及則寓行付送亦可. 餘在寓行, 不一】

書 - 171 (8월 중순) P.61
【答寫】梯甄
金遷後未知行信, 慮至. 億奴之還, 見書, 細知無事入京供職, 喜極喜極. 但路中感寒云, 未知今何如? 大抵汝頻頻感寒, 此必氣虛而然, 冷房過冬, 尤不可不愼, 恒須戒之戒之. 予依舊. 近出安東, 祭於曾祖墓, 族會於演家而還耳. 吾未上去事, 松岡令公之意, 具已知悉. 詮聞其他物情, 尙有可虞者, 然勢不可以人言而改圖, 亦當任之, 無如之何矣. 此間農事臨結實而太耗, 大似失農, 今年事, 甚可憂也. 書齋事, 吾力止之, 今已罷議, 是則一幸也. 夾之恩門宴費出事急忙, 伻人遽來索書, 適黃新寧對話, 殊多未擧. 惟望汝凡百操心操心.
【詣仲必已下來, 寓亦必發還, 宏未上去, 故皆不修簡.】

書 - 172 (9월 27일) P.63
【答寫】梯甄
頃見琴鶴壽齋書, 昨又得權亨齋書及朝報, 其悉好在, 深喜深喜. 予近日別無他恙, 脹證時發爲慮耳. 兒輩及門中皆無事. 但監司宅下人多得病, 寓輩侍親避出于畓谷, 是爲可慮. 宜寧平書, 慰慰. 彼處豐穰, 無益於頑奴之偸, 此處凶歉, 近年所無, 家計甚窘不可言, 奈何? 書齋, 已懇諸人而罷之. 烏川爲應壎輩, 固欲小搆, 終不能止, 已排數間於南溪之南. 但予衰倦如此, 不能督成後生之業, 如是終有何益耶? 末叱山逃去過甚, 此奴游惰之習, 一朝驅使繁役, 勢必至此. 其初予固疑其厭苦, 今果然矣. 億彌當送,此吾之初計也. 但其所犯難赦, 自京還來, 痛懲而放之, 欲令數年異處, 以開自新之路. 今若還役, 則其勢更難, 且此奴予率行雖久, 未嘗柴草之役, 今汝强之使役, 亦未必無末叱山之事, 不可不過爲之慮. 故銀丁, 來月初七八間, 領舡卜送去, 定計. 此奴雖迷劣, 猶可不擇緊歇而使之故耳. 賜諡官之行, 太遽, 非惟不及聞見他例, 亦不及措辦諸事, 喪主深憂之. 今聞退來, 幸幸. 筆柄受之近可用此, 命福之來, 不須貿送. 餘在銀丁之歸, 姑此.

【應順尙在此, 來月旬間欲歸耳.】

書 - 173 (10월 7일. 첩재) P.65
【寄寓】
琴鶴守及李別坐奴持書, 皆已答付. 道谷所遣之人, 未知近日安否何如? 向慮向慮. 予脹證時發, 他如前耳. 兒輩亦皆無恙, 望前欲往烏川. 但今年水田所收, 僅及常年之半, 榮川打作亦然, 家事必至大窘, 奈何? 船卜只於連同·汝邑同處二駄備送, 不能少補, 恨恨. 眞荏子二斗, 乾雉一首, 麯五圓送去. 億必不送之故, 前書已盡矣. 卜馬, 黑者駑弱不用, 黃者亦不善食, 奴輩皆請還退, 以不知汝意故不退耳. 安道風騷已畢, 今讀賦抄. 但本以懶性, 加以監收, 不能專業, 如此恐難變化, 可慮可慮. 傳聞明年錄名時初擧者, 講『小學』乃許錄名, 未知信否? 聞見報來爲可. 詣仲來見云, '汝寓家房埃濕冷, 不可居處'. 此予所得病之處, 汝不可不愼. 其房後墻底水道堙塞, 因致水氣滲潤於房內, 今須壞去其墻, 修通水道, 令不留蓄滲入, 仍改修其埃, 乃可無患. 若不壞其墻, 水道難通, 雖修埃無益也. 且退番無事時, 無忘學業, 『小學』亦須溫習, 兼讀『大典』未曉處, 勤問於人, 期於有用之實. 至於科擧之業, 則於汝已爲末事, 不必深留意也. 餘在進奴.

【賜諡官下來事, 竟如何? 道谷爲送人探知, 但恐速來則多窘, 爲悶耳. 金正季珍已發光州之行耶? 雖行, 今去書付其家奴, 使傳之爲可. 榮川官納人參, 連同欲貿于京米斗送去云, 指揮貿送.】

書 - 174 (11월 10일) P.67
答子寓
命福等持書, 具悉. 近又得去月晦日書, 審知安穩, 深喜深喜. 但銀丁尙未入京而江水凍合, 想必膠舟空去, 恨萬恨萬. 此奴以前月初八日發去, 氷凍前有餘入京, 而只緣待伴留滯, 又載卜於黃江, 最爲失計. 終致此艱, 言之奈何? 然聞與琴奉事同舟而去云, 凡事必蒙指導, 或不至失卜物也. 前後所送朝報及素物筆柄等物俱到. 忌日無事行祭. 冬至又行時祭爲意. 予證如前, 其中脹滿往復爲, 可慮也. 兒輩皆依舊. 近得許生員書, '慈侍前證復發沈綿'云, 至爲慮憫. 欲伻人問安, 兼撿打作等事, 奴輩多有故, 或單衣, 恐至凍仆中路, 未決遣去, 姑欲觀勢處之. 生員書簡送去, 知悉. 末山·億夫等事, 何以爲之? 自彼有往來人, 須通書于生員前, 某條處之. 此邑旣已失農, 而迎送之際, 官事板蕩, 人吏莫有存接之理, 將爲棄邑, 奈何? 新城主又遠在, 其來赴未可必, 尤可慮者耳. 來式年監試初擧所講何書? 或云『小學』, 或云兼講『庸』『學』, 細聞報來爲可. 安道讀賦已畢, 將讀『小學』. 近令作詩賦, 僅得成篇, 比於往時似稍解, 只是懶惰爲患耳. 榮川金家議事, 一可一否, 未可遙定, 俟汝明春下來, 更議之, 何可易定乎? 汝微官, 無益於公私, 苦留空旅, 每欲勸汝勿仕, 而又不果, 徒增念念. 今以祭事上溫溪, 不一.

【順根子熙伊奇別書送可見不忘舊之意爲言此意但吾不欲虛受人款厚須稍以方便諭止之幸幸】

書 - 175 (11월) P.69
【再與寯】梯甗

慶州府尹夫人, 得傷寒證六七日, 初九日中夜奄至大故, 安有如此不意事乎? 就中濟用監納布事, 因命福聞之, 至爲未安. 雖衆人皆然, 然汝不可從衆也. 況天日難欺, 衆目難掩, 他日發覺, 必受大罪, 其虧名壞節, 辱及先人, 可勝言哉? 彼多徵之員, 每等雖納十分之一, 其勢猶有難者, 汝則每等只納二匹, 二年內可畢納也. 且選上乃公物也. 以公物償官物, 初非賣家財以納之比, 何可不計後日之禍, 苟爲目前之計乎? 汝若不從此言, 他日難以來見我也. 內贍徵油事, 何以爲之? 更細聞見通報爲可. 至今不納此物, 吾亦非矣. 然欺納甚於不納, 罪必尤重故云.

書 - 176 (12월 12일) P.70
【答寯】梯甗

近連續得書, 知雖旅窓苦寒, 身得無恙, 深慰向念. 今冬寒溫異常, 此處癘病多發, 烏川連出二喪後, 彥遇兄弟避在居仁傳染, 皆兩度臥痛, 愼仲尙未差復, 頗危急云, 惇敍亦喪妻於玄風, 安有如此事乎? 溫溪邑內等處皆然, 而義山家亦病, 未知終如何, 深用惕慮. 知三避所及本宅皆無事, 是可喜. 吾亦時無他恙. 宜寧人近來, 草谷大宅證候, 今則[1]差歇云. 但以疫氣熾酷, 人多死亡, 故不修簡云, 未得細知爲恨耳. 本邑事, 新城主已署經耶? 前城主行次, 不成模樣, 甚艱苦云, 甚可愧恨, 然此乃勢極, 無可奈何, 無乃人不知其由, 反以吾邑人爲薄耶? 迎新從馬, 已極困於陝川, 今又再疊責出, 餘存者盡逃散難辦, 不得已呈議送, 請給馬下送衙眷, 姑待秋成迎來事, 時方圖之, 未知成否. 萬一不成, 則更無可爲之事, 闊鄕憂迫萬萬. 前來曆書及藥封皆到. 但在野得此, 其能安心乎? 汝若見樞府都事, 爲言此意, 後勿送來事告之. 雖不見, 使吏傳告亦可. 朝報亦已具悉. 安道輩近誦『中庸』, 今始『大學』製述似得小變, 但不勤讀, 此是大患耳.
【宜寧換穀事, 其人已還, 未及通之. 進奉吏之還, 自彼直通于宜寧, 可也. 詣仲傷處, 今如何, 驚慮驚慮. 進奉吏不久當發, 姑此不一. 諸處亦未及修書.】

書 - 177 (12월 15일) P.72
【再寄寓】 梯豓
宜仁李忠順之行, 已付諸書, 凡事已詳. 就中汝下來, 事勢不得已, 二月可來矣. 正月念二間, 人馬送去, 則銀丁未及還京, 無乃有留滯之弊乎? 須更與琴奉事商量, 水路通行遲速的示爲可. 乾雉一首·猪脯十脡送去, 推納. 餘事具前書, 今不復一一.
【受賜書冊, 皆推來耶? 不推則失之, 須力爲推受, 明春丹陽舡往來時載來爲可. 金畫屛風, 則不須來也.】

書 - 178 (12월 16일) P.73
【寄寓】 梯豓
烏川送來紅直領次縫造追送, 考納.

書 - 179 (12월 20일) P.74
【寄寓】 梯豓

---
1 今則: 『상계본』에 '則今'으로 되어 있고, 앞뒤바꿈표시가 있다.

前云感寒餘證, 今則如何? 日向爲念. 予及兒輩皆安, 知三避所亦無事. 但中官事板蕩, 人皆逃散, 或臥病, 從馬非徒遲晚, 數少羸憊, 恐不成行次, 擧鄕恐懼, 慙悶奈何奈何? 且給馬之請, 出於萬萬不得已, 時未知得否, 亦深慮悶慮悶. 進奉吏臨行得病, 逢受之物, 仇叱屎代受而去云. 其物則脯雉及直領半臂衣而已, 考納爲可. 但此物似涉染病之家, 姑置京邸可信處, 觀勢而納亦可. 餘詳前書, 忙草忙草.

【安道婚處, 金春齡家雖當, 而當身年不相當, 不可爲也. 近張壽禧來云, "全應斗求婚"云, 此則吾意爲當. 汝須留意聞見, 明春下來時, 更問張也而處之, 如何? 詣仲及宏處, 忙未修簡, 傳之.】

書 - 180 (월일 미상) P.76
【寄寯[丙辰先生十一代孫晩轍家藏]】梯豍

安東判官今日欲來, 府使子弟, 自淸凉今日亦欲來見, 皆遣人辭之. 不辭則皆與此人相値, 自幸其辭之得宜也.

【吳大深處, 忙未修答, 前日惠物感感, 傳之.】

● 정사년(1557년, 57세)

書 - 181 (1월 4일) P.78
【答寯[丁巳] 參奉行次】梯豍

李忠順奴來傳書, 知汝罷官緣由, 爲恨. 然吾衰病日甚, 汝無他同生在側, 而遠離從仕, 本爲未安. 每欲令汝棄官而來, 未果也. 況此罷官, 非由汝罪, 而適合吾意. 以此言之, 吾無所恨, 汝亦何恨之有? 尹直長時未來耳. 歲前欲發云, 故迎從起送, 令待于黃江. 但恐回馬未得, 則不以時發, 而有久待之弊耳. 白米一斗·鷄兒一首送去, 奴粮二斗持去. 餘詳進口, 不一.

【馬太二斗·粥米五升, 魯德熙·德成.】

書 - 182 (1~2월) P.79
【寄子寯[丁巳]】梯豍

試聲久不聞, 昨日始得傳聞. 只夾之得中, 餘皆不利云. 如安道, 不深爲怪, 諸君何至如此? 然皆當自反而自勉, 不當有怨尤之意耳. 前云官教事, 更思之, 但問尋其去處, 不可呈該曹出立案. 盖旣辭其職, 則何用受案耶?

書 - 183 (2월) P.80
【答子寓】梯甑

汝之宜寧之行, 果似無暇. 若如爾計, 自彼往還甚便, 但如此而復爲春夏之交之行, 雖方伯非一而不答, 豈不貽弊於驛路乎? 非徒貽弊, 爲官之道, 不當如是任便出入紛紛也.

書 - 184 (2월) P.81
【寄子寓】梯甑

烏川來書, 昨見之, 知決宜寧之行, 連守今日當去矣. 行雖未安, 到義城見金泉, 探候人所而度其勢, 可及則往還宜矣. 但恨忽忽太甚, 反貽老慈氏之惱耳. 吾昨昨出山舍, 以崔德秀求官捧簡事, 委遣婢子來, 嫂氏爲來溪上, 故不得已昨夕入來. 崔生以吳相公謙再入銓曹, 有里閈世契之分, 妄出非望之計, 如此煩求, 而吾不能副, 大貽彼此之恨, 至爲未安, 奈何? 止此.

書 - 185 (2월) P.82
【再與】梯甑

宜寧之行, 當否不再言, 然金泉探候所言, 如有可疑, 則中路何以處之? 此則更須審處爲可. 丹城宅神主祭事, 雖忽迫不可不行, 而事不預備, 恐不如意, 恨慮恨慮. 常時付之奴婢, 往時亦不行之, 幽明之間, 所負多多, 非細故也. 奈何? 李末處, 軍官勢難之意, 幷引崔德秀事而曉諭之, 令其不至於空懷恨望也. 餘在汝隨事善處, 不須多言. 凡人平生善惡之分, 盡在於分産之時, 汝不可不知也.

書 - 186 (2월(25일 이후)) P.83
【寄寓 宜寧】梯甑

頃見軍威付來書, 知感寒永差, 行路無事, 喜慰. 不知以後安否, 爲慮. 家中大小竝依平日, 溫溪·烏川皆安穩. 內涼房已畢修, 二十四日行時祭, 因而還入安矣. 去十七日, 監司都事來訪, 是日甥婦新禮, 適爲相値, 門中頗似騷騷, 然皆無事過之. 但江原人物刷還之令, 甚嚴, 接者徒邊, 公簡奴莫同亦在許接中, 囚禁推問, 其戶無可疑者, 或云'連同處所云莫同者, 疑是其人, 欲來捉去.' 吾以爲'莫同無去處, 又彼乃內[尸]石, 其名各異, 必非其人, 何可斟酌而謂其人乎?' 遷延之際, 公簡奴亦以本無內[尸]石供招, 都事到此, 知其曖昧, 分揀放出. 不然, 幾乎生事. 此意告于公簡爲可. 陳田賣來事, 雖不得馬匹, 猶當爲之毋忘也. 罷榜已定云, 名紙得之爲難, 其處如可買之, 買來亦可. 蔡生員竟至不救, 可痛. 適大成家奴收貢事下去, 付此簡. 餘常自檢飭, 勿墜素志. 自警編, 眞可警也.

무오년(1558년, 58세)

書 - 187 (1~7월) P.86

【答寫[戊午]草谷】 梯艗

昨見來書, 知定行在來月十七日, 一家連作三行, 似有相礙之勢, 然勢使然也. 奈何? 但聞布匹未備云, 不知今日成服與否, 慮慮. 而末由相助, 恨恨. 木麥受之. 餘忙不一.

書 - 188 (1~7월) P.87

【寄寫】 梯艗

宜寧從馬無闕及來耶? 明日不違發行否? 汝素帶, 以今俗觀之, 似過時, 以禮制言之, 尙在緦三月之內, 而適陪行赴喪次, 仍帶而往哭後除之爲可, 故昨日云云. 但昨所言, 未盡此曲折, 故詳告之耳. 到彼處, 凡事極須以善意處之, 且告士彦以'改心滌慮, 上順親心, 下恤亡兄寡稚, 以持門戶, 毋自侮以取人之凌侮也.' 且汝不往固城則最好, 若以田地看審事往, 則不可不見公輔. 然千萬勿留滯, 勿煩求卽回, 至佳至佳. 大抵士當以潔身操行爲務, 汝尋常不致力於此, 吾雖不欲每每言之, 心實憂之故云. 餘路中愼旃.

【固城往來, 無乃路由咸安耶? 雖由彼, 切毋入也.】

書 - 189 (7월) P.89

【答寫】梯巍

知退行數日, 凡事如此, 必多缺漏, 奈何? 處女用有屋轎子, 甚當. 但擔軍不繼遠途, 極有窘處, 不如權用平轎, 故前日云云耳. 善山得軍否? 若然則猶可言也, 不然尤難, 汝須觀勢量處爲可. 星牧浴後調候, 涉險來此未便, 故與書辭之, 兼囑行次護過之意, 不封而送, 汝見知後謹封, 今日內送呈爲可. 今已晚矣. 恐不及呈故云耳. 昨得宏侄書, 副提學擬望, 亦不點云, 此間事勢未可測, 尤可懼. 然且奈何, 待天而已. 今日人口摘人來云, 此亦可慮可慮.

書 - 190 (9월 24일경) P.90

【寄寫】梯巍

歸草谷日, 日已晚矣, 能抵家乎? 吾僅保, 今到丹山, 但婢馬還送後, 不得不借於所經, 爲未安耳. 就中四季未及入藏而來, 須速善藏護, 竹藁架通氣處, 毋忘開戶. 但戶太大則寒入, 亦不便矣.『晦菴書』三冊在家, 須與在東舍二冊, 同處謹藏.『伊洛淵源錄』.『上蔡語錄』, 具生員處, 銘傳, 仍於藏書錄內記標, 爲可.

書 - 191 (9월 25일) P.91

【寄寫】梯巍

余自榮抵豐之日, 風寒所觸, 氣甚不下, 艱以調復, 其後日候稍平, 是則多幸, 而勞動氣乏, 病出多端, 僅自保攝. 今到惟新, 已脫險就平, 自此當任意徐行, 毋令倦極, 庶可保至京師也. 安道不可不帶行, 故不由水路耳. 路中聞人言, 兼以時勢觀之, 吾雖入都, 今後不爲淸要之職. 果然則爰得我所, 私自慰幸. 家中凡事皆晩而寒氣如此, 想多窘迫, 在汝隨宜處之. 就中滄浪棚架, 若加椽覆以麻骨, 則可經數年. 不然, 遂爲樵者偸盡, 奈何? 而奴輩牛隻, 困於輸穀, 椽木難輸. 俟村務皆畢, 洞內諸宅及洞奴等處, 借得牛隻輸椽木, 圖爲盖覆, 則無乃好否? 若有餘椽, 則東舍之東, 亦不可無假家數間, 以接賓藏書, 可用於此也. 然此亦當觀勢, 可爲則爲, 不可則不須強爲也. 餘在還奴, 不一.

【別無言事, 故諺書不修, 其告之. 路次卜馬多困且病, 不知此後又何如

也?】

書 - 192 (9월 29일) P.93
【寄寫】梯甝

比日渾家何如? 予雖多路困, 隨得調保以行, 度於初一間可入京耳. 就中『晦菴書』五冊, 執義回京時, 請付上送爲可. 此則公行, 可無負重之患故也. 餘具金箕報及還奴兩書, 草此.

【在竹山旅所, 預修此書.】

書 - 193 (10월 2~3일) P.94
【寄寫】梯甝

到丹陽·惟新兩書, 想已見之. 予初一日入城, 途中或寒或雨, 又多不平, 故其行遲遲如此也. 西小門家, 徐江華曾已出去, 故來寓. 但身之虛憊甚矣, 經冬忍寒, 固爲可慮. 時論抑揚不一, 未知終何所歸結. 然亦無可奈何, 姑且靜而俟之耳. 明間欲爲謝恩, 若以斂知仍置, 則雖久住, 吾何患焉? 如其不然, 是爲悶也. 家中凡事未了, 而寒凍已迫, 想多難事, 在汝量處. 且中予雖有小小之病, 已爲例事, 若無他患, 汝於冬間不須上來. 但宜寧葬事, 似不可不往見之, 而奴馬瘦病已極, 復作遠行爲難, 其何以處之? 慮慮. 餘在還奴等, 只此.

【汾川諸簡送去, 銘傳. 且路中所修小簡, 欲付執義之行, 而失遇未付, 今幷送之, 幷知悉. 滄浪坐床木, 忘未收藏, 須速取來爲可. 且宏來豐基云, '杏婚事, 其家欲爲, 而以其母賤, 故不無難色, 又有一處欲爲, 而其意亦然', 事成未可必也. 此兒年晚, 不可無妻, 近令孫伊奴爲往彼處, 問其可否定言而來, 不可更問他處爲可.】

書 - 194 (10월 10~23일) P.96
【答寫】梯甝

【可行人來, 得書, 知家中悉安, 爲喜. 予成均難處事, 前日命石付書已言之. 近因館中連設試場, 故停仕罷場以後, 當逐日仕進, 此豈可堪乎? 大抵路中所傷積勞在中, 常欲乘隙而發, 身甚憊虛, 風寒易入, 爲慮不淺. 宜寧葬時, 似不可不往見. 但吾若例呈病辭而已, 則汝可不來, 萬一別有重證,則汝在家猶可易聞易來, 若在宜寧, 聞難而來亦難. 況馬皆瘦病, 何可每每奔走道路乎? 汝已一次往見, 今雖未往, 非無緣不往之例. 又聞黃順元來月率眷下去, 定往見葬事, 權忠義來言, 須量處爲可. 造墓軍書簡, 成送于黃順元之行爲計. 杏娶妻事, 孫伊之還, 若不成, 則他處多問爲可. 人不可每無妻, 且此兒後當軍役, 若太無依賴, 則亦是汝之憂也. 回程白馬瘦困云, 來時不至如此, 必歸時不飼而然也. 在此老騎, 亦病甚幾死, 常常借騎, 亦非小事, 奈何? 李執義行, 來書已見之. 審之見屈, 嘆恨如何? 東家移寓事, 父子異爨, 本非美事. 但汝兒輩長成婚嫁, 無容身處, 勢不得不至於此. 且古人父子, 雖不異財, 亦不可混處, 故有東宮西宮南宮北宮之制, 今與其同處而異財, 孰如別處而猶不失同財之意乎? 來年不當移, 則今冬移寓, 似無妨耳. 龍孫之計若成, 則於其身爲好. 竹山, 來時見之, 故書簡修送, 速傳付之爲可. 『晦菴書』三冊, 無事來矣. 餘在可行兄弟, 不復一一.

書 - 195 (10월 28~29일) P.98

【答寫】棣甝

【近具幹來京, 得溫溪諸書, 因知闔安, 爲慰. 予近因館中連設試場不仕, 故因循至此. 然自度氣力甚憊, 冒寒强仕, 必生大病, 故來月旬前欲爲呈辭爲計. 雖甚未安, 勢不得已也. 就中趙三宰去月晦間入漢城府試官, 中寒而出, 其病彌留猶不繁, 至今月二十四日, 忽如中風言語不通, 一夕奄爾捐館, 哀痛何極, 哀痛何極? 予僅一往見, 不得再見而至此, 尤爲慟甚慟甚. 此人雖似木爲適中, 清德可尙, 身死之後, 家計蕭然, 若非公私賻物, 難以治喪. 今世如此宰相, 豈易得乎? 予於此公, 契分非常, 數日不離喪次, 悲痛之餘, 因致添病, 今方臥調, 觀勢呈辭耳. 且吏判及諸公, 欲汝復職, 近政有闕欲擬云, 吾不能禁, 其成否未可知. 若成則家事尤甚虛踈, 且明春吾歸計不得不爲, 父歸子仕, 亦似未穩. 然姑不可預料, 故任聽諸公之意耳. 介粉事, 何以爲之? 生存者玉粉, 而其弟介粉物故, 立案有之, 以此現納, 非以生爲死之謂也. 須知此意答之. 所未安者, 孫妻事耳. 尹義貞臨行云, 忙草不一.】

書 - 196 (11월 초순) P.100

【答寫】棣甝

鄭孫持書, 知家中安好, 爲慰. 予成均之任, 前已再經不職, 本不當三忝, 顧以勢難辭避, 故庶欲調保供職, 而路傷之餘, 羸憊益倍, 身如虛物, 㥘於風寒, 元氣餒甚, 雖遇小病, 心甚危殆. 今月初二日仕還, 得心熱上氣證, 幸以摩擦之方出汗旋差, 自是更不爲出仕計. 今日始呈辭, 度於二十四五間當遞, 吾從仕之難, 至於如此, 安得爲久留京師意乎? 久陳還上, 京畿等道, 則各官豐凶分揀量減, 嶺南何故盡徵? 不可說也. 宜寧葬期, 吾亦未聞, 雖來報, 汝之難往, 前已言之矣. 杏事每違, 何時可成? 前日宙云, '其近居有寡母率二女者, 不無向意.' 但其時杏未爲良, 故彼以爲難云, 今已爲良, 無乃肯爲乎? 問之爲可, 其他亦聞見, 可也. 奉千不死, 可喜. 汝無僮奴, 此奴甚合入役爲可. 蓮僧先燔瓦之計, 本爲好矣. 然今欲先造成, 此亦不妨. 吾意亦欲見成舍之切, 不欲遲遲. 但吾於二月內下去, 則如此至好, 若未及下去, 則恐凡所排置, 未免有後悔也. 圖子兩樣送去, 招右僧議定報來, 爲佳. 疏草得否? 烏川人持來書, 見而答去矣. 東家移寓, 十一日定耶? 吾平生多險釁, 汝兩母無恙時, 吾未成家計, 及家事臨欲草創之際, 兩母皆不待, 良人亦逝, 不得已以此人幹家事, 乃一時權宜, 非立家垂後之善道也. 況兒輩漸長, 婚嫁等事, 豈可每以權宜幹家而爲之? 此人不自安, 欲求別處, 亦勢之然也. 其間凡事, 汝須隨宜善處, 不至爲人所羞, 可也. 就中老騎自去月得病不食, 日漸瘦困, 今夕死矣. 多年服勞之畜, 忽爾失去, 殆與億奴之死無異. 今是何年, 使我多無聊之事至此耶? 馬價至高, 未易貿得, 殊非小事. 姑欲俟春臨下去時圖買爲計耳. 銀魚八十尾送去, 其四十尾送于烏川. 匙三十柄送去, 兩處用之. 餘未一一.

【吾雖無馬, 歲前似無出入, 歲後未買前, 或可借騎. 家馬上送之計, 勿爲, 可也.】

書 - 197 (11월 13~22일) P.103
【寄寓 宜寧嘉禮】 楮飜

崔生員瑄及新反孫先達付兩書, 想皆見之. 但無來京人, 不知汝何以下去, 及其處凡事, 專未聞之, 恨悶恨悶. 十三日遷葬, 今已過矣. 不知舊壙新阡, 皆無他故否? 均是送終莫大之事, 聞報促迫, 身在千里, 不得馳往執役, 平生痛罪, 萬萬難言. 前告行祭事, 不知晉官肯許得行耶? 亦不知如何, 遙憫遙憫. 生員葬時挽二幅, 題主筆一柄送去, 告公美而用之. 新曆二件, 習讀及公美分呈. 汝之所看則已送于禮安矣. 就中汝弟獨留荒山, 誠欲速遷, 但想諸緣未具, 豈易卒辦? 兩葬相仍, 人力尤不給, 勢必未遷, 痛念奈何? 然萬或可遷, 則又不知定在何日? 尤悶. 且朴士信云, '其養父母葬山, 無可用之地'云, 然何可用於不用之地乎? 此亦深慮. 蠟燭一雙貿送, 汝弟遷時用之, 未遷則留付文山等, 其常祭時用之事, 敎之爲可. 予初二日感寒後, 往復不調, 畏寒不出, 不得已呈辭. 近當更呈, 則遞之矣. 來未數月, 又復如此, 何以久係於此乎? 明春定欲下歸爲計. 但馬死未買, 凡事多違, 未知能如計耳. 禮安近無來人, 未知安否. 家事多踈, 汝事畢後須速上來于彼爲可. 且打作互相換事, 堅約而來, 銀夫等貢督收來亦可. 安道, 『孟子』熟讀, 方讀『詩傳』, 其意亦欲自勵, 但其資不拔於他人, 是可慮耳. 餘冗未一.

書 - 198 (11월 23~24일) P.105
【寄寫 宜寧行次】梯毉

汝前擬典牲參奉, 副望未受點, 不謂更擬矣. 今日政又擬文昭殿參奉, 首望受點. 此事爭者如麻而不得, 汝乃不求而復職, 於汝爲過分, 於我爲未安, 奈何? 且予多病如此, 不得已三辭, 今日得釋成均重負. 負國之恩, 靦顔極矣. 明春歸計, 不可不決, 而吏判堅欲留我, 故力爲汝復職, 於我歸計, 似爲相妨, 如何如何? 且此去人中原留滯乃去云, 想至來月旬後到宜寧, 已臨葬日, 則過葬乃發, 歲時僅到禮安, 歲後治行趁期上來, 人馬俱困, 何以能堪? 且家中百事踈濶, 汝若棄來, 迷頑奴輩, 益壞家事, 不是小故. 汝意若知官職不關而不來則善矣, 但恐汝不能然也. 須知我意如此, 來禮安量度事勢, 若有難者, 勿强作必來爲可. 且汝弟遷事, 不爲則已, 無乃卜遷於十八日之後, 則還禮安, 又不及歲時, 尤爲促迫, 奈何? 皆不能遙度, 恨慮恨慮. 餘具前書, 不一.

書 - 199 (11월 25일) P.107
【寄寫】梯毉

權忠義禮宅奴子下宜寧, 付書, 得見乎? 彼中葬事, 何以爲之? 舅氏遷葬, 必已爲之. 汝弟想不得遷也. 生員永葬, 未見而上來乎? 凡事一未聞知, 何憫如斯? 汝於今月二十三日政爲文昭參奉, 四十日之限, 在正月初四五間, 若及旬前上來則猶可, 不然則不及矣. 反復思之, 苦寒遠道, 馬匹皆困, 似

未及上來, 如何如何? 殿參奉又非如陵參奉, 不可久闕實官, 欲以此圖換
某陵則可以退限. 但時未達意於判相, 何可必乎? 又聞去六七月間納穀銓
崇善得罪後, 朝議以爲殿參奉以生員或有孝行人擇差事, 有承傳云云, 而
汝前交代李瀗以孝行捴授, 身病遞之, 而以汝代之, 似非立法之意. 或有物
論, 未可知也. 若有論或換差, 則當專人走報爲計. 如其不論不換而汝行可
及來則來, 若有他故, 或期限促迫, 不及上來, 則遞之而已, 亦何患乎? 須
觀勢善處, 勿太顚倒奔忙, 可也. 予今已得閑, 正二月間欲爲歸計, 但未知
事之順否, 深慮深慮. 且中東西無異一家, 然不得已皆作農事, 則汝率二奴
而來, 農奴無之, 奈何? 吾意只率連守, 吾在此時猶可兼奴, 吾下去則留加
外·戒斤而銀丁在家爲農, 何如? 所慮此婢不足恃仗耳, 在汝量處. 其他凡
事, 曾已兩次付書, 想其書皆在家, 須細考遵行爲可. 陶山精舍, 蓮意欲先
造成云, 圖子曾已寫送于汝. 更思其圖未盡, 更爲圖, 送于大成處, 須招蓮
與大成同議處之. 但吾未下去, 汝又上來, 蓮計恐未成, 深恨深恨. 耕處,
別紙可考. 榮川打作, 來時更考而來. 李執義今爲校理, 昨夕入京, 得見爾
書, 復答於此. 東家未成處雖多, 本家氷凍前須及之事甚緊, 先宜畢措本家
事後, 東家事, 看日候及人力事勢而處之, 何可必成乎? 況其東假家, 尤不
易成者也. 滄浪加盖事, 果如爾言, 亦姑置之可也. 移屬事, 當問于院及曺
矣. 但當初書送時, 年歲四祖實不書送, 何以云云耶? 亦可怪耳. 疏草果似
推來, 但不持來于京, 必藏在書樓內家集篋等諸箱之中, 細搜爲可. 其書
內'愛臣者少, 憎臣者多', 愛·憎二字, 人多以爲未便, 吾意亦未安, 改爲是
臣非臣爲可. 固城書信, 知之. 且疏草若未得, 則問于琴士任·吳謙仲等處
亦可. 奉千事, 甚可駭怪. 寒夜赤身走出, 豈可遠去? 卽時窮尋則可得, 順
旣不然而竟無全處, 安知不爲虎攫? 極爲憐惻, 而順之不慈, 不得無罪. 須
捉來推問爲欲打之狀, 而勿打嚴敎而送, 令窮尋期得其某狀爲可.

書 - 200 (12월) P.111
【寄寯】梯甄

不知汝自宜寧聞報卽來否? 臘寒遠路, 行事如何? 懸念不弛. 凡事, 命福
齋去書細言之. 但初以殿參奉易至生事, 且恐汝未及來, 故欲換陵參. 更思
之, 換任非徒近於任便, 且陵參則只用半任云云. 汝之此任, 一資之出似
關, 故不欲換之. 知此意, 限內及來爲可. 萬一有故, 未及限來, 則歲前入

京人聞見付書來報, 與其不及而遞之, 寧換之, 亦計. 雖然換之如意與否, 豈可必乎? 且汝從前未甚完實, 易感風寒, 今冬奔走良苦, 慮或生患, 若少有不調, 千萬勿爲强行, 至可至可. 余尙未謝恩, 閉門自保, 近患痰冷, 雖不至大段, 而虛憊大劇, 固不敢從仕耳. 豐基郡人之歸, 付此書于筮卿, 欲傳草谷家, 其果能速傳與否, 未可知. 故只此, 亦不修謝書.

【帽·耳掩, 京中聞見時, 未得之. 李容·李苞·李文井·李墺等, 無乃有之乎? 求來爲可. 順氣正氣參蘇飲各一服買送耳.】

書 - 201 (12월) P.113

【寄寫】 梯黽

汝去宜寧後, 一不見書, 其無來人耶? 汝參奉職, 翌日適權家奴下歸, 且云'直去無滯', 故專恃付書送之, 不別遣奴也. 昨者權忠義來言, '其奴牽蹇馬, 欲於維新·淸州等處奴家, 留連以去'云云. 然則汝之聞除職太緩矣. 又昨得禮安書云, "遷葬退行於今月十三日", 然則汝之來禮安, 必在二十日後, 正月初三四日限內, 恐未及上來也. 初欲圖換某陵, 更思國家官職, 任便移換, 恐有物議. 且予於初七日政, 特承嘉善爲工參判, 未蒙病廢之罪, 反承寵擢之命, 自古未有如此之事, 時方苦辭, 尙未允許, 危慮萬萬. 當此時, 又圖汝任便之事. 尤未安, 如有可及之勢及來爲可. 但聞哲孫奴又死, 我家今年厄運何可勝言? 右奴雖未知事上之道, 舊使可憐, 且如象雛何? 終伊, 不可不送, 故不計此處使喚送之耳. 聞東家已移, 汝又上來, 兩處頑奴, 非杏所能制, 農月且近, 奈何? 且汝騎卜馬必困, 以此尤恐不及來也. 徐察銓曹意, 若有相換無難之意, 換之亦計, 而未可必也. 『參同契』, 其主推之, 故令搜送, 而『靑丘風雅』誤送, 須更搜來. 法蓮若獨在, 成造爲難, 則燔瓦何如? 又難則姑待秋亦無妨事, 敎之. 吾歸計雖甚難, 然欲於三四月中決去爲意, 餘具前五六度書, 不一.

書 - 202 (12월) P.115

【寄寫】 梯黽

汝之行止, 至今寂無聞知, 可悸可悸. 數日前黃某奴自晉州來, 告權忠義家云, '當初權奴持報書者, 臘月十二日始到宜寧', 汝之聞報如此其晚, 又拘於兩葬, 未卽出來, 則到禮安又晚, 次次延退, 不及初三日限, 則初四間轉動政必遞, 似可恨, 然安知其不爲福也. 千萬勿念. 吾病腹脹謝恩後尙未上官, 可悶. 旣近於此, 則遂來省吾病, 休從馬下去爲善. 其他則前送禮安書皆具, 不一.

● 기미년(1559년, 59세)

書 - 203 (1월) P.118

【答寯[己未]】梯觟

日日苦待, 今夕漢江出候人回, 得豐基郡人賫來書, 始知踰嶺落馬還歸之由, 驚慮萬萬. 無乃有傷, 而慮吾遠處驚慮故不至太傷云乎? 凡落傷初雖不覺, 後多爲患, 汝能知輕重之分, 而決意還歸, 甚善甚幸. 萬一不歸, 强行遠路, 觸冒寒邪, 其爲久遠之患, 誠不可料矣. 落傷當藥數種貿送, 須十分治療, 俾無後患, 懇懇. 汝復職, 出於意外, 雖似可喜, 然吾之多病如此, 家事日益疎濶. 我歸汝仕京外, 皆有極難之勢, 故吾心反以爲憂. 今汝因此一事, 脫然斷置而歸, 大慰吾心, 只以傷處恐有後患, 念念不已. 宜寧遷葬, 吾不得往見, 汝又臨時牽事不見而來, 生員之葬亦然, 是深恫恨. 然亦出於不得已, 奈何? 今聞皆無事過行, 稍釋於心也. 權家奴初云'中途留滯', 後云'直往', 故信其後言而付書以送. 今審其滯傳如許, 假使汝不得傳聞而上來, 則雖無落馬之事, 必不得趁限而來矣. 其奴之不可恃至此耶? 吾三冬病臥, 得免罷黜足矣. 反有此濫分事, 其爲難處, 口不容說, 故再乞改正. 衆論皆以謝恩前辭免, 爲未便, 不得已强疾出謝, 又再辭不許, 勢至無可奈何, 姑且冒處, 近當上官爲計. 卿議所慮, 亦固有理, 吾亦知不可每每辭避, 然六曹亞卿, 事體非輕, 豈吾養病之坊耶? 二月間必欲某條請退, 舟行至丹山作意, 寒食則似不可及矣. 吾他證, 或有進退, 猶云前例, 腹下脹滿如包水一證, 甚於乙卯之發, 慮慮. 終伊, 其家種麥, 以凍麥付種後卽卽上來事, 敎之爲可. 家中甚窘, 卜馬亦困, 上納以米極難, 奈何? 欲自此措納于可興, 但買馬等事多多, 時未知力及與²否耳. 法蓮死矣, 精舍之計, 似不

---

2 力及與: 『상계본』에 '與力及'으로 되어 있고, '與'와 '力'을 바꾸라는 교정표시가 있다.

諧, 可歎. 大成欲求他僧付其事, 未知有之否. 雖有, 孰能如蓮之自當其事耶? 飴餳小封送去, 可止兒啼.
【黃毛筆一柄·臘藥諸種送去.】

書 - 204 (1월) P.121
【答寫】 梯孅
【聞汝落馬還歸後, 縣吏鶴文下歸, 雖送藥, 未知落處如何, 憂憫方極. 終伊上來, 見書, 始知趁時治藥, 大槩向差, 喜不可言. 此乃汝能決歸故如此, 不然, 冒寒强來, 不得以時治藥, 其患豈止此耶? 但未知終伊來後求差如常與否, 時未聞知, 多疑慮疑慮. 且榮川人下歸, 又送四物湯及書簡, 亦未知傳否. 四物湯多服尤善云, 故加送耳. 予舊證無加減矣, 自歲前得臍腹脹滿證, 甚於乙卯年, 多方治藥, 小無差歇, 不是小患. 陞品旣不得辭, 工曹雖無事, 六曹重地, 病人處之未安, 卽欲呈辭, 人皆以每每呈辭爲不當, 故姑爲苟冒以待日和後, 看病勢處之, 爲計. 終伊, 不可不送故送之, 過寒食後, 卽須上送可也. 吾歸計, 人以爲不當者雖多, 亦有大臣見其實病而以退歸爲不妨者, 若今春不歸, 病若加重, 欲歸不得, 則悔不可追, 故二三月之間, 欲以父母墳焚黃事受由下去爲意. 但雖有此意, 時未可預定日期, 故奴馬上來事, 亦未定通, 若得便, 則奴馬雖不來, 維新以上, 猶可乘船下歸, 而從馬來迎于半塗, 亦可也. 萬一此計不遂則退於四月, 又不遂則退於七月, 其間鬱鬱, 何可耐也?, 且安道在傍, 吾雖過夏, 汝不須上來也. 親戚諸書, 皆見之 宜寧諸書, 則金仲起以銀紅事送奴宜寧去, 故諸書皆已報答矣. [銀紅事, 至呈議送督捉, 事甚不美.]安東判官亦當自此謝答. 禮安城主及諸簡, 今皆修去, 惟汾川·月川·烏川書, 病倦不報矣. 蓮僧受物, 皆已推否? 此僧之死, 甚憐, 而吾事無托, 奈何? 李善同子僧未知肯否? 肯則使之爲可. 但燔瓦定於何處? 遠處衆共之便, 反不如近處獨辦之難也. 但料家中凡事, 不成計活, 力不及他, 幹僧又不如法蓮之獨當, 則燔瓦亦恐不得也. 換田, 兩便甚好, 雖禀吾, 豈不許乎? 不待禀而爲之, 乃汝未思之故也. 雖前有受處, 豈爲疊乎? 順孫受耕可當, 宜寧打作及貢等事, 知悉. 宜寧兩葬, 汝與我皆不得見, 雖勢之使然, 平生愧痛愧痛. 又聞有水, 誠可驚怛, 而亡兒尤不可不速遷也. 槨板如汝計亦善, 其給價幾何? 宜寧打作貿木, 或銀夫等貢木中, 量宜給價可也. 『參同契』無事來到矣. 杏兒事每每不成, 人豈可三十無妻耶? 笠子等物貿送, 更爲聞見, 使之得偶爲可. 汝以不及限遞之而已, 非罷職之例, 何待敍用耶? 然更職之事, 非徒勢難, 雖復職, 亦難從仕. 吾所以如此云者, 洪判書之意, 欲令我安心在京, 故急授汝職耳. 今汝已遞而吾無留意, 更圖汝職, 豈判書之意乎? 餘事終伊口報, 只此.】

【來二月初四日, 此處行時祭爲計. 稅米欲自此送, 布物貿納, 但若買馬則布物似不足. 然上納米數, 終伊來時書送, 兼送宜寧來木一二端, 則某條圖之爲計. 昌原人移屬公事, 不到掌隷院云, 可惜.】

書 - 205 (2월 1~3일) P.125
【寄答寫】棣孅
【命福賫書, 知落處差復, 深以爲喜. 然猶有餘氣, 更須愼調爲可. 予脹證似非偶然, 而如有不得已事, 則未免强出從仕, 可悶. 姑以日和望其差愈耳. 終伊, 去二十五日下送, 未知無事去否? 貢稅米比前加多, 此處米布等物, 皆似不足. 然欲以某條備納爲計. 前書'一二匹上送則補納'云云. 今石從貢木已來, 更勿加送亦可. 但吾欲月晦或三月初間, 受由下歸. 然則船過可興時, 使奴傳付色吏, 似當. 若吾行失此時, 則欲使戒斤或命福爲下去可興貿納, 而似未可信, 無憂慮憂慮耳. 宜寧來物受謝之意, 近因生員家奴到京還者, 附書上陳矣. 燔瓦, 欲於何處爲之? 溫溪諸宅一處爲之則一年內恐無間可爲, 如何如何? 祿布一疋送去, 造瓦所入麤布及生麻等, 以此換用可也. 但手功則此處以買馬不可不爲, 而無選上之入, 凡用多窘, 未得一疋之送, 恨恨. 聞大孫者責板價於哲孫云, 大抵貨板乃是冒禁之事, 旣已沒官, 大孫似不得以全價追徵於已死之哲孫. 然不肖者不計法而侵毒, 則勢將又至於賣田, 故府使處書簡修送, 送呈請之爲可. 餘詳終伊持書, 只此

【吏判欲以文衡之任投授於我, 屢屢形言, 使我尤不得安心在此, 不得已速歸. 終伊, 二十日不違上送, 則晦間欲發爲計. 寗率二奴亦欲同行, 維新以前雖無他奴, 猶可行也. 文衡之言, 只以告汝, 勿語他人.】

書 - 206 (1월) P.127
【答寫】棣孅
【校人持書, 又知安信, 爲慰. 兄主因何以致有傷寒? 今已永差云, 深喜深

喜. 汝服藥次弟皆當, 雖差, 更宜愼調. 時祭初四日皆兼爲計. 靜一僧爲計如此, 亦足慰意. 予脹證不差, 雖前日已經之患, 然不無疑慮. 欲不待四五月之交, 今晦間下去爲計. 此意昨日縣吏持書詳之. 稅米自此備納事, 亦詳前書, 終伊來時, 須細問. 可興稅米, 時價一匹幾許而來事, 敎之, 欲以木計給故云云. 非但路中問之, 其處亦必先納, 往來人問而通之. 榮川稅則某條輸納事, 指揮爲可. 餘不復一一.】

【不爲諺書, 知悉. 東家假家等事, 亦不得已, 然事力必窘, 如何如何?】

書 - 207 (2월 중순) P.128
【寄寯】梯鼴

【近未聞信, 汝落處永差否? 慮慮. 予證往復無定, 人皆云憊甚, 尤不欲久滯. 終伊上來, 卽時月二十九間發船下去爲意. 問之親友間, 受由下去則似無妨云, 皆知實病故也. 雖間間有不當去之言, 豈能盡計哉? 惟從馬之送, 難可預定其期, 故不告起送之日, 恐有裹粮宿留之弊也. 然安道騎馬, 一奴牽持, 來月初五六日, 及到于金遷, 又榮川納稅人, 亦於初三四日前畢納次起送, 則吾行初四五可到可興. 若又得他稅納人回馬, 則惟新以後, 可以陸行矣. 萬一此事相違, 則舟到丹山爲計. 久於舟行, 似爲非便耳. 燔瓦事, 何以爲之? 前書布匹欲送云, 而此人不可信, 且時未買馬, 價物不足, 姑停送之. 餘未一一.】

【均爲歸計, 未及寒食, 愴恨愴恨. 崔咸從衙屬先來, 昇疾而來, 死於平壤, 驚怛何言, 死者已矣, 德秀千里扶行, 憐悶憐悶.】

● 갑자년(1564년, 64세)

書 - 208 (1월 10일) P.132
【寄子寯書】

臨去, 忘未盡言. 洪知事若見, 爲致問安之意. 又如言及'松岡令公碑文, 爾父何不撰述'云云, 對以'父平生自以不文不敢爲人作一碑文, 今不可獨撰此碑也. 況又大相公在旁, 必已撰述, 尤不敢妄作故也. 此意趙摯生員已悉而去, 必已傳白矣. 此吾父之意也'. 如是對之可也. 且投刺時有奔競處, 審細聞見而進亦可. 凡事更加詳愼.

書 - 209 (1월 10~11일) P.133
【再告寫】梯覵
見政目, 洪君仁慶爲舍人, 洪君去去年爲舍人日, 劑送八物, 元必是良材精劑, 甚得其效, 汝須往見, 謝其前惠. 今亦願得如前劑惠, 則可得劑來. 且政府參謁事, 亦可稟行, 或可置簿, 則可圖也. 西小門洞內蔡承孫·安鴻, 可見則見之, 凡相見之人, 與我相厚者, 先須傳我寒暄之問可也. 哲金伊招問入家, 何人家中? 雖無物, 亦非全無, 何以置之? 李正郎往見, 則其隣有黃判事博, 吾生員同年, 今方居喪, 一未修弔, 幷須問慰可也. 然凡吾所稱之人, 勢難盡見, 則擇其切不切而見之亦可.
【政目不知何人所送, 閏樑書簡坼見矣.】

書 - 210 (1월 17일) P.134
答子寫
去後寒甚, 深慮. 安奇人來, 得十三日聞慶所修書, 知好去, 喜慰喜慰. 但其後寒日亦多, 未知何如? 懸念無已. 家中大小, 悉平安? 申引儀所言之意, 當稟于兄, 侍而圖之, 憑處, 亦當傳之. 就中安道諺書中云"來月初欲上京"云, 而寄我書中, 無此言, 不知何意耶? 且冠帶, 得於豊山否? 入京後, 凡事何以爲之, 更須十分審細商量, 無令差誤. 又於進退諸公之門, 尤愼言語. 旣行堂參後, 其他則最繁處外, 不須盡缺修謁, 速期出城, 無妨也. 韓永叔·申啓叔處, 去年曾已奇書, 故汝行無書矣. 爲道此意, 又傳恨無得見之便之意至佳. 餘未一一, 幷望歸程, 將護將護.
【李直長爲來告去, 深感厚意, 因附此書.】

書 - 211 (1월 26일) P.135
寄子寫
踰嶺後, 未得一信, 春寒異甚, 不知行路及留京安否, 深慮深慮. 毛衣弊甚, 又意寒日不多, 故不送去 至今寒愈劇, 悔之無及矣. 嘉吉, 在都相見否? 驛吏持去書, 想已見矣. 咸昌副正家, 定往見耶? 某日出官事, 須先伻報于此爲可. 且出官後, 亦不可太急來此, 當少留觀勢而來可也. 【餘在諺書, 只此.

【前書小紙, 細見否? 嘉吉善政, 一道無改可也. 亦須務存官員之體, 勿與下人作閒雜言語, 以防慢侮之習.】

書 - 212 (2월 3일) P.136
【寫寄書[甲子二月初三日]安奇】楮皮

昨昨見驛吏告目, 知卄六發京, 初三日到任, 深慰. 但未知路中安否如何? 故今遣此伻探問, 且審上任無事與否耳. 前監司陪去, 驛吏所持, 汝在京修書, 亦已具悉矣. 就中樂安衙眷行次, 若宿于驛, 則適與汝出官之日相値, 慮有相妨之事, 未知何爲? 且何日來此耶? 不可太速, 須細量宜處之.

書 - 213 (2월 3일) P.137
【寫答復[甲子二月初三日]安奇】楮皮

寒甚旅苦, 念不少弛, 今見書, 知嘗患感冒, 得汗差愈, 喜深喜深. 今日到任, 曾得吏報而知之, 故已遣人, 探問安矣. 書中凡事具悉. 但兵使若入道內, 則不可離任所, 近必不來于此, 人馬疲困之際, 適値大賓, 可慮. 愼之愼之. 具前書, 只復.

書 - 214 (2월 30일) P.138
【答復[甲子二月晦日]安奇】楮皮

伻書, 知所以遲還及迎命無事等報, 爲慰. 此處無他事, 但以孫奴事, 心不釋遣耳. 其所受之物, 已令寂與順孫·連守等, 同爲審問, 則僅存十四五石許, 又分給四五石云云, 卽爲封標, 取其簿來矣. 雖云無面, 不至如此之甚. 大抵其妻本泛濫, 不無瘦匿之弊, 未可知也. 孫伊省人事, 時審問, 則似不如此, 而臨死之際, 如此迫詰, 所不忍爲, 故死之第二日, 始令問之, 如是云云耳. 趙士敬事, 其身在遠, 其家窘悶來控, 故不得已令往呈簡, 聽不聽間, 吾無如之何. 若堅不放囚, 如汝所云處之, 雖不得依逃奴之法, 奈何奈何. 安道處書簡, 縣使欣石, 明明上京來辭, 故當付其人, 今不付書矣. 入來行祭事, 知悉.

書 - 215 (4월 1일) P.139

【復書[甲子四月初一日]安奇】楢圌

書來, 具悉無事, 爲喜. 此處竝依舊. 予溫溪 碣陰往見事, 昨入溪上, 但旱乾特甚, 近古所無, 無以爲計, 憂悶不可言, 奈何奈何. 汝往見義城婚事甚當, 仍爲沿牒之行, 亦所當也. 須於到處, 常加警飭, 每事詳審操持, 非有甚不得已, 勿爲干救於列邑, 勿被人指點譏笑, 千萬千萬. 凡汝之有失, 無異於我之所失, 尤不可忽也. 監司行次及府伯來期未定等事, 知之矣. 且知府伯多惠魚物, 以濟窮家婚事, 感幸無比. 權副正復職, 可喜可喜. 使行不遠, 驛中必有預措之事, 須速行返爲可. 只此不一.

【昨來銀脣等物受之. 前日淸涼之行, 適與城主祈雨事, 相値有礙, 故停之耳. 往下道日, 不遣人于宜寧乎? 遣人則頑奴處, 換穀受牌上送事, 堅敎爲可. 年凶如此, 必有當家封庫之事, 須及未封前, 換取而來, 可少補窘, 故云云. 且近得慶尹書, 梁山儒生崔滉云 『朱子年譜』, 已送于順天, 然順天書來, 不言其書之到彼, 此必虛言也, 須更以此意, 倂人問之取還事圖之. 汝若無暇爲之, 則慶尹令前, 白此意, 處之亦可. 如見靑松府使, 爲傳寒暄阻戀之意. 『年譜』事, 毋忘毋忘. 前云賣馬人, 何故不來? 試問之.】

書 - 216 (5월 13일) P.141

【寫答書[甲子五月十三日夕]安奇】楢圌

書意具悉 '所云祭事' 若府伯八九間來, 則初一行之, 恐未安也. 府伯答狀言雲長家事懇切, 但無圖措之路, 無可奈何. 此則果然? 不可說說. 若得正犯, 則無事, 不然, 彼無聽和之意, 患辱無窮, 不知何以處之? 銀夫事, 罪多, 而遠路, 勢不可痛懲, 反爲無益, 恨恨. 李末不量事勢之難, 強聒至此, 吾豈可苟循其請而妄干於生面之人乎. 須將此意, 曲諭爲可. 府伯狀, 還送以示雲長亦可. 只此.

書 - 217 (5월 26일) P.142

【寫寄答[甲子五月二十六日夕]安奇】楢圌

今見來書, 知府伯來期, 校官亦陪來, 當爲奉待, 但書中作初八日, 必是念八日誤書如此耳, 故以明明日待之. 李雲長事, 速得和解, 反爲幸爾. 餘不一一.

書 - 218 (6월 23일) P.143

【答書[甲子六月二十三夕]安奇】棡甈
府使昨日伻書, 兼寄別詩六絶, 因知明日發行, 故已遣漢弼呈和詩, 幷探定發與否, 今得書來, 知不違發行, 汝之陪送義城, 少可慰予不得面別之恨矣. 餘不一一.

書 - 219 (7월 26일) P.144

【答寄[甲子七月卄六夕]安奇】棡甈
書來, 知好在, 慰慰. 此處皆無事. 方伯·府伯·敬差等凡奇俱悉. 『田制考圖』, 意或失去, 猶得送來, 可喜. 風雨作惡, 所餘禾穀, 皆將不實, 奈何奈何. 又不是小患也. 所幸, 時無漂害田地處耳. 只復.

書 - 220 (8월 5일) P.145

【答書[甲子八月初五日]安奇】棡甈
書來, 兼得安道書及製策奇別等, 爲慰. 此處皆無事. 榮川祭, 十日當行, 而連同云 "祭肉未及於其日, 恐未及行", 適有人歸彼者, 連同處, 告以此處十日前有出肉處, 須來求此處, 而及行於十日事, 已敎之. 億臺已歸咸昌, 安道處, 亦以來榮川過祭事, 書通矣. 龍宮歷弔事, 亦通之. 龍宮過飮致死之由, 此間所聞, 亦然, 當不虛矣. 安道近當來, 此所製留此以待耳. 餘不一. 使行次, 凡事愼之.
【使若問碣文製否, 前見始製未畢, 想今或已畢矣. 以此答之爲可. 眞寶城主欲於初九初十間, 來宿陶山, 甚幸, 但十一日家中設祭之事相値, 似難迎拜, 須以望後回程時期會事, 白之亦可. 若都厭峴泉石勢難, 則直來陶山事, 亦白.】

書 - 221 (8월 10일) P.146

【寫答書[甲子八月初十日]安奇】棡甈
朝因監司人還, 附書去矣, 今見來書, 始知他道仍陪之意, 他事不須計也. 安道京行, 與之相違, 是果爲恨, 然無如之何矣. 安道今日榮川行祭後, 當來于此, 然數日風雨, 未知能如期而至與否. 又龍宮婢已來其家, 而適又下去退溪, 時未見問, 未知彼處京行十六定發與否, 可恨. 且安道京行, 凡事恐有未辦, 而父母皆不在家, 有難措處事, 如何如何. 樹谷墓碣, 有改印處, 來在山所, 草報未悉, 詳在朝書.

書 - 222 (8월 13일) P.147
【寓寄答[甲子八月十三日]安奇】梯㮦
書來, 知無事隨行, 又免仍陪之弊, 爲慰. 此處皆無事. 安道十日祭于末岩, 十一日參行樹谷, 十二日祭栢山, 今日發向烏川, 但權僉正未到之前發彼, 故十六日之行, 未知進退有無, 不得已急急回程, 不及告辭而徑去, 渠亦深爲未安耳. 義城送物受之, 答狀而送. 汝婦望後速還事爲計. 餘不一.

書 - 223 (8월 26일) P.148
【答寓[甲子八月二十六]安奇】梯㮦
書來, 知御史之行不至於太迫, 猶可及措諸事, 爲慰. 吾證時無加發, 當藥旣來, 可以試治, 可喜. 府伯又多寄封, 餘感中, 深有未安. 御史之名, 果如所料. 餘未.

書 - 224 (8월 29일) P.149
【寓復書[甲子八月二十九日]安奇】梯㮦
書來具悉. 吾證自今日覺似減歇, 恐是藥力也, 然猶未盡差, 運步不快耳. 御史, 昔日槐院相見, 故想其言如此矣. 汝來期及牓目, 皆知之. 就中星州權同知處, 問疾書簡修送, 汝雖入來, 令驛吏, 尋有歸星人, 不輕付送事, 敎之爲可. 且蔡有光, 曾侉懇油芚, 雖破件欲得云, 故片片合四五張送去, 亦令驛吏傳送其家, 家在豊山新寧里云. 餘不一.
【[前府伯所刻府司三功臣碑銘, 令解文驛吏傳寫, 子細唱准, 無落字誤字持來.]】

書 - 225 (10월 1일) P.150
【寓寄書[甲子十月初一日]安奇察訪寓所】梯㮦
元川來自豊基, 得書, 知公狀追到, 爲喜. 但其後阻雨冒寒, 行李必多艱苦, 不知何以得達于京? 到京, 寓於何所? 旅寒可畏, 愼保毋忽毋忽. 此處, 皆無事, 但試聲久不聞, 昨日始得傳聞, 只夾之得中, 餘皆不利云. 如安道,不深爲怩, 諸君何至如此. 然皆當自反而自勉, 不當有怨尤之意耳. 日寒如許, 羊裘難待. 吾證只如前日, 但寢寐不安, 應是氣虛而然也. 前云官敎事, 更思之, 但問尋其去處, 不可呈該曹出立案. 盖旣辭其職, 則何用受案耶. 但凡所送諸處書簡, 皆答前來之簡耳. 諸公中, 若要答則受來, 不須請答爲可. 今送鎖具, 無籥[與鑰同]不用, 新鑰可造, 則造來爲可. 安道處未修簡, 幷知之.

書 - 226 (10월 5일) P.152

【寫寄書[甲子十月初五日]安奇寓所】 棣甝

寺奴君伊受書去後, 始見驛人持來前月卄七日金灘書, 知無事行去, 其後未知行路及入京寓處得溫房與否, 嚮念不弛. 此中諸處, 皆無恙, 但今試一鄕諸人, 皆讓於夾之, 未知夾之講經等事何如, 初榜至今未見講奇, 豈易聞之耶. 就中羊裘, 其及請出, 付還人否? 日寒, 欲速得. 恐參判不在, 無乃請出未得如意耶? 忌日臨近, 素物亦望趁來耳. 吾證漸覺向歇, 但氣虛, 寢寐不寧, 往往四肢痿痺, 是可慮耳. 餘具君伊持書, 不復縷縷. 所望竣事不遲, 未極寒前回來.

【金而精·李棐彦·南時甫·李佐郎珥諸書, 皆得見, 爲慰. 人忙, 今未答, 若與相見, 爲傳之.】

書 - 227 (10월 10일) P.154

【寄寫[甲子十月十日]安奇察訪寓處】 棣甝

金灘後未得一書, 迄未知入京後如何, 從馬人之回, 又甚遲遲, 不知何故而然? 深以懸念. 吳守盈雖來, 亦未得聞知, 尤慮. 此中, 皆依舊. 初八憑姪行慶禮, 吾力疾往參烏川大宅來見後, 來留西舍, 明當還耳. 似聞琴夾之講不利, 然則亦當速來而不來, 亦難待耳. 安奇人數日前, 受書而去, 其前寺奴君伊亦受書去, 故今不一一. 所望速畢事好還耳.

【前左相前所達之辭, 已達耶? 傳達勢難, 則囑權僉正進見時, 詮達其意亦可.】

書 - 228 (10월 23일) P.155

【答寫書[甲子十月二十三日午時]安奇行次】 棣甝

今朝軍伊來傳月十六日書, 知好在旅寓, 深慰深慰. 此處大小, 竝依舊. 予他證似平, 而寢寐不安, 間間而作, 是爲疑慮. 金而精十九日無事入來, 所持藥, 時方用治耳. 汝還期, 雖欲於卄一二爲計, 而未到之官尙多, 恐未如意速發, 爲慮. 當觀戶判之意, 若許則速行爲可, 有所未許, 則不可强請, 圖速行也. 如已發行, 未久當到, 故不一一. 兵使·御史, 皆入道內, 須直向本驛, 過兩行而後入來可也. 安道歸咸昌, 量留而來亦可.
【殿試榜, 送來云而不來矣. 曺光益可賀可賀.】

書 - 229 (11월 2일) P.156
【寫寄答書[甲子至月初二日]安奇察訪行處】 楮萹

今刻南祐奴來傳去月卄二日書, 知無事留京, 爲慰爲慰. 但前聞 "還行, 當發念後, 故日日望到之際, 見書云云", 然則三官貢吏遲速難卜, 則來期亦未卜何時, 非但汝身苦留, 人馬困弊必極, 奈何. 深以爲慮爲慮. 安道先來, 則今明當到企企. 安奇從馬人, 曾已受書而去, 今又上去與否未可必, 故草此不具. 金而精, 時好留, 其奴近亦當上去耳.

書 - 230 (11월 5일) P.157
【寫寄書[甲子至月初五日]安奇行處】 楮萹

久謂已來, 雖有上京人, 不附書信, 及見南光弼持書, 始知稽滯, 乃附安奇人一書, 未知其人可達於京否? 昨昨安道之來, 又知戶判有許歸之意云, 然則似當速發行矣. 此而精奴行, 似未及於京中, 然亦未可必, 故附送此書耳. 安道無事下來, 喜深可行祭矣. 吾方服回春湯, 然二陳湯亦所切之藥, 朴判書如此劑送, 其意非輕, 但忙未修謝, 隨後報書矣. 戶內公債已畢甚喜, 而私債則未知如何? 榮川所納重物, 疊出於凶年, 果深可慮可慮. 餘不一一.
【若戶判猶不許歸, 則以病父處, 貿藥以送, 而久未往見, 爲悶之意, 因某傳達, 稟可否, 似不妨矣. 汝之久留, 不暇計人馬之弊, 非小事, 奈何.】

書 - 231 (11월 17일) P.159
【寄寫[甲子十一月十七日]安奇】 楮萹

昨見告目, 始知來期, 但恐未畢事而來, 戶判無乃以爲非乎? 此處, 皆好在, 不須急速入來, 姑留修擧職事而來爲可. 權訓導家永葬, 卄日無進退行否?

欲遣人見之, 事有未一, 姑未必耳. 榮川臨到門, 不一.

書 - 232 (11월 21일) P.160
【答寯書[甲子十一月卄一日]安奇】梯龝
計程待來, 惟遲三數日, 念念之至, 見書, 知已到驛, 爲慰. 但汝冬月, 每有感寒證, 今於遠道旅行, 得此未調, 累日驅馳, 豈不可虞之甚, 猶幸保來, 又已得汗云, 喜不可喩. 然此處皆安, 日寒又如此, 不須明日入來, 姑留加調理, 日候稍舒而來爲可. 咸昌·醴泉等處好信, 亦喜亦喜. 京來諸書及藥封, 俱領受, 金而精處書信, 亦傳 所夜葬事, 寂已應傳之. 餘不一. 千萬愼護愼護.

書 - 233 (12월 10일) P.161
【答寄[甲子臘旬]安奇】梯龝
昨見書, 知無事還任. 此中亦無事. 使行所向, 已知之. 但如此, 則歲後到安東, 度在何時? 若在正月內, 則汝不可空道而遠去, 汝受由事, 何以爲之? 觀使行自慶州所向而處之耶? 餘不一.

書 - 234 (12월 12일) P.162
【答寯書[甲子臘十二日]安奇行次】梯龝
書來, 知又促往代他, 凡事愼處爲可. 且使行所向如此, 汝之宜寧之行, 果似無暇. 若如爾計, 自彼徃澤甚便, 但如此而復爲春夏之交行, 雖方伯非一而不答, 豈不貽弊於驛路乎. 非徒貽弊, 爲官之道, 不當如是任便出入紛紛也. 須以今番緣故不得往之意, 伻報宜寧, 而俟春夏一往爲可. 半剌所送兩物, 受之, 答狀今不修送, 後日汝須傳謝爲可. 餘不一一.

書 - 235 (12월 18일) P.163
【寫答書[甲子十二月十八日]安奇】梯龝
書來, 知尙留比安, 而監司之行, 未有期限, 爲慮. 其禀知後, 何以指揮耶? 此處兒輩, 皆依舊, 吾暫有寒疾, 今已平復. 但婢欣粉與栗伊, 一時得病, 其病可疑, 欣婢死生未可知, 甚爲慮爲慮. 極寒亦未可出送, 姑觀勢處之耳. 餘不一一.

書 - 236 (12월 21일) P.164
【寓答書[甲子十二月卄一日]安奇】 梯隲
宜寧人今朝纔到, 驛人繼來, 見書, 知汝尙留滯, 而方伯病多日未差, 深慮深慮. 不知其後如何? 吾以苦寒雜病連綿, 幸皆平復, 病婢等, 今亦皆差, 猶未知終疑慮耳. 外姑主多有未寧云, 爲悶爲悶. 白米二十斗, 姑主所送云, 感仰感仰. 明春, 望汝之來甚切, 不知可如計否? 豆乙山待鷹下送甚便, 但以雪塞烏川, 尙未遣人, 何可坐待耶. 鷹來則使驛奴持去, 似當矣. 餘不一.
【城主以掌苑署陳省疊成事被推, 恐至適差, 渾悶渾悶.】

書 - 237 (12월 23일) P.165
【寓寄書[甲子十二月十三日]安奇】 梯隲
昨昨, 書者來云 "昨當還驛", 今其已還耶? 監司病, 猶未差而然耶? 卄六祭孤山, 卄七祭樹谷, 末岩亦以卄七定, 而安道當往矣, 其前汝其能來否? 豆乙山不可待鷹事, 前已告之, 故皆下去, 但中昌原侍丁事, 前立案, 限盡於今年, 自乙丑當改立案, 而不得已及此月晦前圖之, 不然, 無及云, 故爲其事, 直送文山于昌原, 計程日迫, 須毋留一日, 卽送爲可, 留則不及晦前之圖故也.

書 - 238 (12월 23일) P.166
【寓寄答[甲臘念卄三]安奇】 梯隲
來書所云, 具悉. 監司病留, 已爲未安, 今又聞至於辭狀, 其間又多有未安之事, 不知終至於何, 深可悚慮悚慮. 榮川往祭事, 如汝計爲之不妨. 病婢等, 其後無事, 可喜. 婢家燒事, 如此非一再, 至爲過甚, 無緣發治, 奈何. 餘具朝去書, 只此.

● 을축년(1565년, 65세)

書 - 239 (1월 14일) P.168
【答寓書安奇[乙丑正月望前一日]】 梯隲

人來見書具悉. 又見送來政奇, 國有大慶, 喜不可勝. 余數日稍安. 就中府伯所索胸背, 適寄來問之, 則果有之, 崔家受之, 轉借於姻家, 尙未還云, 恨恨. 凡事各別愼處爲可.

書 - 240 (1월 28일) P.169
【寓答書安奇行處[乙丑正月二十八日朝]】 楴曮
二十六·七日兩書偕到, 細知其間事矣. 監司大病之餘行次, 似未安, 雖來安東, 勢難相見, 已料之矣. 今又不來, 未得再面, 可恨之意, 如或得便, 傳達爲可. 但吾辭職事, 欲俟監司來安東, 而書狀修送, 囑令上于政院, 只以兩司方有大事, 其所啓未畢, 則如吾辭狀之入, 似爲非時, 故商量又問, 監司徑還, 未及爲之之勢爲恨. 然若聞兩司得請之奇, 新監司到尙州等處, 汝必迎命于彼, 其時欲送之亦計. 兩司得請之奇若來, 須速通喩爲可. 此處, 皆無事耳.
【閔笠卿造墓軍請簡受去, 監司前呈否? 向聞 "榮川守以全應參不請于已, 而請于監司, 發怒"云, 今於此事, 恐亦有此怒, 如見榮川, 告以兼請安東軍, 故先請于監司未去之前事云云, 可也.】

書 - 241 (2월 2일) P.170
【寓答寄安奇[乙丑二月初二日]】 楴曮
書來, 知使行及凡奇. 然則新使行尙遠, 何以安東只留三日而發耶? 必不待到界, 而交代於惟新等處矣. 辭狀, 今不及之勢, 姑停待便爲計. 安道今適以事上溫溪, 未得答狀, 頓伊奴明與明明間, 當送于安奇, 其時當答耳. 前來丹城 李訓導書, 修答送去, 須持往醴泉, 傳付其姪, 多事間, 毋忘至可. 若其姪求答事, 遠來于此, 則未安故云. 慶州答狀亦修送, 銘付禹上舍, 傳之亦可. 餘不一一.
【禹上舍不及別書.】

書 - 242 (2월 3일) P.171
【安奇與書[乙丑二月初三日]】 楴曮
昨書, 想已見知矣. 監司病餘, 冒寒行次, 氣候何如? 今到近處, 欲修狀問安, 恐以修答勞煩, 且汝隨行, 不須上狀, 而連聞動靜, 故不別修狀, 此意乘便傳達, 連且祝遠路好行之意, 幷達爲可. 昨送慶州·丹城書, 銘傳亦可. 金就礪求挽詞, 閔家葬時, 亦不可無挽, 挽紙四幅, 將欲付此奴送之, 求造而雪作恐霑汚, 未果, 閔家造墓軍請簡, 得呈受關耶?

書 - 243 (2월 5일) P.172
【答安奇[乙丑二月初五日曉燈]】梯艤
書來, 幷見金而精事報書, 具悉. 監司向安東, 深喜深喜. 所送朝報, 得問時事, 感仰之意, 亦因便陳謝爲可. 其朝報, 多是去年夏秋間已過之奇, 不必送還, 又未及畢看, 故不送耳. 丹城來柚子受之, 但於答簡內未及謝意, 須於別紙, 畧言受謝之意, 入挾于書封內, 以付李公爲可. 挽紙四幅付送, 速圖造送, 乃可及送於葬時矣. 且安東旬望間, 有上京人, 則欲付其人而送之, 須問見而來可也. 閔家出軍事, 亦當陳謝, 幷以吾意, 伺便銘謝. 且而精頑奴治罪事, 何以爲之? 毋忽. 兩司所啓, 久未停決, 深爲未安未安.
【更思之, 而精奴在刀只村者, 欲及葬時上京云, 挽詞付其奴送之甚便, 須令驛奴, 問其奴上京之期. 柚子入來小笥, 必是李家物, 故還送之意, 別幅幷書送之.】

書 - 244 (3월 12일) P.174
【答寄安奇[乙丑三月十二日]】梯艤
夫叱失來, 得書具悉. 就中客使之行, 太似遲遲, 不知何故如此? 可怚可怚. 若果在四月念晦間, 則汝宜寧之行可矣. 但彼倭, 若得遂所望, 則一朝卒然發行, 未可知也, 無乃有不及而生事之弊乎? 須更審細思量, 以決行止爲可. 若行則十五六日不違發行, 來初汲汲回程至可. 餘在命福, 不一.
【四處紙帖, 看標分送, 墨五笏去.】

書 - 245 (3월 15일) P.175
【安奇[三月望日]】梯艤
烏川來書, 昨見之, 知決宜寧之行, 連守今日當去矣. 行雖未安, 到義城, 見金泉探候人所言, 而度其勢可及, 則往還宜矣. 但恨匁匁太甚, 及貽老慈氏之惱耳. 吾昨出山舍, 以崔德秀求官捧簡事, 委遣婢子來, 嫂氏爲來溪上, 故不得已昨夕入來. 崔生, 以吳相公謙, 再入銓曹, 有里閈世契之分,妄出非望之計, 如此煩求, 而吾不能副, 大眛彼此之恨, 至爲未安, 奈何? 連守隨去, 故止此.
　【頑奴去去年所出八九石, 全無置處, 去年所出, 亦有不盡換者, 於汝亦多無面云, 罪不可不懲, 穀不可不徵, 但今旣時晩, 所徵能幾何哉? 汝到彼, 用處亦必多矣. 吾笠子盡破, 初意欲以徵穀貿笠, 今度其必不足貿, 而前得涼竹笠, 似可改修補用之, 故送去, 宜寧如有笠匠, 圖改補持來爲可. 若無笠匠, 不須持去, 留置而去, 隨後取來亦可[3].】

書 - 246 (3월 15일) P.177
【再與安奇[乙丑三月望日]】 梯瓃
朝附驛奴一書矣, 宜寧之行當否, 不再言. 然金泉探候, 所言如有可疑, 則中路何以處之. 此則更須審處爲可. 丹城宅神主, 祭事雖匆迫, 不可不行, 而事不預備, 恐不如意, 恨慮恨慮. 常時付之, 奴婢往時, 亦不行之, 幽明之間, 所負多多, 非細故也, 奈何. 許生員宅互換及別惠, 當此大歉, 不勝感幸之意, 懇傳, 吳大源處, 忙未別簡, 亦傳右意. 栢子略呈, 兼達而傳之. 乾雉一首, 上大宅, 片脯一箇, 傳公美處, 且公美字必改之, 問知而來. 李末處, 軍官勢難之意, 幷引崔德秀事而曉諭之, 令其不至於空懷恨望也. 餘在汝隨事善處, 不須多言. 凡人平生善惡之分, 盡在於分産之時, 汝不可不知也.
　【安道書, 權德驥家紅梅植求簡, 裁送于安奇云, 不知傳求否? 且中藥薑已絶, 南鄉木可求種來耶? 聞龍孫端午祭當次, 又種稻亦無之, 私債力求無得, 悶悶云, 汝須簡囑于金仲起處, 求給債, 非二三石, 不足矣. 汝若速返, 返後猶可及圖, 但預告之耳.】

書 - 247 (3월 23일) P.179
【寫寄平書安奇行次[乙丑三月二十三日]】 梯瓃
昨見汝八莒修書, 知前患寒證向平調, 深喜深喜, 但未知其後如何? 宜寧安否, 又何如? 馳念無已. 在此大小, 皆依舊. 客使發行, 若定在初六日, 其前速還來, 預措凡事, 至可至可. 無先文之行, 亦有傳通, 郵官雖不如守令, 且又因公出外, 亦有未安者, 幷量處之. 就中銀夫者, 以上納事上去云, 汝

3　頑奴……亦可:『퇴도선생집』에 저이자로 되어 있다.

之到彼, 無從詰問, 又多闕事, 可恨可恨. 公美·大源等處, 忙未各書, 爲傳之. 只此不一.
【方伯, 今在何處? 傳聞倭船現于湖南, 方伯近日似未得上來尙州云, 此言信否? 朴世賢甕來卽還寧海, 辭狀不得上送, 而方伯又不來近, 則可悶可悶.】

書 - 248 (4월 6일) P.181
【答安奇書[乙丑四月初六日]】 梯甋
書來, 知遠道好還, 喜慰喜慰. 宜寧諸事, 亦俱悉, 連守持去書, 亦見之. 允廉書內, 慈候雖今向小歇, 而專未進食, 慮喜交幷. 咸昌, 挽身尙未云, 亦慮亦慮. 宜寧來物及咸來花盆, 皆領矣. 來此不遠, 只此.
【余以辭狀未有附送之便, 近甚撓懷, 欲附邊校勘之行之際, 李衍樑適上京, 今日發程, 故今朝入溪上, 畢封裹附送, 何幸如之. 御史所歷知之, 但客使行遲, 必以得請爲期, 可慮可慮.】

書 - 249 (4월 14일) P.182
【答復安奇[乙丑四月十四日]】 梯甋
【書來具悉. 該曹行移, 今日亦到此縣, 但官吏謄送, 多闕誤, 方以爲疑得見謄送之本, 足以破疑, 但禮文所不言, 凡事吾亦多疑, 欲待大府所處而決之, 反以來問, 奈何. 只以大槩答在別紙, 須以稟議於兩官侍前, 十分斟酌而處之, 當此大事, 不可以瞥說斷可否耳. 布則旣來, 故留之, 但此中所乏, 不至全匹而如此, 爲未安耳. 判官非送於我, 乃汝所送, 修謝於判官, 似不可也. 餘忙不一.】

書 - 250 (4월 16일) P.183
【復安奇[乙丑四月十六日夕]】
書來具悉. 此處諸服已備, 帽子未到, 爲慮, 今亦來, 明早當成服矣. 麻帶事, 別紙言之, 須白于府官前爲可. 且汝將有遠役, 固宜來辭而去, 但近見金生溟, 其所歷驛路, 聞驛奴等語, 每云"察訪, 雖有善意, 只緣長在本宅之故, 本驛吏乘時, 各來侵暴, 不勝其苦, 無異廢朝之時", 如出一口, 云云此事, 在前聞之非一, 亦或檢治, 而其弊不息而愈甚, 已前察訪, 豈皆長在驛中, 尙無其弊, 今乃如此, 何耶? 至爲未安. 無乃汝過於寬縱下人, 不爲畏戢故然耶? 千萬留心, 摘發痛治, 庶少免過. 該曹關見之, 三年之制, 心固疑其如此, 果然矣. 日暮不一.

書 - 251 (5월 11일) P.185
【答安奇[乙丑五月十一日]】 楴飄
昨見吳家奴持書, 又見安, 具知使行來安東, 汝中道還歸之由, 但倭船見形, 雖非大段, 似有使行直下之勢, 未知如何如何? 吾患眼, 數日藥治, 今得差耳. 吳家馬匹, 不給價前, 久置于驛, 似未安, 量處之.

書 - 252 (5월 14일) P.186
【安奇寄書[乙丑五月十四日]】 楴飄
近日安否? 予眼患往復, 然大槩向差, 不至甚耳. 頃日安東送使關食物時, 兩官同署單字, 未及詳察, 判官處闕答, 恨恨, 今因府伯送詩簡人還, 始謝不敏之意, 送簡于判官前耳. 餘不一一.
【金誠一, 相見否? 其門獄事, 何以爲之? 吾意欲勸其相和, 因人傳問其門盛怒, 必不聽和, 故吾亦不敢勸矣. 然爲誠一不能恝然, 恐終至難處也, 奈何奈何? 如見之, 試以密扣之爲可.】

書 - 253 (5월 17일) P.187
【與姤書安奇[乙丑五月十七日]】 楴飄
昨書, 想已見矣. 就中今朝, 以事洞族會于樹谷, 忽聞昌原 曹咸安娣氏訃音, 驚慘何極何極? 但此訃來自府內彼宅奴處, 而傳傳數人, 雖不甚的, 然豈有虛訃耶? 憑等欲卽伻人于彼, 修弔爲意, 汝若歷行于彼, 可往拜慰. 人事不可恃如此, 奈何奈何. 前來朝報送去, 納于貳衙爲可. 使相若相問, 則答書, 當言汝自東策暫歷宜寧之意亦計. 餘在命福.

書 - 254 (5월 18일) P.188
【復答安奇[乙丑五月十八日]】 楴飄
修書欲付, 命福來書適到, 知客行臨迫, 汝行不得不趁急而去. 但知患痢, 雖云似差, 遠路奔馳, 深可慮也. 如何如何. 且見宜寧來簡, 姑氏證又發云,深憫深憫. 監司送人, 則當請汝往宜寧之意, 須觀勢往省, 至可至可. 餘具前修書內, 姑此. 餘望千萬愼調, 雖渴, 勿飮冷與氷, 至戒至戒, 好還.
【吳大源處, 忙未修答, 前日惠物, 感感傳之.】

書 - 255 (5월 22일) P.189
答子寫
傳聞不及客行之入界, 慮必生事. 明欲伻問于本驛之際, 適見來書, 知猶得無事, 深以爲慰爲慰. 然汝於凡事, 每不爲汲汲趁期之計, 常自緩慢曰如此豈不及乎云云 此甚不可. 勿以今番無事而自恃, 須十分操心措處, 勿至生事爲老父羞, 至可至可. 大抵國使, 待之之禮極隆, 何可慢忽, 而有不及事之累乎? 於事體甚關, 故云云. 汝痢證, 臨行而發, 又當暑路, 深慮之至, 知已差復, 又極爲喜. 汝宜寧之行, 已通于監司, 但未知許否耳. 又宜寧稱念事最關, 而一簡內二三事, 言之未安, 故未得爲之, 深恨. 欲隨後縣人有往使行者, 欲隨爲稱念, 時未必耳. 眞寶事, 已知之. 宣慰使伻人, 時未來矣. 適鄭直哉來, 與酌未一一.
【梁山人事, 亦觀勢處之, 時無其便, 奈何.】

書 - 256 (5월 30일) P.191
【寄書安奇行次[乙丑五月晦日]】梯軆
見河濱書後, 更未見書, 未知其後汝氣如何? 護行凡事及到彼日期·宜寧行去, 俱未知之, 念念不已. 此處無事, 吾眼疾, 今已差矣. 李閏樑持去書, 見之否? 昌原立案及諸仲書幷持去, 未知未知, 未知傳否? 爲慮. 宜寧稱念及玉之事, 亦簡囑于監司處, 未知何以施否耳. 餘具前數書, 不復一一.

書 - 257 (6월 20일) P.192
【寄問寫兒安奇[乙丑六月二十日]】梯軆
前來書, 十一二發程云, 而多日無來聲, 且聞諺書內有腹脇妨痛之云, 恐或因而爲患? 深慮之際, 今見吏報來聲, 深喜深喜. 不知炎潦, 行路無事否? 安東府伯, 竟被臺劾而去, 去又率遽, 未及致唁, 爲恨奈何. 汝旣已還矣, 不須卽來于此, 久曠任所, 必有料理事, 須留點檢後入來, 未晚也.

書 - 258 (6월 24일) P.193
【寄問安奇行次[乙丑六月二十四日]】棣甝
自見十四日發行先文, 待之已久, 又見十七日發行私通, 又待之, 今已七八日, 尙無來信, 雖阻雨水, 豈至如此之遲滯? 前云腹脇微痛, 無乃有某病患而然耶? 不勝悵慮之至, 使人于驛, 速令遣人于中路, 探知安否, 急急走來事敎送, 如見進人, 卽速以實回報, 以解馳念, 至可至可. 此處皆無事.

書 - 259 (6월 25일) P.194
【答安奇書[乙丑六月二十五日]】棣甝
再問發行日後, 久不來, 一則疑因成父事, 一則疑或有他虞, 昨擬今朝伻人于驛, 遣人中路探知事, 書簡纔畢, 而汝書來到, 喜意可知. 宜寧差病後, 猶未進食, 慮仰. 他事俱悉. 星 金兩官書信, 亦已領悉, 答狀則隨後爲之亦計. 安道則昨山僧來言 "無事讀書", 其僧來時, 由東村路, 至涉宜仁渡, 則知水淺可涉, 故入山時, 由申石村路云. 然若送人, 則須勿由洞口渡, 而由上渡水淺處涉入事, 丁寧敎送爲可. 洞口渡, 急流可畏, 不知者意謂可涉而輕入疑慮, 故云云耳. 而精奴昨來受答, 還向刀只村, 使招則可進受答矣. 餘入來不遠, 只此.
【擬送簡幷送.】

書 - 260 (7월 22일) P.196
【答寄安奇[乙丑七月二十二日]】棣甝
書來, 又見朝報爲慰. 但王大妃未寧, 移御, 上體亦未寧, 深爲憂悶憂悶 祭事, 浩叔之言亦然, 然勢至於此, 爲之奈何. 當於會日, 更議處之耳. 星州答狀, 隨後修送. 判官獨在時, 官事尤多, 何能如意出入爲言. 未來之意感感事, 因見告之爲可. 宋遣慶事, 亦隨後載送爲意. 人忙不一.
【土室前奉化, 十九日損世, 驚怛不已不已.】

書 - 261 (7월 27일) P.197
答子窩[乙丑]
命福還, 見書, 笠子亦不霑濕持來爲慰, 此處竝依舊, 但霪雨不止, 非徒廢務, 必害嘉穀, 可悶可悶. 卒哭易服之節, 『禮』文無之, 吾亦不知其如何而可. 若以意料之, 當初成服時, 旣於殿牌行之, 今之除服, 亦於初行處行之, 爲當. 若然則早朝著衰服入庭跪, 執事上香, 俯伏哭, [不拜]出就次改服, 入庭四拜而出, 如此似爲合禮. 然若就府內, 則只依上官所爲, 可也. 吾則阻水不得出書堂, 只於東廳行之. 私家哭禮未安, 只入庭俯伏而出, 他皆如右爲計. 宜寧書簡送去. 宋公 請簡, 忙未改送, 隨後修送, 惟知悉, 餘在千斤. 宜寧新出田畓, 今年打作處, 不知其多少如何, 令石同某某處打作事, 分明幷錄白是事敎之, 大抵今此衿得不少, 而吾之窮窘如此, 在汝爲子之道, 專之則於義未安. 然奴婢則只可收貢者一口外, 吾不問之, 打作則看每年所出多少量, 分數取用, 略依榮川例爲之. 汝須預知而處之. 其瞿麥綿布, 擇好貿送事, 汝牌字內細敎之亦可. 卒哭除服節次, 雖『五禮儀』無之, 其"外官成服"條下, 有云其卒哭後改服及練祥禫改服節次, 與京官同. 又『家禮』小祥變服節次, "厥明夙興, 主人以下, 各服其服, 入哭乃出, 就次, 易服復入"云云, 以此推之, 似當如此耳.

書 - 262 (7월 27일) P.199
寄子寯

卒哭除服事, 禮安城主亦遣吏來問, 幷送『五禮儀』來. 因考儀而更思之, 則卒哭後百官雖烏紗帽·黑角帶, 喪服則非除於此日也. 故凡干喪事則著衰服云. 外官雖無著衰服之處, 若以事入京, 或小祥前, 遞外官爲京官, 則凡干喪事, 著衰服無疑矣. 今豈可爲除服節次乎? 自明日後只當藏衰服, 而用烏帽·黑帶而已. 可也. 今午所通, 大失禮也. 故請人于禮安, 馳往通報, 急須通于府中, 爲可.

【『禮』云"外官, 凡練祥禫, 與京官同", 故知其當然.】

書 - 263 (8월 3일) P.200
答子寯梯黽

汝義興之行, 知無關繁, 在驛亦無所事, 故姑不止之耳. 此中無事. 李復元處, 前所書去字, 大小不分明記憶, 恐或太細小, 則不合於大石, 故前日受置之, 今始開見, 則前書自不細小, 與石樣大小不甚相遠, 仍刻無妨, 而必欲改書之, 此乃渠家每事侈大爲尙之病, 殊爲未便. 但旣累日受置, 不可空還, 從其願改書送之, 如感更不合意, 更求他處而用之爲可. 送來魚雉等物, 受之矣.

驛中客煩, 極爲大患, 然隨宜待之, 勿見厭苦之色, 爲可. 前日卒哭之禮, 幾至失禮, 未安未安, 然未除而及止, 猶爲幸幸. 其日行哭, 臨禮府使所處當矣.
【鵲菴祭時, 兄主亦欲往參.】

書 - 264 (8월 13일) P.201
【告寓兒 安奇行次[乙丑八月十三日曉燈]】
鵲菴祭事, 兄主十四日宿于甘岳, 十五日直向搜理洞, 行祭後, 移向曾祖墓祭後, 至齋菴飮福爲計. 汝宿于甕泉, 更早進參似可, 但此祭辨行, 在於吾輩, 吾勢難未進, 極恨. 汝若臨時, 直向祭所, 尤爲未安, 吾意汝十四夕, 進于齋舍, 檢設祭物, 翌早進行爲可. 人馬則還宿于驛, 而雞鳴還入, 有何難乎? 若無甚難, 依此爲之爲當. 且祭用雜物及壺果奉齋, 使連伊奴, 今日預送于齋舍, 泡太須預送, 故如此矣. 余昨夕自孤山下家, 安奇人奉祭物午來, 未受答而還送云, 但送物不及祭用爲恨. 然今以送于鵲庵, 尤好耳. 祝文草送之, 汝不可不預知故也. 餘在兄主之行, 姑此.
【完姪得祭肉, 不可久延, 故十六日行時祭. 兄主十五日欲及還, 故欲早行祭.】

書 - 265 (8월 14일) P.203
【寓再告[乙丑八月十四日]】 楴甋
他事, 昨書盡之, 但連伊受去祭物粗備, 惟飮福時素物未備, 恐爲齟齬, 慮慮. 且祝文書送, 審察行之. 其紙榜三十六枚題用筆墨及顯神位式樣香等, 斂前披白後, 謹密裹封, 授寺僧事知者, 謹藏以待用事, 敎之爲可. 其外袚令, 連伊持來亦可.

書 - 266 (9월 5일) P.204
【與答寓書安奇[乙丑九月初五日]】 楴甋
昨戒斤還, 見書及就中石同來事, 於汝爲累非輕, 奈何奈何. 旣往, 豈無時, 而適汝再度往還宜寧後, 乃有此事, 不獨彼以爲汝必同謀, 他人亦必疑之. 又適汝在驛之日, 來呈不美之訟, 汝何顔見府官乎, 見下輩乎? 石同往見金震, 震何云云, 切欲禁使勿呈, 只恐宜寧必大怒, 欲任置, 則惡聲之播, 吾父子連累得名, 不是細故, 計不知所出, 奈何奈何. 石同歸時或來, 則可矣, 今則勿來見我事敎之, 汝亦千萬勿入于府. 且御史近不來此, 姑寧來避于家何如? 往來太頻煩, 須簡其徒從, 隨宜行來, 其亦可耶. 量宜處之, 心甚無俚, 草草.
【震必善處, 而至於呈官, 則難掩諱, 故吾預告禹景善云云, 且曰"此事無他, 只爲銀婢事, 婦女之性, 太爲憎忿, 以至於此, 欲止無路, 只懇諭金公出送銀婢, 則無事事圖之, 金若不出其婢, 則勢難抑止, 慙愧云云", 汝亦知此意可也.】

書 - 267 (9월 9일) P.206
【答寓安奇[乙丑重陽日]】梯㠊
人來書至, 具悉. 金公如此處之, 彼則無可愧矣. 但此事, 從前吾不細思, 到今日思之, 則所分田民中, 已有今所推文記中所付之田民, 則其爲不美, 不在推文記之日, 而乃在於成文記之時, 如此則謂汝不與其事可乎? 以吾名成文, 而吾嘿嘿, 則謂吾不知亦可乎? 以此益爲不快, 羞見日月, 奈何奈何. 況可以盡推爲恨乎. 石同明日入來事知之. 安道明明當進, 姑此.

書 - 268 (9월 12일) P.207
【答[乙丑九月十二日]安奇】梯㠊
石同來, 見書知悉. 成文時事, 率多累德愧悔之事. 昨見高叔明, 知九日事, 似亦未安, 獨不可稱疾不赴耶. 此不可顯言, 汝不可不知故云耳. 入來事, 任意爲之無妨, 但恐御史之行, 遲速猶未可測耳. 安道處修簡, 忘未付叔明之行, 今付此人, 若安道已行, 隨後便送之. 只此.

書 - 269 (10월 7일) P.208
【答寓[乙丑十月初七日]安奇】梯㠊
書至, 知改向問慶, 固當然矣, 而適與兒行相値見之, 眞是幸也. 但汝素虛乏, 易於感冒, 水路初寒, 千萬愼護可也. 裌衣命送衫次紙擇送事, 亦敎于汝母, 藥亦當送之, 而忘未敎之, 後日亦必有往人, 其時送之. 宜寧歷觀, 似乎爲好, 但新監司初到時, 未迎命, 未有稟許, 而枉行他路, 殊爲未安, 非有甚不得已, 不往可也. 如或度勢, 可往而往, 不過留一二, 卽還可也. 然不如不往之爲善, 切須審處至當至當. 介屎事, 今旣決得, 似無搖動, 而哲金不肯留率, 則取來使喚無妨, 但吾無馬匹, 取來至難, 奈何. 此婢, 汝父子當初不稟吾命, 而欲□□非矣. 今之決得, 自出於不意, 則不可謂也. 非義之得而處之爲難, 有一於此, 安道生員別給適無可當者, 所給婢殘劣, 不無追恨, 今欲以此婢換給, 不知汝意何如? 若汝意亦然, 則只令安道自彼取去, 無乃勢便乎? 文記則隨後改給未晚, 諸孫不少, 不可加別給, 故欲換給耳.】

書 - 270 (10월 16일) P.210

【寄寓書[乙丑十月十六日]安奇行次】 梯黸

去後雨連二日, 未知兩行之如何之際, 德萬雖還留在草谷, 而銀金伊先來, 傳言未詳, 但云 "汝留聞慶, 而咸昌之行, 十三可達金遷", 其信然否? 其後客行, 踰嶺遲速, 今到某處, 皆未知之. 大抵當次寒天, 父子南北, 皆涉遠道, 懸念不已不. 此處竝皆無事, 秋務入冬尙多未訖, 時方騷騷耳. 宜寧之行, 竟何爲之? 監司更遞, 若未到界之前, 可及還任, 則雖蹔歷謁, 似亦可矣. 但前日誤成未安之文記, 若因忙未及改成, 則雖往何益. 吾名在其中而未改, 每一思之, 若負芒刺, 須量勢善處, 毋令復有後悔爲可. 且介屎事, 何以告安道耶? 前書所云, 汝無答辭, 不知何也? 藥一封送去, 千萬愼保. 且到處, 凡事十分操心, 毋被人人指點譏嗤, 幸甚幸甚.

書 - 271 (10월 25일) P.211

【答與寓書[乙丑十月二十五日]安奇行處】 梯黸

近得花園書, 知無事下去, 爲喜. 家中大小, 竝無事. 安道之行水路以後, 時未聞知, 慮慮. 宜寧入謁事, 如是無妨矣. 但如此而自東萊直還, 則可及忌日, 而書中恐未及云何耶? 無乃還時, 又欲再歷彼處耶? 若欲還時歷彼, 則新反入謁, 何必然耶. 介婢事, 元來與外來, 固有分矣, 但如此而不可換給, 則何名給之耶. 若無名而不終給, 則今何可令率去耶. 不率去而仍置, 則與哲金妻不和, 必有逃匿失去之弊, 故前日云云耳. 藥一封, 前書付送云而忘付, 今乃送之. 只此.

書 - 272 (11월 14일) P.212

【答寄書[乙丑十一月十四日]安奇】 梯黸

去後不問何如? 今到義興, 無事云, 足以爲慰. 此處無餘事, 但時令異常,人人皆患, 處處皆然, 余亦自八九日不平四五日, 僅得差歇, 而府使十二日 來訪, 未可辭避, 力起接待, 適又忌日, 多有未安. 然今則吾已如常, 幼穉 及下人, 時方更迭臥起耳. 諸使行程等事, 知悉. 餘不一.
【而精奴昨來見還刀只村, 而精無事亦持安道書, 尙未出行云, 慮慮.】

書 - 273 (12월 11일) P.213

【答安奇書[乙丑十二月十一日]】梯黿

書來, 知已諭庭檜矣. 此處無事. 就中今日朝報自府來, 禹上舍處, 又有自 吾縣送來, 皆云 "金鸞祥移配中道, 故初定惟新, 以其縣監相避, 移丹陽, 盧守愼移槐山, 柳遇春 恩津, 韓澍 長湍, 李震 廣州云云", "李元祿則放送 矣, 李湛·黃博職牒還授矣." 大需如此, 而吾門事未在其中, 可痛可痛. 兩 處往奠事甚當. 餘不一.

【更細思之, 吾明春南行之計, 非但老病可慮, 亦尙有未安之意, 決欲不行 也. 就中宜寧年分以下中, 政府議定入啓, 稅重, 可慮可慮. 上納米本, 以 其打作穀上下措置事, 驛人歸時, 李末處通諭爲可.】

【前得閔應祺書, 其父病重云, 昨昏奴輩還自場市云 "院南人至場者, 傳 閔生員凶訃云云." 未審虛實, 今使更問于院南, 然似非虛傳, 人事之不可 知如此, 痛怛何極.】

書 - 274 (12월 18일) P.215

【答與[乙丑十二月十八日]安奇】梯黿

命福來, 見書具知. 笠卿喪事, 哀慘不可勝. 昨得朴湧等書, 月二十七日, 定欲永窆云, 挽一幅送來, 紙幅太狹小, 不足用, 欲得二幅製寫送之, 判官 前請白造送爲可. 問其所以速葬之由則 "兩喪異處, 凡事極難, 且與前喪同 塋, 故隨宜速葬"云, 尤可悲痛. 挽幅, 速圖送來, 德原送簡, 已修送矣. 就 中聞烏川紅疫發於惇敍家近處, 汝婦不可久留之勢, 且汝繞金坦之行, 勿 來烏川, 出待燕院而行, 一以除弊, 一以避疫爲可. 龍孫奴似難得活云, 憐 憫罔措, 爲遣仲孫, 詳在仲奴, 不一一.

書 - 275 (12월 20일) P.216

【答寓書[乙丑十二月二十日]安奇】梯黿

書來, 兼得挽幅, 可及院南人之歸製送爲幸. 且龍孫病, 若如醫言, 似有得生之理, 深用喜望. 但云 "有成塊當腹上", 恐是難卒消散也. 弔喪繞婚等事, 知悉. 就中完姪亦以二十七日醮女, 二十八日行孤山墓祭, 則事多相礙, 故更以二十五日祭孤山, 二十六日祭樹谷矣. 且順興葬日, 洞族似無往見人, 甚未安, 故欲令寂兒二十六日, 早行祭于末岩, 仍往彼護葬爲計, 但恐日短, 未及達. 如有草谷歸人, 早早行祭事, 通喩至可. 餘不一.

【如見判官, 挽惠謝感之意白之. 昨見柳雲龍書, 『近思』・『或問』等冊, 無受之之言, 無乃忘傳耶?】

● 병인년(1566년, 66세)

書 - 276 (1월 23일) P.218
【答安奇[丙寅正月二十三日夕]】
予無他患, 只覺元氣虛弱, 近日尤甚, 行路多慮多慮. 初欲不露發行之日, 然驛路不可不通, 故廿一日, 因入縣人, 招縣吏及騎吏, 廿三日來聽令, 縣吏因此而來稟行日, 勢不可終諱, 故直告之耳. 且初欲只遣私通, 更思之, 亦似失體, 故直出先文, 而於季後, 言其調理徐行, 日期難定之意耳. 所云綿子, 吾於此行, 不製新衣, 故衣補綴已訖, 今無所用, 受之未安, 善辭回納爲佳. 鞍匣則爲行賚之, 又吾所乏, 受之似無妨. 諸官員, 如有欲相餞別之計, 力告止之, 猶不聽, 則微露□深難必入京之意, 亦不妨. 此處洞中, 亦有敍別意, 不得已微言其意, 已請止之矣. 餘不一.

【硯來.】

書 - 277 (2월 8일) P.220
【答安奇[丙寅二月初八日]】
昨書及李重任書, 具悉. 予初六日雞鳴後, 痰嗽暴發, 終日不止, 右脅掣痛, 其夜口舌乾燥如前, 而咳嗽間作, 初七日大槩如前, 但氣甚萎薾, 來客皆不得見. 去夜咳嗽似歇, 脅痛亦止, 但口乾如前, 今朝氣覺惺惺耳. 如京人昨日可來而不來, 未知緣何而然? 可悶. 今日若來, 則雖晚, 欲下榮川, 萬一又不來此邑, 守以迎命事, 明日下密陽, 久留煩潰甚未安, 明間欲下宿榮邑一邊, 修掃草谷家, 以爲寓彼待命之計, 而時未定耳. 重任來此有弊, 留邑內, 則可歷奉也. 安道書見之爲慰. 就中昨吏曹人二名, 持遞不遞過此, 趙士敬爲恭陵參奉, 雖似可喜, 有老親無鞍馬奴僕, 勢必難仕, 恐無益, 祗受弊也. 曹人訶使勿往, 往必無得, 其人不聽而往, 一笑一憎.

書 - 278 (2월 10일) P.222
【答安奇[丙寅二月初十日]】
今來書具悉. 去夜修送小簡, 見否? 意謂許退之命, 今刻持狀人先來, 見朴承旨書, 一路優待事有旨云, 勢不得退去, 悶極罔措. 不得已改由鳥嶺路事, 出私通後, 載往醴泉留住, 再上辭狀, 或以他條圖之爲計.

　由竹嶺則無可留處, 汝當速來, 然地正不可不監視, 爲之看役勢, 當夕上來亦可. 意欲明日發宿甘泉, 但時未見有旨, 故計亦不定, 此意禮安通喩爲可, 而計不定, 故姑停耳. 醫官今當臨到, 忙草.

　【兩藥皆來.】

書 - 279 (2월 19일) P.223
【安奇答書[丙寅二月十九日]】棣甒
書來知悉, 但驛奴昨昨, 傳書于聞慶, 則昨當還來于此, 受答而去, 至今不來, 未知何故. 今見縣吏來還, 附此書去. 予諸證, 往復無定, 然不至甚發耳. 就中榮川歸時, 笠子價木二匹持去, 給寡姪, 令給工人, 取笠送于家. 其漆則告于榮川而漆之亦可. 幹奴老劣, 與無無異. 種麥蓋屋等事, 何以爲之? 令寧別加撿督爲可.

　【鄕所役夫, 若今爲之, 須毋忽, 一一起送事, 敎之.】

書 - 280 (2월 20일) P.224
【再答安奇[丙寅二月廿日]】
聞慶去人持來書, 答附禮安縣吏之還矣. 昨又見書, 知不往末若, 直還安奇之意. 上京人廿三未來, 則廿四定來, 來日早則歷謁高坪, 而宿于豐山, 晚則宿高坪, 翌日宿豐山. 前云府使判官, 皆不出豐縣, 則吾可入府, 經宿而去. 若一員出來, 則吾不欲入府, 此意汝須明告兩官, 勿令出來可也. 兼陳由燕院路, 惡無宿處之意亦可. 所不知者天意如何, 爲慮耳. 龍孫奴病復發云, 祭事不知何措? 奈何. 餘具前書.

書 - 281 (3월 3일) P.225

【答寓[丙寅三月踏靑日]安奇行次】 梯艗

見書及朝報, 具悉. 其中醫官入啓如此, 眞可喜也. 但其他事, 如藝文提學等, 乃是大可憂之本, 吾何敢進乎. 且因此可知不許命退之意, 奈何奈何. 紙封等, 皆受之. 汝婦赴醮禮事, 可從彼處願意, 所可慮者, 里有不安之氣, 若有可疑, 量宜處之可也. 官送米物亦拒, 則似過, 故受之耳. 只此.

【家書言豐山祭事, 須卽傳送, 乃可及也.】

書 - 282 (3월 12일) P.226

【答安奇[丙寅三月十二日]】 梯艗

如晦計音, 余於初三日聞之, 但諸處祭日臨迫, 恐至廢祭, 故府尹之行, 不通訃于門中, 因憑伻書, 乃知過祭後, 聞訃之由. 就中汝婦則無服, 三日赴宴無妨矣. 上京人, 初六尙在道, 則其行甚遲緩, 今明之來, 豈可必乎. 且來後事順, 則汝率人馬, 某日來此事, 吾當通喩, 須待見此, 依期而來, 如或不順, 則當留數日, 修上辭狀後乃歸, 故日期未可預卜, 亦當待通喩後, 只以卜馬二匹來從可. 二條, 皆不宜預來之意知之. 府使今刻伻書, 示以欲來之意, 答狀懇陳勿來而去, 未知肯從與否. 只此.

【宰兒病差, 宋妻, 時未聞如何耳.】

書 - 283 (3월 13일) P.227

【[丙寅三月十三日]安奇】 梯艗

處事乖悖之意似當, 未知可有其便乎? 然已納作紙云, 似無及矣, 奈何. 其所云以妾子爲士龍妻侍養入籍, 此事尤可悖, 亦可告令改正也. 因驛奴忙還, 不一.

【李末處, 力措貿送爲喜之意告之.】

書 - 284 (3월 26일) P.228

【答寓[丙寅三月卄六日]安奇】 梯艗

奉千來成造事, 因書知其向訖, 爲喜. 京奇久無來報, 頗以爲幸, 令乃至此, 悶極奈何. 此人則雖使卽還, 似不肯還, 此尤頭痛, 然必待前辭狀發落而後, 更爲辭狀, 則汝雖速來, 別無所爲之事. 宜寧之行, 若退則與吳澐相違, 不如不退速往來返之爲愈也, 量意處之. 假令不行, 往任所受碍日而後入來亦可. 餘不一一.
【禹性傳書簡自安東傳來, 故送去.】

書 - 285 (3월 29일) P.229
【答寓[丙寅三月卄九日朝安奇]】 梯甈
見書, 知已還任所, 差闕又來, 下去宜寧, 固不可緩也, 而歸亦不可緩, 須勿久留, 爲可爲可. 但曹丘昨始開諭, 則似有上去之意, 然太速還, 則曹堂上以爲 "不當得罪, 可悶" 云, 故姑不强揮之矣. 反復思之, 吾事處之極難, 愈久愈悶, 奈何. 鄭正郎之來, 甚爲未安, 欲通諭止之, 但此非他人之比, 切有面言吾之意, 故姑待之. 前來朴承旨書, 送還丘, 還若欲答狀, 則修送而去爲可. 且今送申士龍妻諺簡, 細看, 曲囑于義城往還間, 兼可. 一見申沃, 責其□□.

書 - 286 (4월 13일) P.230
【與寓[丙寅四月十三日]安奇行處】 梯甈
未知汝行今已回程與否, 向慮向慮. 宜寧, 想必平穩. 此處大小, 皆安. 出幕病, 氣亦似寢息, 爲喜. 但上狀發落, 至今未下, 危慮之際, 今刻得見申暹書內, 初一日朝前書狀入啓, 至初四日不下, 未知如何? 似以過七日後乃下, 故如此云云. 又云 "右相前, 遑告以經筵啓遆之意, 則答以近與領相議爲之事敎之, 可喜云云" 然, 則多日不下之意, 雖未可測朝意, 似有經遆之勢, 姑以爲幸爲幸. 申與汝書送去, 領見則可知. 餘具前書, 惟速回爲佳.

書 - 287 (4월 17일) P.231
【寄書安奇[丙寅四月十七日夕]】 梯甈
汝行今到何處? 今午有旨臨到云 "觀卿懇辭, 予心未寧. 今姑遆本職兼文翰之任, 仍授閑官矣. 卿須安心調理, 日候加暖, 待病勢差愈上來事有旨云云", 天恩至此, 無路圖報, 感激無地. 其人明當還去矣. 遆授知中樞府事,此則悶望, 然方受恩遞, 未可遽復控辭, 故姑停之. 餘在前書, 不一.
【安東判官, 今日欲來, 府使子弟, 自淸涼今日亦欲來見, 皆遣人辭之, 不辭則皆與此人相値, 自幸其辭之得宜也.】

書 - 288 (4월 26일) P.232
【答安奇[丙寅四月廿六日]】梯巘
書來, 知好去. 此間依舊. 來物受之, 但此等事, 偶然則猶可, 頻頻則尤未安, 況其官臨大賓之入耶. 餘不一.
【知事之稱他人, 未能禁矣. 汝姑勿稱, 以待事定後, 看如何爲可. 申家文, 何以處之? 若付回錄, 則在我有未安, 慮慮.】

書 - 289 (5월 1일) P.233
【答書[丙寅五月初一日]安奇察訪】梯巘
縣人還持書來, 知代陪使行之故. 此處時無事, 但余在山舍, 氣常不平, 昨以行祭事入來, 仍欲不出山舍, 留調爲計. 榮川祭, 寂當往行矣. 申訓書, 見之. 大抵事止如此, 而無他所爲, 則不至甚失. 士龍妻必是惑於中間奴輩妄言, 而急控於我耳. 我聞之, 久忍不發, 至於再三告悶, 不得已欲少救之, 故簡通矣. 彼之有未便之意, 勢所必然, 殊可悔也. 後日往來, 如或經義城, 須通喩此意爲可. 其文劵收取, 亦未安, 還給事, 告于義城, 亦可. 此中旱悶, 昨得雨, 閭閻蘇喜. 餘不一. 凡事日新操心操心.
【朝議以我爲何如? 昨得洪貳相小簡自朴公輔處送來, 深以不來爲不當, 雖知洪相之意, 本欲招我爲切, 故其言如此, 然心甚未安.】

書 - 290 (5월 1일) P.235
【答復安奇[丙寅五月初一日]】梯巘
前來書, 今日答附縣人之往使行者, 今又見書, 具悉. 昨日之雨, 甚丁田家之望, 但恨未足, 高元畓, 猶未得水耳. 就中使行直抵安東而海邊耶? 晉牧欲來見, 汝不告以勢難乎? 吾近患心氣, 且臍下脹證亦發, 難人接客, 又非但出幕婢病未熄, 命福家亦病氣, 看勢欲避山寺, 晉牧處, 欲稱頉爲計. 兩宗內需事, 聖斷如此, 太平可冀, 深賀深賀. 餘具前書.
【更思, 晉牧處, 不可不預通難見之意, 書簡不封而送, 見後封令驛奴傳上爲可.】

書 - 291 (5월 15일) P.236

【寄寓[丙寅五月十五日夕]安奇】 榟藟

昨見縣人持書, 今見金惇敍持書, 知無事隨行, 爲慰. 但安道久不至京, 已爲悢之, 今知有恙, 不得與權同行, 深慮. 雖云"微恙勿慮", 以其停行, 且無手書, 似非偶然, 尤爲悶慮悶慮. 此處無他. 吾之腹脹雖不絶, 亦非大段, 但申孫家, 又似病氣云耳. 順天遭喪, 聞之, 驚怛無比. 適樂安人已歸之, 聞之, 欲修慰狀, 無緣速達, 恨恨. 且汝於松羅道, 得代以歸耶? 銀金伊始爲修粧, 端午時來言, 窓戶處欲禀未得, 爲悶, 今又還赴矣. 餘不一.

【龍孫奴欲服李參奉命藥, 使行過後指揮貿給爲可. 藥記送去, 毋失權好文處簡傳否?】

書 - 292 (5월 28일) P.238

【寄寓平書[丙寅五月晦前一日]安奇】

爲安道深慮之際, 今聞入京云, 喜不可勝. 金功奴松栢, 自京回來, 來此云, 其主與權景龍生員同寓, 而栢者臨發, 治任於仇叱同家, 始聞吾家生員入京, 而又聞千斤切欲見栢, 栢自以行忙, 未暇往見而來事云云, 想必纔入城, 未料松栢之回, 可召通信於此處, 故不附書來耳. 所可慮者, 病餘遠道跋涉, 因而居泮, 或恐別生病恙也. 安東如有上京人, 發日的知, 則欲附書信. 非但安道, 如公輔誼仲等處, 一未答書, 爲是切切聞見, 通報爲可. 且汝久離任所, 旣到, 須留五六日, 整理庶事而後, 入來爲可.

【旱餘, 得雨稍蘇, 猶未洽耳.】

書 - 293 (6월 3일) P.239

【答安奇[丙寅六月初三日]】 榟藟

還任遲數日, 不無悢慮, 見書, 知以阻水之故也. 安道事, 近得金誠一書, 以微恙落後於權景龍, 旋差發行, 中路馬仆水中, 衣裝盡濕, 奴子又病, 不得已還府, 改治任以來事, 同府人來告于權公云云, 盖當誠一修書時, 安道尚未入京, 故云云. 其後松栢, 乃聞其至而下來耳. 宜寧及朴承旨書, 皆見之, 承旨書, 乃三月念三書也. 朴公輔書, 意卽當白于溫溪. 時祭事, 非但時已過, 大忌臨近設行未安, 只當略奠, 以告汝出還之意可也. 就中婢莫德染命福家病, 苦痛五六日, 向差云, 然不可置之, 故命送于命福家, 未知終如何, 深慮. 且憎命福之諱病來往, 致令傳染也. 只此.
　【須伻問見書與否, 而取答持來. 曾因驛人之還, 簡問于雲龍, 不見其答, 海州印『晦菴書』初卷失之, 恐柳雲龍借去. 藥用麥芽送去, 但芽者數少, 慮不足用也.】

書 - 294 (6월 4일) P.241
【安奇再告[丙寅六月四日]】
予久未辭知樞之命, 亦甚未安, 近欲上狀, 但當極農時, 前日 雖蒙本縣, 許借持狀人, 不欲爲定遣人安東陪進上人, 何日發行? 此必可信人, 欲附其人, 送于詣仲處, 令納于政院, 須問當次人招告, 右意亦告于府官處, 俾知之, 未知如此其可乎? 且家有草席, 故敝不合用, 驛中, 無乃有新件乎? 然不可爲此而別徵於下人也.

書 - 295 (6월 6일) P.242
答子寓
書至, 兼得禹柳等書, 爲慰. 府吏京行, 在十七, 則附送, 宜當 十六日, 當送書狀于驛, 須來面受事, 丁寧戒諭而來爲可. 所以欲送于驛者, 不欲褻置於私家故也. 草席, 來矣. 奴藥價, 曾令其奴, 備送于驛, 尙未送耶? 病婢, 雖云已差, 督出遣于其夫家, 隨聞婢自以其病止痛五日, 而命福家病, 日數甚多, 必非染彼病也. 旣差之後, 反往彼家爲悶. 今若同居人, 或有一痛, 卽當結幕而出之, 意懇訴不忍老婢之悶, 姑置之至近處, 未知終何, 慮慮. 送來物, 不知於何得此許多物耶? 每有此等事, 殊不快意. 雖不能盡卻, 胡不辭其多耶? 今當與隣里共之. 若其吏臨行, 未暇至驛, 則驛吏奉受謹守, 其吏歷受而去亦不妨, 右意幷知而處之. 柳雲龍病, 可慮 可慮.

書 - 296 (6월 7~24일) P.243
【答寯[卽日]烏川】楴甂
知事中所云, 皆當然矣. 但閔家送人事, 其處亦與人有定限事云, 汝若遲留不決, 或至相違也. 南生員, 今方對接, 留否未可知也. 但予畏寒, 未出山舍, 此處留有未穩, 似有去意耳[半刺處答簡, 送去]

書 - 297 (6월 25일) P.244

【答書[丙六廿五]安奇】 椸黮

知雨留烏川, 無事到任所, 但暴水, 田多壞損, 雨猶不止, 有田卒汗萊之嘆, 奈何. 安道固當遣人, 探來此兒, 久無一書, 深可悒慮. 『朱子書』, 此人牽馬, 不便於持冊, 又恐霑濕, 停送耳.

書 - 298 (4~7월) P.245

【答子寯】 椸黮

此處無他事, 但以孫奴事, 心不釋遣耳. 其所受之物, 已令寂與順孫·連守等, 同爲審問, 則僅存十四五石許, 雖云無面, 不至如此之甚. 大抵其妻本泛濫, 不無瘦匿之弊, 未可知也. 孫伊省人事, 時審問, 則似不如此, 而臨死之際, 如此迫詰, 所不忍爲, 故死之第二日, 始令問之, 如是云云耳.

書 - 299 (7월 18일) P.246

【答書[丙寅七月十八日]安奇】

書中云云, 其悉. 順天書簡之傳, 適値便風甚好, 毋滯卽傳事, 銀夫敎之. 且前受順天答狀, 訓導之行, 何不附送事, 亦敎爲可. 宜寧未寧, 慮慮. 所求藥中, 注藥不合, 故不送, 而補中益氣湯似合, 故幷此四種藥, 同封送去, 數在封面耳. 靑松行事, 知之, 予不堪酷熱, 尙免他患. 不一.

　【婚事, 朴漉·柳雲龍處, 通簡耶? 此事在天, 人各有心, 千萬勿爲嫌恨之語. 但云聞有他議, 欲知虛實後, 吾亦他求云云可也. 曹南冥怒違約事, 吾不爲之. 桂荅圓一器幷送, 未知此人可信傳否? 丁寧好傳付送爲可.】

書 - 300 (7월 22일) P.247

【答安奇[丙寅七月廿二日]】 椸黮

書到, 始知停靑松之行. 近日酷熱異甚, 非不得已事, 出入未穩, 停之甚善. 今見安道書, 其妻病往復非一, 今亦 "猶未復常云云" 深可慮也. 大竹里疫勢將廢祭, 其米預傳似可, 因以過行, 稍慰稍慰. 泗川等更傳書, 知悉. 趙家慰狀成送, 見後同封送之. 銀金未往末岩, 明當遣去. 安道非久當至, 不答書耳.

書 - 301 (7월 24일) P.248
【答[丙寅七月廿四日]】梯㶊

書意知之, 但道谷 仰塗僧不在云, 奈何? 秋旱爲灾, 甚於夏旱, 不可說也. 眞寶 新城主入縣, 明欲來訪云, 到任未久, 汲汲如此, 亦可曉, 然辭之亦難, 當勉接耳. 不具.

書 - 302 (7월 25일) P.249
【廿五曉證】梯㶊

【昨夕答書後, 縣人捧有旨來狀內, 依前不許辭免, 聖意尤懇, 至有"毋輕予好賢之誠"等語, 不勝惶恐之至. 但其末有"待病愈上來云云"此則似有斟酌, 非爲迫促之意, 天恩無比, 人言亦可藉, 此少免耳. 安道以路多盜患, 由水路, 廿二發行, 晦時可到云, 其書送去. 奇別政目欲送, 而城主處, 不可不送, 故未送耳. 他無別事. 元繼儉, 自原州上去京城近處, 窺伺時事等罪, 兩司論請竄逐, 一啓不可竄逐, 只令禁府嚴勒發還原州可也, 未知其後如何? 再告.】

【陶畫竟成而入礪尉, 送畫於李靜存, 問其可否, 李招安道及子中, 質問子中, 指正其誤處云云, 此事極惶駭, 未必不因此爲他日之禍, 而安道同參正誤云, 尤未便, 恨恨.】

書 - 303 (7월 29일) P.251
【答安奇[丙辰七月晦日]】梯㶊

知書意. 予昨昨因食物失度, 暫患腹證旋平, 今已如常矣. 其沒則果似未易畢, 但今方舊沒新未登之際, 收合似非其時, 斂議好處, 毋所怨於族中爲可. 入來事, 如所計爲之, 未晚也. 下旨之事, 未安之極, 而百計無他可爲, 奈何? 安道明間似當到, 恐未知汝在其處過來耳.

書 - 304 (8월 3일) P.252
【答[丙寅八月初三日]】梯㶊

書意知之, 此中皆無事. 但安道過期不至, 頗以爲慮耳. 且得雨少慰農望而猶未洽足. 餘不一

書 - 305 (8월 7일) P.253
【寄書安奇[丙寅八月初七日]】
【安道無事來, 可喜. 就中府使城主, 尙在椒井否? 其還時, 無乃有歷訪于此之意耶? 安道之來, 聞時議甚紛, 當此時, 應接賓客, 尤爲未安, 吾亦因暑證甚不平, 須以右意修書, 直達于府伯前, 令其勿來爲可. 然必問于府中下人, 知有歷訪之意, 則書白, 不然則不可爲也. 又聞護送官先文已到府云, 汝不待其行, 而經來于此, 無乃不可乎? 彼必及秋夕前, 來奠于加仇, 汝若留待其行而見之, 亦以右意懇告, 令勿爲相見之計, 亦可.】

書 - 306 (8월 28일) P.254
【與安奇[丙寅八月二十八日曉燈]】 梯巏
【御史, 尙無聲耶? 予寒疾, 猶未快往復耳. 就中昨見京房子告目, 政院以前下有旨回答不納, 督促云, 又中樞府送藥答狀, 縣人曾受去, 不知何故不傳? 亦督回答云, 故左副承旨洪及申同知汝悰處修狀, 同封送去. 向聞進上陪人, 廿七八日例發上京, 右人處, 卽速傳付事, 堅敎附送. 或其人已行, 卽爲定人, 追付于中路, 不計遠近, 必追及付送爲可. 此處無歸京人, 不可忽也.】
【護送, 今在何處? 前書送傳乎? 此行若速, 則送付此行亦可, 恐遲緩耳. 申詣叔書, 朴公輔爲全羅道順天地防踏僉使, 近當下歸云, 遠處, 可恨可恨.】

書 - 307 (8월 7일) P.256
【寄子寫】 梯巏
就中府使·城主, 尙在椒井否? 其還時, 無乃有歷訪于此之意耶? 安道之來, 聞時議甚紛, 當此時, 應接賓客, 尤爲未安, 吾亦因暑證甚不平, 須以右意修書, 直達于府伯前, 令其勿來爲可. 然必問于府中下人, 知有歷訪之意, 則書白, 不然則不可爲也.

書 - 308 (8월 29일) P.257
【答安奇[丙寅八月晦日]】 梯巏
書意具悉. 汝感冒尙爾, 而未得休調, 可慮. 予之久有此患, 新冷易侵, 氣虛難防故也. 然年例如此, 今覺不如初矣. 泗川人尙留爲幸. 今去, 金正言弔狀附送, 但吾今不再書, 須於前書封面書云 '追到金正言慰狀幷上' 可也. 進上陪人過又相値, 可趁傳付, 亦喜. 昨見邸報, 鄭子中受御史裝命, 無乃或來此道耶? 汝於此行未過之前, 當在任所而候之. 金允欽, 可喜. 但未知宋福基, 得失如何耳. 今送鄭伯俊落幅, 送于鄭直哉處爲可. 昨昨見金舜皐云 "府使城主見我曰 :『朱子大全』有海行指揮之語, 李同知題其上端云, 此語當問金舜皐, 此何謂耶?' 八元對以不知也, 未審何以云云耶?" 予思之, 鄭子中嘗借吾『大全書』與『唐本大全書』, 相校, 多有改正處, 予前日見此條上端有云 '宋時有海行指揮' 之語, 乃子中筆也, 而其言猶有可疑, 故後日見子中, 欲問以質之, 爲標於此, 備不忘也, 而誤以舜擧換字書之, 老病昏錯, 多類此, 可笑. 如見府伯, 略陳右意而謝之.

書 - 309 (9월 2일) P.259
【復安奇[丙寅九月初二夕]】
書中所云知悉. 予自昨今似向平矣. 泗川人遲歸, 可恨奈何? 安道率人, 如有自驛還來而無他持物者,『朱子大全』前來若干卷, 附送爲可. 然日有雨候, 則不可送耳. 餘在安道之行.

書 - 310 (9월 3일) P.260
【答安奇[丙寅九月初三日]】 梯㶉
松耳, 爲定二人于寧海境求貿, 而尙未來, 會尙州判官送百介, 僅擇稍生者四十介, 今方入送之際, 適得此四十介幷入送, 雖未准納, 猶可過半充納, 又以所貿者納之, 可無闕矣, 爲喜. 御史果未定, 其名某. 只此.
【四十介內, 三十二介來, 八介無, 未知何如? 必無偸理, 恐 或誤計也.】

書 - 311 (10월 18일) P.261
【答安奇[丙寅十月十八日]】 梯㶉
伻書知悉. 安道嶺路逢雨, 不知何以行, 慮慮.
【李漢前聞患病, 奴子無閑, 未得伻問, 恨恨. 汝得便, 伻問爲可.】

書 - 312 (10월 23일) P.262
【答復安奇[丙寅十月二十三日曉燈]】 梯㶉

書來, 又見朝報, 具悉. 御史到安東, 若問吾病不見客, 則似不爲相見之計, 然到此, 若通問, 則答之亦難, 明當避寓月瀾等處. 人或有問, 但以避寓山寺答之爲可. 兩司之適, 必以沈事不劾故也. 南冥必已引見, 而報中無之, 可怪. 安道馬蹇, 可慮可慮. 來懈受之. 宋家答簡, 今不爲之. 凡百日新, 操心操心.

【書院收穀伐材等事, 以晦朔爲之云, 栢山伐木時, 汝不可不來見, 而隨使行往還, 似不及期, 慮慮. 穀亦定限一月收合云, 此難以後期, 預告家中, 令輸納可也.】

書 - 313 (10월 26일) P.263
【答寯安奇[丙寅十月二十六日]】楴甋
見連守持書, 具悉. 今又見書, 知之. 送穀事, 當通于聞遠, 恐一日出令之事, 以私請延, 無乃以爲未便乎? 只復.

書 - 314 (10월 30일) P.264
【答復安奇[丙寅十月晦日]】楴甋
書至, 知在義城, 將向尙州. 然則何日可還本驛耶? 書院歛穀, 初一日歛之, 墓山伐木, 初六爲之. 皆以待汝來事, 請退日時, 未得可否. 伐木以九日·十日間退期事通之, 不知右日可及來耶? 因來人及來與否, 報來爲可. 京報具簡, 皆見之. 申詣仲事, 又至相違, 不可說也.

【千斤與仇叱同作伴, 明日出去耳.】

書 - 315 (윤10월 5일) P.265
【答書安奇行處[丙寅閏十月初五日]】楴甋
見書, 知無事隨行. 左道點馬, 當向何處而到義城耶? 栢枝伐木事, 當以望間退定事, 通之爲意. 樹谷伐材, 明日爲之, 故吾當往見耳. 婚事, 有意於彼處, 則當速通意, 而緩至于今, 勢固至此可當處, 輒違, 深可慮也. 若有可當處, 雖今定議, 猶可及今年成禮, 速爲聞見可也. 近兩得安道書, 好入京云, 但以尙不謝恩, 物議不息云, 可慮可慮. 餘不一.

【伐木事, 不可每退, 望前不違入來可也. 『景賢錄』有考處, 義興所藏一件, 欲暫借考, 右意簡喩, 借持來考後, 卽還之.】

書 - 316 (윤10월 22일) P.266
【安奇與書[丙寅閏十月廿二日昏燈]】梯巖

戒斤持書, 想已見之. 今得琴夾之持來安道書, 欲待騎馬入來卽發, 苦留悶悶云, 前後書皆如此, 而汝適出外, 未卽圖送, 此兒苦待可勝耶? 汝之還, 何故遲遲至此? 送馬之策, 出於何計? 在此馬匹欲送, 而時未經行, 雨三日程, 遠送于京, 難保好行, 故未果, 奈何? 某條速措乃可.

【安道處, 或自其處送人之意, 故生雉一首送去, 以爲行饌.】

書 - 317 (윤10월 23일) P.267
【寄寫安奇】梯巖

還任所, 無事否? 昨得安道書, 其不得講經, 亦不爲恠恨, 但聞其騎馬, 入送于德原, 而其書謂 "不審騎馬已起送否云云" 前日無騎馬事, 不曾說來, 今忽如此說何耶? 今雖送馬, 已爲晚矣, 況無馬, 奈何奈何? 千斤持馬, 雖騎, 無卜馬, 尤難下來, 慮慮. 夾之等, 時未來, 凡事不得細知, 可恨. 就中高仲明屛書, 曾付汝使傳, 高公來云 "時未入手" 無乃中間失去乎? 今去冊紙三封, 依前日所云, 作冊送來圖之. 柳正言希春『續蒙求』四冊, 府使前送上爲可. 多事中, 恐煩答書, 故府使前不別狀耳. 裵汝友處所送金海屛書一大封, 汝友屛書一封, 趙都事惟誠屛書一封, 書帖一冊, 汝須通書謹傳爲可. 趙帖等, 裵君所受云, 故令傳之耳. 晉牧歷府時稱故, 不進謁上也, 不得已謁, 則彼亦其事必不出口, 萬一出口, 但唯唯, 無雜言可也.

書 - 318 (윤10월 24일) P.269
【答書安奇[丙寅閏十月二十四日曉燈]】梯巖

方悰久未還, 今知無事已還矣. 安道處送馬, 他無可送, 不得不如所計, 未安奈何? 今去書及昨送雉首付送, 爲行饌可也. 受雉去者, 判官遣伻北門直末年者也. 汝書中諸報, 皆知之. 晉牧已過, 今始聞之, 豈非彼自生猜阻, 不通一字之問而去耶? 他可議處, 時未有耶? 可慮可慮. 冬至祭事, 若兩處, 皆奠獻而已, 則前亦有一日竝行之時, 若汝行備禮, 則祭後似難移來. 且聞金可行甚殆, 不知某日生事, 若在至日之前, 汝婦雖以出嫁計, 則降而無服, 然不多日內, 似難主祭事, 恐不如退定之爲得也, 如何如何? 監司答簡送去. 餘不具.

【近患耳鳴, 想是風氣, 然非疾痛, 何憂.】

書 - 319 (윤10월 25일) P.271

【寄安奇[丙寅閏十月十五日]】 樀魑

金可行之事, 痛怛不已. 今送簡, 卽送于柳, 而得使傳定州爲可. 就中前送裵正字處屛書中, 金海了大屛次一封, 乃李宗樑所持來, 而誤送于裵處, 可笑. 李令其弟遂良推送事來告, 今去人還, 推付送爲可.

【晉牧永葬, 在何月日耶? 欲送一挽章, 時未得挽幅耳.】

書 - 320 (12월 9일) P.272

【寄安奇[丙寅臘初九日]】 樀魑

使行, 無事送否? 昨日榮川 朴家奴來, 傳其主書, 不得已見其書辭, 然後答其人, 故開視, 則其言云云, 且送衣冠等, 見樣, 觀其所爲, 定無他意矣. 其書禮安, 或安東人來時, 通示云云, 故當如示通示事, 來奴告送耳. 書中欲令新郞本道見試云, 試日在二月初九, 計其往還之勢, 須以二十日後, 定日行禮可也. 近須擇日進奉吏上京時, 通諭亦可. 餘在其書, 只此.

書 - 321 (12월 25일) P.273

【答寯[十二月廿五日]】 樀魑

書至具悉. 此中亦無事. 今日朴顯哉等去, 寥寥獨坐耳. 餘不一.

● 정묘년(1567년, 67세)

書 - 322 (1월 14일) P.276

【答[丁卯正月十四日]安奇】 樀魑

書意知悉. 吾於昨昨夜半以前似歇, 到曉更作, 猶甚於前, 昨午後又似歇, 昨夜雖嗽唾口乾, 不至太甚, 諸處妨痛之證, 亦似漸減, 意從此可得差復耳. 昨得鄭子精書, 今爲禮曹佐郞. 今奴輩上京, 令安道書送病證, 通書求藥爲計, 似向差而遠求藥者, 素患每發之證, 得藥預防, 未爲不可故也. 戒斤以有不及事不去, 今將去矣云. 餘在戒近受書.

書 - 323 (1월 16일) P.277
【答[丁卯正月十六日曉頭]安奇】梯甋
戒近夜深而來, 今曉始見書矣. 吾患, 似歇還繁, 少安多苦, 難以一槩言, 但以曾知之證, 故不至大憂耳. 答要書, 戒斤不與書幷持納, 故時未知來否? 尹君書, 亦以人忙未答, 隨後當答.「四書章圖」, 今乃送去云.

書 - 324 (1월 19일) P.278
【答[丁卯正月十九日]安奇】梯甋
予證, 一日之間, 往復繁歇, 難以定言. 今雖小歇, 夜不知如何耳. 中朝事如彼, 而公文遲到, 監司遠在也. 外官四品以上服衰與否, 必具於公文, 難以預言, 然以例推之, 內外一體, 似當服衰耳. 予之所處, 又似爲難, 而適值病勢如此, 不能入縣行禮, 奈何奈何. 節目草本來矣. 榮川往事, 公文到後, 四日成禮, 然後始可他往, 其前抵彼無乃非乎? 生脉散雖來, 近用五味子茶, 因致加發, 此亦五味之類, 不可用耳.

【二陳湯已盡, 聞醴泉郡善劑藥, 伻求之何如? 若見李參奉, 則必有加入之材, 以此求劑於醴泉, 亦當.】

書 - 325 (2월 5일) P.280
【安奇[初五日]】
病證如前, 但又似有食傷證, 恐是軟石傷胃之故, 今服補中益氣湯耳. 今去奇舍人處書簡, 府有上京人, 須丁寧授送, 必傳爲可. 簡中囑以中和郡所刊『釋義』板燒毀事, 欲及其未發西行前傳致, 故如是爲急耳. 且汝於寒食, 曾祖墓參祭事, 更思之, 前日所云, 甚未安. 汝幸蒙國恩, 受任府地, 每經行先祖故里祠墓下, 雖未能頻頻參祭, 至於諸從輪行, 汝身當次之祭, 又不進參, 豈不更爲未安乎? 況春秋兩祭, 則書紙榜高祖考妣, 同行於齋舍, 寂與阿淳豈能書紙榜乎? 若遣安道, 則馬似不具. 吾意十七日國忌, 十六寅日, 進行於十五日之意, 預通於李蕾及寺僧, 右日汝早來行祭, 猶可及來于此, 如此爲之爲可, 如何?

【若依此爲之, 圍繞十五日及送事, 亦當通於當次處爲意.】

書 - 326 (2월 7일) P.282
【答[丁卯二月初七日]安奇】 梯巏

書意知悉. 加藥及朝服, 皆領見. 予證自去去夜, 大槩差復, 食傷證, 亦因服補中益氣湯而得差, 深幸. 但時時咳嗽口乾, 有小往復耳. 鵲菴十五日參祭事, 甚善, 但欲速通李蕾等, 知之爲可. 烏川上里之不安, 多有妨礙, 慮甚慮甚. 然相距不近, 是爲幸耳. 朝服還送.

【製述官議啓時, 無吾名, 而近得具景瑞去二十九日書, 亦不言擧吾名等事, 似有得免之疑, 但時未敢必耳.】

書 - 327 (2월 9일) P.283
【答[丁卯二月初九日]安奇】 梯巏

昨見戒斤持書, 知悉. 予今已差愈, 但尙畏寒忌風, 不能出外應接耳. 府使前謝狀, 成送傳上. 每承厚惠, 殆難堪荷. 朝服還上. 鵲菴圍繞, 當次於訓兄宅, 而有故, 次當於我, 故十四日奉送于齋菴爲計, 知此, 早來參行爲可. 今聞溫溪上里, 亦有紅疫云, 不勝慮慮.

書 - 328 (2월 11일) P.284
【答[丁卯二月十一日]安奇】 梯巏

書至具悉. 予得差, 但虛憊之極, 小失護攝, 輒有小小往復耳. 十五行祭事, 周村許諾, 不至相違, 可喜. 軍威, 時尙不來耶? 前期納菜事, 恐未及圖. 且此處製衣等事, 率多稽緩, 恐至窘速也. 床花, 世俗皆爲之耶? 如此侈靡之事, 本不必盡從世習, 又在國恤之內, 不爲何妨? 府使又送黃魚, 感意, 隨便致謝. 餘不一.

書 - 329 (2월 13일) P.285
【安奇[十三日]】 梯巏

吾去夜稍憊, 而至曉還作, 時未見差效. 聞靑松由府欲來訪, 須力陳止行爲可. 南彦經處小簡, 囑于判官, 送付景善, 則景善必不失傳矣. 就中汝今當大事, 力所不及, 雖不得不資於所知官力, 然亦須大段量宜斟酌, 毋至猥濫以取人人指訪, 至可至可. 況吾在此凡汝之過, 皆吾之過, 尤不可不愼也. 成婚受由事, 若聞客人到浦, 然後爲之, 則晩矣. 婚期不遠, 今者受由不爲太早, 須速爲之可也.

書 - 330 (3월 25일) P.286
【答[丁卯三月卄五日昏燈]安奇】 楴䬲
見書及朝報, 知諸事, 爲慰爲慰. 安道失解, 雖恨, 奈何奈何? 王大妃稍似向安, 一國之幸也. 如今路, 則使行以初四日向奉化時, 過此耶? 朝報, 皆還送. 餘事, 千萬日加謹愼.

書 - 331 (4월 12일) P.287
【答柬[丁卯四月十二日]安奇】 楴䬲
不往幽谷, 道得遞而來, 爲慰. 使相寄語, 知悉. 予昨往齋舍行祭, 今還無事. 騫差病後無續者, 避所亦無恙, 稍弛憂慮. 諸處傳書信, 亦具悉. 就中李順天處, 有傳書事, 泗川主人, 問其官人來期而來爲可. 高正字應陟近得書, 屛紙尙未得還云, 何其忽忘耶? 悶其近當上京傳送, 似更不易, 可恨. 只此.
【旱悶, 不可爲喩, 奈何? 宜寧送人事, 何以爲之?】

書 - 332 (5월 10일) P.288
【答子窩楴䬲】
書皆知悉. 朝報見後還送, 還呈爲可. 但天使尙無定奇, 必至秋冬寒節, 奈何? 阿慶讀書習字事, 如是爲之可也. 就中寧海子弟二人, 昨來欲留. 余以行止未定, 加以病深, 固辭之. 今日雨留, 明當歸去. 然旣來而辭卻, 心甚未安. 曾聞尹仲一, 來月間讀『易』畢後, 來質疑云, 汝須右意預告雖來必不得留, 使之勿來至可. 仲一若上寺未還, 可以書通, 或因便告于府使前, 亦可也. 寧海子弟, 其一卽琴家壻李筬也.

書 - 333 (5월 13일) P.289
【答[丁卯五月十三日]安奇】 楴䬲
送來朝報, 看後還去矣. 朴家雇人事, 守意不聽, 已定則雖更煩瀆, 何益? 但朴櫟不可不往見, 而櫟也必欲得吾書而去, 吾初不許之, 更思之, 其人有所受之物, 今年定役, 則已分者必不捧而棄之, 故以此修簡, 欲其姑停, 以待明年而後定役, 何如云云以付櫟也. 若彼守堅不聽許, 則呈其簡, 聽則勿呈, 今日已去矣.
【十六日祖忌, 念之. 就中, 敏道又得其病, 尙未差愈, 慮慮. 兄主還寓院坪.】

書 - 334 (6월 9일) P.290
【安奇[初九夜三更]】
今聞"命遣內醫院正延某來看病, 昨入丹陽"云, 汝不可在他所, 須速馳來.

書 - 335 (6월 18일) P.291
【答寯書[丁卯六月十八日]安奇察訪】楴甀
在豐郡, 得見汝書, 具悉. 就中汝之承差, 適出此際, 不得隨數日之行, 固爲可恨. 又慮雖急往, 或未及期到彼, 今見連原察訪, 問知倭行遲速, 乃知猶可及也, 爲喜. 予雖間間不平, 幸無別生大病. 今到水山, 明向黃江, 但困甚虛極, 恐馴致不意之病, 恒自危悶. 且兒婢得暑病, 中路處置爲難, 艱以率去. 又同婢乘馬, 亦病不食, 黑馬背傷, 不得已自此皆還送, 事多蹉跎如此, 慮慮. 來米四斗及京書, 皆受之. 許圖部將, 見部將, 當告之, 但事已緩矣. 恐難得也.

書 - 336 (6월 27일) P.292
【寯兒寄書[丁卯六月卄七夜]安奇行次】楴甀
炎路, 何以行遠? 予卄五日入城, 寓竹前洞家, 但自昨聖體未寧, 極熱危革, 擧國惶駭, 況詔使壓臨, 而國有此患, 罔知所措, 不側終有何事, 奈何奈何. 益知吾之一行, 大不幸也. 安道出送去, 觀來我書云"欲以來月旬後, 率妻上來." 若遂此計, 則好矣, 但其妻有病, 遠道之行, 恐難必耳. 汝於都目, 參掌樂直長末望, 未受點矣. 予舟中得暑痢, 專不食飮, 入城數日, 調藥向差. 餘自闕夜退, 倦甚草草.

書 - 337 (8월 26일) P.293
【答子寯】
見書及詣仲書·朝報等, 爲慰. 但人皆以吾爲未便, 殊未安心. 然後世必有知吾心者, 若於今人, 則開口發明無益, 奈何. 且吾自服禹景善平胃煎後, 漸似向蘇, 深恨在京日不早服此藥, 以致病重而狼狽出來也. 挽詞不可緩送, 今付來人, 須招陪進吏面授, 令卽傳于申主簿, 他例聞見, 卽呈于都監事云云, 丁寧敎送爲可. 阿慶, 欲令讀『孟子』大文, 其冊使阿淳搜覓不得, 未知何人借去乎? 後來人通報亦可.

【柳仲淹寄家書, 汝受來乎? 偶於皮箱內搜得, 適龍孫來現, 付送于枝谷.】

書 - 338 (9월 1일) P.294
【答[丁卯九月初一日]安奇】梫瓛
書意知之. 入來當在何時? 阿慶讀『中庸』今已數日, 『孟子』大文搜不得, 而『中庸』之讀, 不妨故也.

書 - 339 (9월 18일) P.295
【寄寓[丁卯九月十八日]安奇】梫瓛
今見京書, 衆論紛紛, 領相與吳貳相尤怒云, 恐或有推治之事, 亦當任之, 但汝不可豫知此意故云耳. 春山欲受答於汝, 還程, 受答於此, 故諸簡與朝報付送, 見後朝報還送爲可. 忙未細考, 故欲再考也.

書 - 340 (9월 21일) P.296
【答寓[丁卯九月卄一日]安奇】梫瓛
見書知好, 念四之行亦知. 須速往返, 以及新使到界之前爲可. 府使所送朝報領得, 但李和仲被論, 勢必不止, 可恨可恨. 吾之受謗, 甘受奈何. 汝朝謝前日送去, 見乎? 春山專爲而來, 路糧給送爲可.

書 - 341 (9월 23일) P.297
【寄[丁卯九月卄三日]安奇】梫瓛
明日定發耶? 今見安道及權景龍書, 德原決計辭歸云, 孫婦病, 雖未快差, 亦似向差, 皆可喜也. 今日自龍壽移陶山, 朴郞與阿淳直向于彼, 吾以金正言寄順天書簡搜送事, 來溪上, 卽當出山舍, 但霜寒, 則難久留彼耳. 順天處幷吾簡, 二簡到彼, 卽送受答以來. 其『啓蒙傳疑』寄來事, 吾簡云云, 汝亦書請持來爲可. 吾出他處, 公美處不修書事, 亦告之.

書 - 342 (9월 29일) P.298
【寄寯[丁卯九月卄九日]安奇】梫鸝
去路安否? 宜寧安否何如? 此處皆無事. 余以事昨昨入溪上. 就中其處祭用, 只以丹城宅打作上下, 未安, 今年打作內一石, 祭用上下, 又雜用量除其餘, 須如前敎換木事, 禀白蒙許, 則汝行持來爲可. 人來忙去, 公美·太源等處, 皆未修簡.

書 - 343 (10월 14일) P.299
【答寯[丁卯十月十四日]安奇】梫鸝
昨昨, 見初五日書, 知行祭退定八日, 今來書, 又知發行退在初九, 雖名爲因公之行, 當新使到界之際, 慮或有違端之事, 今知已來無事, 可喜. 宜寧大小悉安穩, 亦甚欣慰. 貿木等事, 宜寧書·泗川書, 皆知悉. 來木及傳疑書, 領受. 府使之行, 兩難相, 未得面別, 恨恨之意, 言須傳白爲可.
【介孫者以其子介石傷病貿藥事, 今曉進府, 未知汝來, 且因其忙, 未修汝處簡耳. 焚黃祭, 已行於初十日矣.】

書 - 344 (10월 15일) P.300
【答寄[丁卯十月望日]安奇】梫鸝
昨琴義筍自丹陽送京奇, 甚略不見. 兄主事, 擧門失望含痛, 今忽見汝通報此奇, 驚喜感泣, 又不自勝, 又不自勝. 卽馳送于溫溪, 門慶何極何極. 監司行報, 還授來人, 俾呈于縣. 申詣仲事, 恨甚奈何? 此處曾亦聞之矣. 餘不一.

書 - 345 (11월 4일) P.301
【答[丁卯至月初四]安奇】梫鸝
書意具知. 忌日相値, 勢適然矣, 雖恨奈何? 婦人喪服, 汝去後, 搜得前國恤時該曹移文草, 雖與大王喪, 輕重有異, 大槩可推而知. 今又見此, 乃知卒哭後白色者, 乃堂上官妻也. 以下妻則不然, 前日忘未分辨而云, 多忘亦甚害事也. 李全仁所求事, 應亦然矣. 餘不一.

書 - 346 (11월 10일) P.302

【答寫[丁卯十一月初十日]安奇】
得書, 知隨行無事. 此處依舊. 但書狀發落, 難待難待. 使行緣我難於冒寒, 故不來, 反爲未安, 然勢至如此, 奈何? 就中此邑書院無奴婢, 將至還廢, 故監司前, 屬公奴婢定給事, 書中言之, 此意城主前, 卽達爲可. 或監司問及此事, 則當預知而答之故云耳. 且奉化以天使支待物領納差員定体, 欲請除於監司事, 昨日伻來告之, 監司必以爲託病不聽而反怒, 故不得依圖, 恨圖恨之意告之.
【寬夫·詣仲處兩書, 不須專人, 隨便傳致爲可.】

書 - 347 (11월 11일) P.303

【寄書[丁卯冬至前夕燈]】梯顓
此間有可笑事, 慶州 李生奉監司書來, 對生坼書, 但見有單字二紙, 不審其中更有大書狀也, 李生之還, 只答單字語及李生口傳之語而已, 今日偶再閱, 其大書狀, 紙紙中得見. 監司大書, 滿紙其辭, 多有未答者, 驚且爲愧, 不得已更修答狀, 縣人送上, 汝亦知此意也.
【十六日完姪行時祭. 前去紗帽, 十五日須及送來.】

書 - 348 (12월 5일) P.304

【答[丁卯十二月初五日]安奇】梯顓
書意知悉. 寒路愼護, 凡所行歷, 皆當謹戒. 義興處, 其所送『景賢錄』, 監司道送之, 還來則早晚奉還事告之. 只復.

書 - 349 (12월 15일) P.305

【寫與書[丁卯臘月望日]安奇】梯顓
不知汝已還否? 安道今已到京云, 可喜. 城主, 歲後雖云卽還, 似不入縣來, 只留榮川等處, 以待交印而去, 故欲於明日, 草草敍別於陶舍, 而事不預圖, 取具齟齬, 似未成形也. 汝則近不入來耶? 吳守盈女行, 明當宿于其郵, 其能及來見耶? 其轎軍面囑判官, 又隨以書囑, 但觀判官之意, 似不甚樂從, 必以謂給軍非判官事故然也. 雖強從之, 恐下人不用心以致窘也.

書 - 350 (12월 21일) P.306

【答[丁卯十二月卄一日]安奇】梯甈
馬匹久不來, 明間欲倅問于龍孫, 今此牽來矣. 善飼騎行, 當如其言. 差去事, 汝言亦誤, 與彼郵官約話, 非私而何? 已往難進, 然後日當以此等事爲戒故云耳.

아들에게 쓴 퇴계의 편지2
- 국법은 지엄한 것이다

초판 인쇄 2023년 06월 15일
초판 발행 2023년 06월 22일

원 저 자 | 이　황
역 주 자 | 김운기
펴 낸 이 | 김영환
펴 낸 곳 | 도서출판 **다운샘**

주　　소 | 05661 서울특별시 송파구 중대로27길 1(오금동)
전　　화 | 02)449-9172
팩　　스 | 02)431-4151
전자우편 | dusbook@naver.com
등록번호 | 제 1993-000028호

ISBN 978-89-5817-528-5 04810
ISBN 978-89-5817-526-1(전3권)

값: 20,000원

■ 파본은 교환해 드립니다.